Du même auteur

Rive droite, rive gauche (du Danube),
Publibook, 2017

D'une rive à l'autre de la Baltique,
Publibook, 2017

Voyage au Caucase,
Publibook, 2018

Sur les routes de l'empire de François-Joseph
Publibook, 2019

Sur la route de Samarcande
Publibook, 2020

Au pays du Jourdain
Publibook, 2021

Étienne Henry

Sur la route de Jérusalem

dans les pas de Godefroy de Bouillon

Une aventure à travers l'Histoire et la géographie, d'Occident vers le Proche-Orient.

Amicalement

Etienne

Publibook

Retrouvez notre catalogue sur le site des Éditions Publibook :

http://www.publibook.com

Éditions Publibook
Immeuble Le Cargo, 157 boulevard Mac Donald – 75019 Paris
Tél. : +33 (0)1 84 74 10 24

Imprimé en France

Cet ouvrage a fait l'objet d'une première publication aux Éditions Publibook en 2023

L'idée d'Urbain II de lancer une croisade, dont il espérait pieusement qu'elle se porterait au secours des Églises d'Orient et le rapprocherait de l'empereur de Byzance, donna un résultat complètement opposé à celui recherché par ce grand pape.

Les croisés n'amenèrent pas la paix, mais l'épée ; et cette épée partagea la chrétienté en deux.

Sir Steven Runciman (1903-2000),
Le Schisme d'Orient.
La papauté et les Églises d'Orient, XIème-XIIème siècles (1955)

Illustration de couverture :

Theatrum historicum ad annum Christi quadringentesimum, Pars occidentalis & Pars orientalis (Occident et Orient en l'an 400, détail),
Guillaume Delisle (1705)

Godefroy de Bouillon (1058-1100) brandissant l'étendard de la croisade et criant Dieu le veut !
Statue de Louis-Eugène Simonis (1848), place Royale, Bruxelles.

À propos de l'auteur

Étienne Henry est expert-comptable et commissaire aux comptes. Né en 1965, diplômé d'HEC, associé au sein du cabinet PwC, il a présidé l'Ordre des experts-comptables d'Alsace entre 2012 et 2016. Malgré les apparences, sa vie ne se résume pas aux chiffres, aux amortissements et aux bilans comptables. Passionné de voyages et convaincu que l'Europe demeure un formidable terrain d'aventures pour qui sait sortir des sentiers battus, il sillonne chaque été en solitaire, et à un rythme soutenu, des régions méconnues du Vieux Continent. Il est même allé jusqu'en Asie centrale en 2019, à bord de sa fidèle automobile éprouvée par les années. En 2022, lors de la réouverture des frontières, il s'est rendu au Proche-Orient selon ce mode opératoire, pour tenir la promesse qu'il s'était faite durant un voyage plus conventionnel *Au Pays du Jourdain* à la veille de la crise sanitaire en 2020.

Étienne Henry est donc un actif circulant en même temps qu'un observateur averti des pays qu'il traverse.

Avertissement

« Les exploits d'un chevalier solitaire
dans un monde dangereux.
Le chevalier et sa monture.
Un héros des temps modernes. »

C'est reparti ! Ce n'est pas Michael Knight et KITT, sa célèbre Pontiac Firebird, mais Étienne et Bucéphale, sa fidèle monture bavaroise, qui se lancent, tels un chevalier et son fidèle destrier, sur le chemin de la première croisade. Maintenant, vous avez la musique de *K 2000* dans la tête pour la journée, ne me remerciez pas !

On revient ici au voyage au long cours, revoici les 1664, les Pringles® et l'Alsacienne Carola.

Direction donc l'Orient mystérieux et ses charmes, *moitié loukoum moitié ciguë, l'indolence et la cruauté, en somme le Coran alternatif* et la Ville Sainte, berceau des trois religions du Livre. On va à la rencontre des chevaliers, de Godefroy de Bouillon, bien sûr, de Frédéric Barberousse, des Empereurs byzantins. Mais aussi aux sources de la foi, d'Abraham, du Christ et des prophètes.

Mais comme le virus était le héros invisible du précédent *Au pays du Jourdain* (disponible dans toutes les bonnes librairies en ligne, 18 euros chez Publibook, excellent ouvrage conclu par une postface d'un niveau quasiment équivalent), c'est ici la situation internationale qui pousse à un détour maritime par le truchement de la marine marchande turque sous pavillon panaméen. La Syrie est encore en guerre et Bucéphale moins bien blindé et armé que KITT.

Le parcours et les modes de voyage choisis nous évoquent

aussi d'autres personnages, plus actuels. Ou tout simplement plus fictifs.

En passant à Vienne, Istanbul, Corfou, Étienne fait un quasi Grand Chelem sur les lieux fréquentés par les interprètes de James Bond dans leurs aventures filmiques. Seul le pauvre George Lazenby est négligé, mais est-ce que Berne méritait un détour ?

Il retrouve aussi Indiana Jones, héros de *La dernière croisade*, comme pour boucler la boucle.

Et surtout, c'est Tintin que vous retrouverez. *L'Or noir* pour le port de Haïfa qui était la destination du *Speedol Star* dans l'édition de 1948. *Coke en stock* pour les nuits en cargo d'un barbu et son dilemme.

Car Étienne varie les plaisirs, à la bavaroise il ajoute le roulier, le ferry, l'avion, laissant la béhème prendre le bateau toute seule. La voici donc autonome ! Il ne manque ainsi au périple que la trottinette, le sous-marin de poche, la mobylette et le chameau.

Enfin, vous retrouverez le voyage, le périple et l'aventure, que ce soit pour notre cher Étienne et sa monture, et le journaliste belge qui n'a jamais écrit une ligne, lui. La collection devrait porter un bandeau *Les Aventures d'Étienne et Bucéphale.*

Amis lecteurs, vous retrouverez le style Étienne. Ce mélange de petites histoires et de la grande, de description du quotidien (l'état de la route, la couleur des panneaux, la musique jouée au bar, le goût du vin ou de la viande, l'absence de porc ou d'alcool) et de récit historique. Point d'envolées à la Alain Decaux, mais une narration fluide et didactique, documentée et précise. Et complètement sur site.

Car « *Le voyage, c'est la rencontre de l'Histoire et de la Géographie* » comme l'avait dédicacé Étienne pour une de mes amies, historienne de formation.

Et rassurez-vous, les contrepèteries sont toujours là, je soupçonne même Étienne d'être passé exprès par les Pouilles.

Car les Pouilles, ça se discute ! Oups…

Vous prendrez, j'en suis sûr, autant de plaisir que moi à lire cette nouvelle aventure, ce feuilleton que j'ai eu le plaisir de recevoir en quasi direct, jour après jour, magnifique ponctuation de mon été 2022 où, alors que je profitais des embruns de Saint-Malo et emmenais, dans un geste romantique au sens propre, mon tome II en Pléiade des *Mémoires d'Outre-tombe* sur celle de son auteur, je suivais ainsi les péripéties orientales de notre voyageur dans cet Orient qui n'avait rien de Moyen et qui, par le temps que sait y prendre Étienne, n'avait rien d'Express.

Éric Berthomier

Avant-propos

Courage et confiance sous le capot

À la lecture des derniers courriels d'étape d'Étienne Henry sur le chemin de la première croisade millénaire, mille idées viennent aisément à l'esprit. Connaissant l'auteur et son parcours, je retiens de son expérience deux chemins essentiels, la voie du courage et la pratique de la confiance.

Choix réducteur certes, ce ne sont pas nécessairement les premiers mots qu'inspire une œuvre littéraire. Car les feuillets que vous découvrez appartiennent bien au monde des lettres, dans ce genre si varié qu'est le récit de voyage. Fût-il porté par l'électronique et non par courrier à cheval.

Du courage, il en a fallu sans doute à Étienne Henry pour se lancer sur des routes pas toujours semées de pétales de rose. Seul. Solitude revendiquée, qui fait partie du projet initié en 2014 avec une première tournée le long du Danube. Seul, le voyageur ne l'est pas absolument puisqu'il a son increvable monture, en l'espèce une BMW trentenaire. Perfusée au sans-plomb et à l'huile moteur, la bagnole de fabrication allemande apparaît, en filigrane, comme un personnage central. Son compagnon lui voue une dévotion quasi amoureuse, touchante. Au volant, le pilote dialogue parfois avec sa berline, sans que cela n'inspire d'inquiétude sur sa santé mentale, mais le plus souvent, c'est avec lui-même. La grosse automobile, construite pour abattre efficacement des milliers de lieues, devient paradoxalement un léger véhicule introspectif. C'est que, dans la trace des croisés, les tourments de l'âme jouent un rôle singulier.

Parfois cahoteuses, souvent périlleuses, les routes de Jérusalem. Mais aussi étonnamment modernes, autoroutes surdimensionnées par des nations volontaires misant sur la croissance. Leur radicalité de béton dans ces paysages millénaires contraste avec l'immémoriale bureaucratie qui prospère aux frontières. Tenace, Étienne Henry n'est pas une tête brûlée. Son parcours d'août 2022 dans les pas de Godefroy de Bouillon est minutieusement réglé. Gîtes généralement confortables et étapes raisonnables, tenant compte de l'horloge foutraque des douaniers et garde-frontières. Qui enseigne la patience au voyageur pressé.

En dépit d'un sérieux de premier de la classe parfois démenti par un œil qui frise, il y a un fond de caractère farceur en Étienne Henry. Il pratique toujours, même en terre inconnue et avec un plaisir évident, l'art de décaler les sons. Marque de fabrique comme l'est la soigneuse préparation de ses itinéraires. Sur le plan logistique bien sûr, mais surtout d'un point de vue historique, au bénéfice du récit. Le voyageur ne se limite pas à suivre autant que possible la piste tracée par nos aïeux très-chrétiens, il navigue dans le temps.

Godefroy et la première croisade fournissent le fil rouge (parfois très rouge). Mais le témoignage, tel un sismographe en folie, relie d'innombrables points de l'Histoire, de l'Antiquité à la période contemporaine. Etienne Henry a bien mitonné son affaire en entortillant la longue mémoire des hommes et la trivialité de leur être d'aujourd'hui. Stations-services compris. Ces contractions de l'espace-temps émaillent le récit, soumettant le lecteur à de brutales émotions cinétiques. Il faut un peu s'accrocher, c'est un des charmes du récit. Mais aussi un gage de liberté, et donc de courage de l'auteur.

J'avais parlé de confiance. Ceci nous ramène à la personnalité du voyageur qui a fait sa carrière dans l'audit. On parle de la certification des comptes, ce que j'appelle l'atelier de la confiance. Nos libertés démocratiques, on l'oublie trop souvent, reposent sur ce fragile marqueur si pénible à bâtir, si aisé à ruiner. Lorsque j'étais journaliste actif, Étienne Henry ne pouvait pas être un « bon client », rendu hermétique par la confidentialité propre à son métier. Mais c'est parce qu'il respecte scrupuleusement cette règle qu'il parvient plus aisément à une certaine vérité intime des entités dont il sonde les comptes. Et c'est en cela qu'il se révélait fort instructif, parfois à son insu.

Laissant son costume cravate à Strasbourg, le commissaire aux comptes aventurier conserve ses réflexes professionnels dans l'observation des gens et des choses. Une vue directe, factuelle, consciente de ses aprioris. Ces idées reçues, le voyageur ne les nie pas, mais en fait un objet de réflexion. L'apparence est souvent transpercée, pour notre plaisir. Etienne Henry laisse venir à lui faits et ambiances ; rompue par l'expérience, son attitude acquise lui ouvre quelques cœurs. Son regard sur le monde, nourri de lectures, est confiant. Sacro-sainte bière en main, il demeure imperméable à la médiation touristique, ce sparadrap contemporain. Archicultivé sur d'innombrables sujets, astucieux face à quelque adversité, pareil voyageur n'a rien de naïf. Cette rare combinaison de fraîcheur, de culot et de profondeur inspire confiance. L'auteur est crédible, à n'en pas douter. Est-ce si fréquent ?

Antoine Latham

De : Étienne Henry <etienne.henry@mon.adresse.mail>
À : undisclosed recipients
Envoyé : le 10/08/2022 08 : 08
Objet : Sur la route de Jérusalem – Prologue

Le 27 novembre 1095 au concile de Clermont, le pape Urbain II prêche l'appel à la croisade.

Voici une phrase qui nous est familière. Elle évoque les pélerinages armés qui ont découlé de cet appel à délivrer la Terre sainte et le tombeau du Christ des griffes des infidèles, selon la terminologie consacrée. Une terminologie qui fleure bon la *guerre de civilisation* qu'on nous a servie dans la foulée des attentats islamistes de 2015, faisant référence à un ouvrage de l'Américain Samuel Huntington paru en 1996, dans lequel il expliquait que le nouveau modèle des relations internationales, après l'effondrement du bloc communiste, serait largement fondé sur les religions.

À l'autre bout du spectre politique et sociologique, les croisades – le nom qu'on a donné à ces pèlerinages armés, assez tardivement d'ailleurs, au XVe siècle seulement – sont volontiers qualifiées d'entreprise colonialiste où l'homme blanc occidental serait allé conquérir par la force les richesses du Proche-Orient, au prétexte de la libération du tombeau du Christ.

La vérité est évidemment entre ces deux extrêmes tout aussi critiquables, puisqu'elles reviennent à examiner des événements vieux de plus de neuf siècles à la lumière d'événements qui leur sont largement postérieurs, j'ai nommé le terrorisme islamiste et la colonisation. Mon propos ne sera aucunement de la chercher.

Je ne suis ni historien, *a fortiori* médiéviste, ni diplomate, ni spécialiste en géopolitique. Ne comptez pas sur moi pour chercher ou établir quelque vérité que ce soit.

Je ne suis qu'un homme maintenant entre deux âges. Je pratique un métier dans lequel j'ai pour réflexe de corroborer toutes les affirmations, idées reçues et autres déclarations péremptoires, chiffrées ou non, par des observations et recoupements, pour conclure sur leur plausibilité et ainsi de leur degré de validité.

Parcourir la route de la première croisade, lancée dans la foulée du concile de Clermont, d'Europe occidentale à Jérusalem *via* Constantinople, voilà une belle occasion de dérouler ce mode opératoire où je mets en perspective l'histoire antique et médiévale, l'histoire contemporaine et la géopolitique moderne, et les observations du quotidien d'un honnête homme au volant de son auto.

Car j'ai pris l'habitude ces dernières années, depuis 2014 pour être précis, mais avec une parenthèse en 2020 et 2021 pour cause de pandémie, de prendre chaque été le volant de ma vieille automobile éprouvée par les années, une BMW 525i Touring de 1992, type E34, environ 384 000 kilomètres au compteur, pour parcourir en solitaire l'Europe orientale et ses marges, et en tirer autant de récits de voyage, vers la mer Noire (*Rive droite, rive gauche (du Danube)*, 2014 et 2015), la mer Baltique (*D'une rive à l'autre de la Baltique, 2016*), le Caucase (*Voyage au Caucase*, 2017), le défunt Empire austro-hongrois (*Sur les routes de l'empire de François-Joseph*, 2018), l'Asie centrale (*Sur la route de Samarcande*, 2019) et la Jordanie (*Au pays du Jourdain*, 2020), ce dernier voyage étant plus classiquement effectué en avion puis en voiture de location.

Il me fallait un nouveau challenge pour cette année 2022. Faire le parcours de Michel Strogoff dans les années 1870 dans le roman éponyme de Jules Vernes, de Moscou à Irkoutsk, est aujourd'hui éminemment délicat considérant la triste guerre fratricide russo-ukrainienne, pardon, *l'opération militaire spéciale*, qui a démarré le 24 février 2022 et met au ban des nations pour longtemps la Russie, alors qu'elle avait réussi à amadouer, voire séduire, l'opinion internationale après des Jeux olympiques de 2014 à Sotchi, et un Mondial de football de 2018 gagné par la France. J'ai dû écarter cette option.

Restait alors l'objectif pour cette année 2022 d'entreprendre le voyage de la première croisade par voie terrestre, du moins ce qu'il est possible de faire par voie terrestre. J'avais annoncé ce projet, qui n'était alors qu'un vœu pieux, dans les dernières lignes d'*Au pays du Jourdain*, puisque la guerre civile en Syrie depuis 2011, et la frontière fermée depuis 2006 entre Liban et Israël interdisent tout transit terrestre par le Levant.

Mes réflexions se sont poursuivies durant cette année 2021 faite de confinements, de restrictions de circulation et de fermetures de frontières. Je me suis dit que je n'allais pas bêtement me casser le nez sur une guerre civile et une frontière fermée au Proche-Orient. J'ai trouvé une solution, celle du contournement de la difficulté par voie maritime, tout simplement.

Une solution que de nombreux croisés ont fini par adopter d'ailleurs, pour tout ou partie de leur trajet, que ce soit durant la première croisade lancée par le prêche d'Urbain II à Clermont le 27 novembre 1095, ou durant les huit autres expéditions qui s'ensuivirent et que les historiens s'accordent à qualifier de croisades, jusqu'à l'évacuation finale de Saint-Jean d'Acre en 1291 ; ce qui représente moins de deux siècles de présence occidentale au Proche-Orient.

J'en resterai à la première croisade, car c'est à la fois la première et la seule à avoir atteint son objectif, celui de la libération du tombeau du Christ et de la prise de Jérusalem. Toutes les autres ont échoué, seule la sixième a eu quelque succès, limité à une dizaine d'années de contrôle sur la ville sainte, à la faveur d'une trêve négociée avec les musulmans.

Ma voiture a gagné en 2019, année durant laquelle je l'ai conduite *Sur la route de Samarcande*, le surnom de Bucéphale, le fidèle cheval d'Alexandre le Grand, monture qui partagea sa vie et fut de toutes ses conquêtes, depuis sa Grèce natale jusqu'à sa mort dans la vallée de l'Indus, à peine trois ans avant son seul cavalier et maître.

C'est dire qu'elle ne pouvait pas ne pas m'accompagner pour ce nouveau périple millésimé 2022 à destination de Jérusalem, la ville trois fois sainte, s'agissant par ailleurs d'un itinéraire, de la Macédoine à l'Asie Mineure et au Proche-Orient, que le véritable Bucéphale et son cavalier ont parcouru, de -334 à -332 très précisément.

Après ces quelques mots d'introduction et de présentation du conducteur et de sa monture, il est temps de planter le décor de ce récit, pour comprendre le contexte géopolitique qui a conduit à la première croisade dont il sera question dans les pages qui vont suivre.

Tout commence au début du XIe siècle, lorsque des tribus turques seldjoukides émigrent d'Asie centrale vers le Moyen-Orient puis le Proche-Orient où, en moins de cinquante ans, elles fondent un immense empire, qui par ses conquêtes et ses victoires a motivé la croisade, tandis que son affaiblissement et ses querelles intestines ont permis à ladite croisade de réussir.

J'écris ici tribus *turques*, le terme savant serait *turciques*, pour les distinguer des citoyens de la République de Turquie. Celle-ci a récemment demandé à être appelée, au plan international, *Türkiye* et non par le terme anglais *Turkey* qui évoque un gallinacé réputé stupide, et aimant se faire fourrer à chaque fin d'année ; nous verrons si cette demande sera suivie d'effet. Elle vise surtout les pays anglophones, je pense que nous n'avons rien à craindre en France sur ce plan-là, nous verrons bien. De mon côté, je parlerai de tribus *turques* pour évoquer les Seldjoukides, je n'aime pas les mots alambiqués, ou alors seulement s'ils sont rigolos.

Ces tribus turques déferlant depuis l'Asie centrale tirent leur nom de Seldjoukides de leur premier chef, Seldjouk, qui vit au Xe siècle, convertit sa tribu à l'islam sunnite et mène leur migration d'Asie centrale vers l'Empire perse.

Empire perse dont les Seldjoukides prennent le contrôle sur les Samanides en déclin et sur d'autres tribus turques qui ont profité de ce déclin avant eux, au début du XIe siècle. Les Seldjoukides prennent les mœurs perses et sont avalisés par le calife de Bagdad comme rois de Perse, au moins sont-ils sunnites, pas comme d'autres prétendants perses qui sont chiites. Et l'Empire seldjoukide finit par se substituer à l'Empire arabe de Bagdad, les Abbassides ne conservant plus qu'un rôle religieux de califat sans pouvoir temporel.

Voilà pour ce qui concerne la *success story* de Seldjoukides qui paraissent avoir le vent en poupe.

Voyons ce qu'il en est dans le camp d'en face : comme vous l'imaginez bien, ce n'est pas la même ambiance !

Dans cette même deuxième moitié du XIe siècle, les Byzantins sont affaiblis par un changement dynastique. *Byzantins*, c'est par cet exonyme qu'on les appelle chez nous. Eux se décrivent par l'endonyme *romains*, la moitié toujours vivant en Orient de l'Empire *romain* dont la moitié occidentale a chuté en 476. À cet égard, les successeurs de Charlemagne, empereurs du Saint-Empire romain germanique, se disent aussi empereurs *romains*. Le terme *byzantin* n'a été consacré chez nous qu'au XVIe siècle.

La dynastie byzantine dite macédonienne, aux manettes depuis près de deux siècles, de 867 à 1057, se termine avec l'abdication du dernier empereur Michel VI. Celui-ci cède la place à Isaac Comnène, le nouveau basileus - roi en grec ancien (le terme qu'utilisent les Byzantins) - et le premier de la nouvelle dynastie des Comnène, qui est définitivement consolidée par Alexis Comnène, le neveu d'Isaac, dont le règne dure 37 ans, de 1081 à 1118, la période qui nous intéresse, celle de la première croisade.

Cette dynastie macédonienne pousse l'Empire à son expansion territoriale maximale : la totalité des Balkans, jusqu'à la Drave et au Danube, le sud de la péninsule italienne, l'Asie Mineure et une partie de la côte du Levant, jusqu'à l'actuel Liban. Sans Jérusalem, sous le contrôle des Fatimides d'Égypte, lesquels laissent cependant libre accès aux pèlerins chrétiens.

Les Byzantins commencent par perdre leurs possessions du sud de la péninsule italienne, prises par les Normands. Oui, les Normands, les descendants des Vikings qui se sont vu attribuer la Normandie par le roi de France en 911, histoire de leur donner un territoire, préférant perdre une main plutôt que le bras.

On sait qu'en 1066, en sa qualité de neveu du défunt roi d'Angleterre Édouard le Confesseur, Guillaume le Bâtard est allé ravir le trône d'Angleterre à un usurpateur, son cousin Harold qui n'était que le beau-frère du roi défunt, y gagnant son nom de Guillaume le Conquérant. C'est quand même plus classe que Guillaume le Bâtard, non ?

Les Normands étaient volontiers querelleurs et aventuriers dans l'âme. Les chevaliers normands ont été opportunistes et sont allés conquérir, à la demande de princes lombards, les possessions byzantines du sud de la péninsule - conquête achevée en 1071 - et aussi la Sicile, reprise aux Fatimides musulmans qui l'occupaient.

Au niveau de la tête de l'Empire byzantin, c'est l'instabilité qui reprend. Je parlais tout à l'heure de dynastie Comnène définitivement consolidée par Alexis, mais Isaac Comnène ne règne que deux ans. Lui succèdent Constantin X Doukas durant sept ans, puis Romain IV Diogène durant trois ans brutalement interrompus en 1071 par la lourde défaite des Byzantins à Mantzikert face aux troupes seldjoukides d'Alp Arslan, arrière-petit-fils de Seldjouk, celui qui leur a donné son nom.

Mantzikert, c'est le nom arménien qui est resté dans les mémoires. Aujourd'hui, on utilise la version turque de Malazgirt pour désigner la ville qui existe toujours, c'est à une cinquantaine de kilomètres au nord du lac de Van, en Anatolie orientale, pas très loin de la frontière iranienne.

Cette défaite de Mantzikert en août 1071 ouvre aux Seldjoukides les portes de l'Anatolie, c'est une étape clé dans l'histoire de la région. Une date de basculement entre un Empire byzantin orthodoxe sur le reculoir, et l'irrésistible progression des Turcs seldjoukides. Encore aujourd'hui, cette bataille est considérée par les Turcs modernes comme un acte fondateur de la Turquie dans leur historiographie, au même niveau que la prise de Constantinople par les Ottomans, autre tribu turque, en mai 1453.

Romain IV Diogène espérait frapper un grand coup contre les Seldjoukides, son armée étant nettement plus nombreuse, mais il a été lâché par une partie de ses troupes, en particulier celles d'Andronic Doukas dont la famille intriguait pour revenir sur le trône byzantin – la notion de commandement unifié restait à inventer… Et puis, l'essentiel de l'armée était composé de mercenaires et d'opportunistes, souvent turcs d'ailleurs. Donc, l'ordre de saboter la bataille est venu de l'ennemi intérieur.

La seule chance de succès des Byzantins était de tenir des lignes solides de combattants, à la manière des phalanges macédoniennes dont ils étaient les héritiers, face à des Turcs pratiquant le harcèlement et la cavalerie légère avec ses archers à cheval : trop peu nombreux et mal commandés, ça ne pouvait que mal se terminer.

En particulier pour Romain IV Diogène qui est fait prisonnier par Alp Arslan après la bataille. Il réussit à racheter sa libération et à rassembler les restes de son armée, puis se met en route pour Constantinople, à 1 400 kilomètres de là, pour reprendre son trône qui lui est contesté. Ses rivaux, les Doukas, qui portent une grande partie de la responsabilité de la défaite de Mantzikert, le déposent, et pour être sûrs de le neutraliser, lui font arracher les yeux et l'exilent. Il meurt de ses blessures mal soignées. Les querelles byzantines, ça peut mal tourner !

Les Doukas mettent sur le trône Michel VII Doukas. Il gouverne de 1071 à 1078 avant d'être déposé par Nicéphore III Botanatès, qui ne règne que trois ans jusqu'à l'arrivée d'Alexis Comnène en 1081. Ce dernier peut alors s'efforcer de restaurer la stabilité de ce qui reste de l'Empire byzantin.

Globalement, c'est quand même un *bad beat* pour les Byzantins au XIe siècle.

Revenons-en aux Seldjoukides qui, au contraire des Byzantins, ont la main heureuse.

Après leur victoire à Mantzikert qui leur ouvre les portes de l'Anatolie, les Seldjoukides continuent leur progression jusqu'aux environs de Constantinople. Ils prennent en 1078 Nicée - aujourd'hui Iznik -, ville où se sont tenus les deux conciles éponymes, et y installent leur capitale en 1081. La ville de Nicée se trouve sur la rive est du lac Ascanion - aujourd'hui *Iznik Gölu* (lac d'Iznik) -, elle n'est qu'à 150 kilomètres à l'est de Constantinople, c'est vous dire si les Byzantins ont l'ennemi à leurs portes !

Les Seldjoukides fondent le sultanat de Roum, ce qui signifie Rome, puisque l'Empire byzantin était appelé Empire romain par les intéressés, je l'ai dit plus haut : il est donc normal que les Seldjoukides choisissent le même terme ! Le mot arabe *roumi* pour désigner les infidèles vient de là aussi, signifiant *romain*, terme englobant tant les catholiques que les orthodoxes, les Rebeus ne font pas de différence entre chrétiens romains et byzantins.

Les Seldjoukides poursuivent leur expansion vers le sud. Ils chassent les Fatimides de Jérusalem en 1073. Ces derniers se replient vers l'Égypte et leur capitale, Le Caire. Les Fatimides ont aux yeux des Seldjoukides sunnites le tort d'être chiites ismaéliens, lesquels considèrent que les successeurs du Prophète doivent être choisis parmi sa descendance, *via* son gendre Ali et sa fille Fatima, d'où les Fatimides tirent leur nom.

À compter de 1078, l'accès terrestre à Jérusalem *via* l'Asie Mineure est fermé aux pèlerins chrétiens, et l'accès maritime par la côte de la Palestine l'est tout autant. La population chrétienne de Jérusalem est massacrée par les Seldjoukides, l'idée même de pèlerinage sur le tombeau du Christ est compromise.

Les Seldjoukides rompent ainsi le légendaire pacte d'Omar, prétendument accordé en 717 par le calife Omeyyade Omar II, encadrant le statut des chrétiens et des Juifs et l'accès à leurs lieux saints sous un certain nombre de conditions certes restrictives, mais leur autorisant tout de même une relative liberté de circulation. Ce pacte est qualifié de légendaire parce qu'on n'a aucune preuve de son antériorité et on ne sait qui l'a consenti – mais il a été jusqu'alors respecté, c'est l'essentiel.

Nous sommes en 1078, toutes les conditions de la croisade sont apparemment réunies, l'accès au tombeau du Christ est interdit.

Pourtant, il faudra encore attendre quasiment vingt ans pour qu'elle se déclenche : pourquoi cette temporisation des Byzantins ?

Le basileus Michel VII lance un appel à l'aide dès 1078, mais le pape d'alors, Grégoire VII, qui a bien reçu le message, s'empêtre dans la querelle des Investitures avec l'empereur du Saint-Empire Henri IV, celui qui est allé à Canossa pour y faire pénitence, empereur que soutiennent les Byzantins. C'est un faux départ, et le début du règne d'Alexis Comnène en 1081 n'y change pas grand-chose.

Ce dernier doit gérer ses priorités, et l'invasion seldjoukide n'est pas en haut de sa liste.

Eh oui, on l'oublie un peu trop souvent, mais l'Empire byzantin est aussi menacé par les Normands de Robert Guiscard qui se sentent en forme après avoir repris la Sicile aux Fatimides et le sud de l'Italie aux Byzantins. Ils attaquent le sud des Balkans, prennent Dyrrachium - aujourd'hui Durrës en Albanie - en 1081, puis Corfou, ce qui leur ouvre la route vers Constantinople. La mort de Robert Guiscard en 1085 met fin au danger et à l'expédition des Normands qui se replient sur leurs nouvelles possessions italiennes.

Voici pourquoi Alexis Comnène s'est d'abord concentré sur le danger normand et a temporisé avec les Seldjoukides, qui du reste sont divisés par des querelles de succession, d'où un relatif déclin.

Alexis Comnène a également dû, entretemps, repousser les Petchenègues et les Coumans, autres tribus turques qui avaient contourné la mer Noire par le nord et poussaient vers le sud et la frontière du Danube depuis les steppes pontiques d'où les Russes les avaient chassés.

Occupé avec les Normands, les Petchenègues et les Coumans, Alexis Comnène n'a pas besoin d'appeler à l'aide les Occidentaux face à des Seldjoukides en relatif déclin, même s'ils ont leur capitale à 150 kilomètres de la sienne. De toute façon, la chose est malaisée du fait de relations exécrables avec le pape Grégoire VII qui, dans la continuité du grand schisme de 1054, a excommunié les empereurs byzantins, dont Alexis Comnène et ses prédécesseurs.

Après la mort du pape Grégoire VII en 1085 et une période de flottement, c'est l'élection en 1088 du Français Eudes de Châtillon sous le nom d'Urbain II qui change la donne. Il met fin à l'excommunication d'Alexis Comnène, et entame une réconciliation entre la chrétienté catholique et la chrétienté orthodoxe, sans pour autant s'attaquer aux querelles théologiques - il faut être réaliste dans la vie !

Alexis Comnène se montre habile et entend bien profiter de bonnes relations actées dès 1090 avec la papauté pour reprendre la lutte contre des Seldjoukides toujours divisés en Anatolie et en Syrie, dont le territoire est grignoté par d'autres tribus kurdes, arabes ou turques, sans parler des Fatimides qui contre-attaquent en Palestine et se rapprochent de Jérusalem.

Alexis Comnène envoie des plénipotentiaires au concile de Plaisance (*Piacenza*, en italien) en mars 1095 pour plaider sa cause : reprendre les lieux saints aux infidèles, secourir les chrétiens d'Orient, accessoirement chasser les Seldjoukides d'Anatolie et y restaurer son autorité.

Urbain II est sensible à cet appel et se dit que dans un contexte de reconquête de la chrétienté sur l'islam, après la prise de la Sicile aux Fatimides par les Normands et le début de la *Reconquista* en Espagne par les ancêtres des Rois Catholiques, à laquelle avaient participé beaucoup de nobles de France, il y a matière à poursuivre la Guerre sainte.

Guerre sainte, le mot est lancé !

Un certain Pierre l'Ermite, qui aurait fait un pèlerinage à Jérusalem auparavant et aurait vu et subi les brimades infligées par les Seldjoukides, encourage également Urbain II dans son appel à la croisade. On verra que Pierre l'Ermite mènera lui-même une croisade populaire.

Deus lo volt ! Peu importe la graphie, en bas latin, en occitan ou en vieux françois, *Dieu le veut !* Ce fut un slogan terriblement efficace pour rallier à cette cause le maximum de public.

Alors Urbain II lancera le 27 novembre 1095 au concile de Clermont le fameux appel éponyme - depuis une ville qui sera fusionnée en 1630 avec sa voisine Montferrand, y perdant un Mont redondant au passage. Appel qui cette fois-ci sera entendu et aura un retentissement considérable dans tout l'Occident, au contraire des tentatives similaires auprès de Grégoire VII, après la défaite de Mantzikert, restées lettre morte.

Je l'ai évoqué tout à l'heure, le terme de croisade ne date que du XVe siècle pour désigner l'expédition de croisés définis dès le XIIe siècle comme ceux qui ont une croix cousue sur leurs vêtements. Les premiers croisés, ceux de la première croisade, se disaient simplement soldats de Dieu.

Avant ces croisades, les pèlerinages étaient possibles, mais ils étaient souvent le fait de voyageurs en groupes, jusqu'à plusieurs milliers, nombreux et armés pour se défendre sur des routes peu sûres, en Europe et surtout en Orient.

Quels sont les ingrédients à réunir pour qu'on puisse valablement parler de croisade ? Les dernières années précédant la première d'entre elles en 1095 fournissent des éléments de réponse.

La campagne de Mahdia, ville de Tunisie, est une expédition punitive lancée en 1087 par les Génois et les Pisans en réponse à des attaques de l'émir Tamim ben al Muizz sur des villes côtières d'Italie, dans le contexte de la reconquête de la Sicile reprise aux Fatimides par les Normands, je viens de l'évoquer.

La prise de la ville reste sans lendemain et se limite à son pillage, mais le fait notable est que le pape Victor III, intercalé entre Grégoire VII et Urbain II en 1086-1087, accorde l'indulgence aux assaillants d'un État musulman. Ça n'a l'air de rien comme ça, mais c'est fondamental.

De fait, à cette époque comme aujourd'hui, la guerre a ses lois. Tuer des ennemis au combat, ça peut arriver, mais il faut voir à ne pas violer le premier commandement, « Tu ne tueras point », qui devrait plutôt s'énoncer comme « Tu ne commettras pas d'assassinat », car tuer son prochain pour une cause légitime, par exemple durant un conflit, n'est pas un péché mortel. Donc, que le pape énonce qu'il est licite de zigouiller du musulman et que les morts chrétiens vont au paradis, c'est une nouveauté absolument essentielle et un élément constitutif de la notion de croisade.

Au concile de Clermont en novembre 1095, Urbain II proclame la trêve de Dieu et promet l'indulgence plénière - une rémission des peines pour les péchés commis - à tous ceux, nobles et roturiers, religieux et laïcs, passés et à venir, qui répondront à l'appel d'Alexis Comnène pour repousser les Seldjoukides et reconquérir Jérusalem. Ceux qui perdront la vie durant l'aventure seront proclamés martyrs et assurés d'une vie éternelle. Enfin, l'Église accorde la protection de leurs biens à ceux qui sont partis faire la croisade, argument qui intéresse en particulier la noblesse.

Nous sommes en présence en cette toute fin du XIe siècle, d'un Occident à peu près pacifié présentant un relatif excédent démographique qui va donner naissance au *Drang nach Osten*, et de cadets de familles rompus aux métiers des armes, privés d'un héritage réservé à l'aîné, potentiels brigands et fauteurs de troubles ouverts à la perspective de conquêtes et d'aventures lointaines.

Dans le même temps, l'Empire byzantin et le Proche-Orient sont bouleversés par l'implantation brutale de nouveaux arrivants turcs qui interdisent l'accès à Jérusalem et persécutent les chrétiens d'Orient.

Le pape Urbain II, élu souverain pontife en 1088, a bien compris tous ces éléments. En tant que Français, il est sensible à la situation des chrétiens d'Orient qu'il ne considère pas comme des rivaux, même après le schisme de 1054, et comprend que le surplus de guerriers et potentiels fauteurs de troubles que constituent les cadets de la noblesse française peut utilement être mis à profit d'un pèlerinage armé, pour rouvrir l'accès à Jérusalem et libérer les chrétiens d'Orient.

Une expédition armée donc, qui est avant tout un pèlerinage pénitentiel permettant d'obtenir l'indulgence pour les péchés commis en cours de route, ouvert à tous, nobles, roturiers, religieux, laïcs. Le terme de *Guerre sainte* n'a pas été directement utilisé à l'époque, mais beaucoup de ses ingrédients sont réunis.

Si l'on considère cela, on peut conclure que l'utilisation du terme de croisade dans d'autres contextes où l'un desdits ingrédients est manquant, n'est pas appropriée : la croisade des albigeois contre l'hérésie cathare au XIIe siècle, la croisade contre les réformateurs hussites en Bohême au XVe siècle, les croisades baltes à la fin du XIIe siècle pour évangéliser les païens baltes… Ce ne sont que quelques exemples, nous ne parlerons pas de la croisade civilisatrice dont on a qualifié l'expansion coloniale de la France au XIXe siècle !

Peu importent les qualificatifs, nous y voilà : l'appel de Clermont a réussi au-delà de toutes les espérances, et il va falloir y faire face !

Un succès tel qu'Alexis Comnène, qui n'espérait au départ que la mise à disposition de mercenaires qui seraient restés sous son commandement, se met à redouter un déferlement d'armées entières susceptibles de lui ravir son trône sinon de piller son empire, sans parler des milliers de petites gens, familles entières, qui se mettent en route sans attendre les consignes, galvanisés par des prédicateurs de tous acabits ! Puisqu'on vous dit que *Deus lo volt !*

Alors que la croisade organisée, la croisade des Barons appelée aussi croisade des Seigneurs, l'officielle, se voit assigner comme objectif par Urbain II un départ le 15 août 1096, après les moissons qui assureront un ravitaillement, environ 50 000 pécores n'ont pas pu attendre et sont partis tout de suite dès le printemps 1096 !

On appelle ces expéditions improvisées croisades populaires ou encore croisades des Gueux, une version clairement péjorative. L'Histoire a retenu celle de Pierre l'Ermite, un prêtre charismatique qui galvanisait les foules, et se vantait d'avoir inspiré et convaincu Urbain II pour son appel à la croisade – sur ce point, les historiens s'accordent à dire qu'il n'a joué qu'un rôle accessoire, tant le siège d'Urbain 2.0 était fait. Pierre l'Ermite réussit à rallier à lui quelques chevaliers pour encadrer sa troupe, dont Gautier Sans-Avoir.

Populaire ou pas, cette troupe de croisés mal assortie a néanmoins réussi, dans sa plus grande partie, à rallier Constantinople, à la mi-juillet 1096 pour ceux menés par Gautier Sans-Avoir, et le 1er août pour ceux qui l'étaient par Pierre l'Ermite.

Tout le contraire des croisades populaires menées par les Allemands (le terme est anachronique, mais j'assume), celles de Volkmar, Gottschalk, deux hommes d'Église, et d'Emich de Flonheim, un noble porté sur la rapine, qui n'ont réussi qu'à persécuter les communautés juives de Rhénanie, de Bavière et de Bohême où elles vivaient en paix depuis Charlemagne. Pour quels motifs ? Pour s'approprier leurs biens ? Ou peut-être pour convertir de force sinon occire des ennemis du Christ comme les musulmans ? Probablement un peu des deux. Ces croisades populaires se sont cependant vite heurtées au royaume de Hongrie qui, ne pouvant tolérer le passage de telles bandes indisciplinées sur ses terres, les a taillées en pièce puis a dispersé les survivants. De ce fait, ces expéditions menées par Volkmar, Gottschalk et Emich de Flonheim n'ont jamais rallié Constantinople.

La croisade des Barons arrive à Constantinople plus de six mois après les croisades populaires de Gautier Sans-Avoir et Pierre l'Ermite, entre décembre 1096 et le printemps 1097, en plusieurs vagues, par différentes routes. S'agissant d'armées de métiers dirigées par de grands seigneurs féodaux, il a fallu un peu de temps pour mobiliser la troupe, se procurer des armes et des équipements, organiser le transport par voie terrestre ou maritime, et enfin trouver le financement de ces expéditions. À l'époque comme aujourd'hui, l'argent est le nerf de la guerre.

Du côté des Barons, il y avait des volontaires pour le départ, car en cette fin du XIe siècle, je l'ai déjà évoqué, le système féodal en vigueur qui attribuait à l'aîné de la famille la totalité du domaine paternel ne laissait aux cadets que la possibilité d'entrer dans les ordres ou d'embrasser la carrière des armes, ce que faisaient la majorité d'entre eux, donnant naissance à une caste de seigneurs de guerre volontiers indisciplinés et turbulents, rêvant de conquêtes et d'expéditions lointaines. La croisade leur fournissait sur un plateau l'opportunité de voir du pays et de s'enrichir, avec la bénédiction de l'Église, et par là même débarrassait l'Occident de potentiels fauteurs de troubles !

Les Barons, c'est le terme consacré, on peut aussi parler de Seigneurs - ce qui signifie aussi qu'aucun roi n'y participait, comme on va le voir -, se sont mis en route depuis toute l'Europe. On distingue traditionnellement quatre armées croisées.

Le premier croisé à partir est Hugues de Vermandois. Ce n'est rien de moins que le frère du roi de France, Philippe Ier, lequel est resté à s'occuper de son royaume. Hugues de Vermandois part de Paris, passe à Clermont où Étienne II de Blois le rejoint, puis se rend en Italie qu'il traverse de Turin à Rome où il reçoit la bénédiction de Saint-Pierre au Vatican. Il emprunte alors la *via egnatia*, voie romaine de Rome à Constantinople, embarquant à Bari pour débarquer à Dyrrachium puis gagner Constantinople *via* Salonique.

Robert II de Normandie, dit Robert Courteheuse, part de Rouen. C'est le duc de Normandie en titre, rien de moins que le fils aîné de Guillaume le Conquérant (l'ancien Guillaume le Bâtard, on l'a vu). Dans toute son aire d'influence, il rassemble des troupes qui convergent à Pontarlier pour ensuite se rendre en Italie et gagner Constantinople par la *via egnatia.*

Les troupes d'Hugues de Vermandois et de Robert Courteheuse constituent ensemble l'armée des Français, qualificatif abusif s'agissant des Normands qui n'étaient pas français à l'époque, mais c'est bien le nom consacré aujourd'hui. Ces troupes arrivent les premières à Constantinople début décembre 1096.

Raymond IV de Toulouse, dit Raymond de Saint-Gilles, a déjà l'expérience de la guerre sainte pour avoir participé à la *Reconquista* pour le compte des ancêtres des Rois Catholiques. Il n'est plus tout jeune, déjà 54 ans lors de son départ, contre une quarantaine d'années pour les autres chefs croisés. Raymond de Saint-Gilles lève, dans toute l'Occitanie, des troupes qui convergent au Puy-en-Velay où l'évêque Adhémar de Monteil, légat du pape, se joint à lui, puis Milan, Trieste, la côte dalmate *via* Raguse jusqu'à Dyrrachium, et là aussi Constantinople par la *via egnatia*. L'armée de Raymond de Toulouse, dite armée des Provençaux, est la plus nombreuse et la plus richement dotée. Leur chef est dans la force de l'âge et revendiquera d'ailleurs le commandement de la croisade. Ils n'arrivent que fin avril 1097 devant Constantinople.

Bohémond, prince de Tarente, Normand de Sicile, est celui qui est le plus proche géographiquement de l'Empire byzantin. Il interrompt le siège d'Amalfi près de Naples (toujours en train de gagner des territoires, ces turbulents Normands…), emmène son jeune neveu Tancrède de Hauteville. L'armée des Normands d'Italie, la moins nombreuse mais certainement la plus aguerrie, passe par les Pouilles et la Calabre, oups, traverse l'Adriatique en direction de Corfou, après quoi elle rejoint la *via egnatia* et Constantinople en avril 1097. À noter que Bohémond de Tarente est le fils aîné de Robert Guiscard, oui, celui qui projetait de conquérir les Balkans et de prendre Constantinople, son épopée s'est interrompue par sa mort en 1085. À peine dix ans plus tard, son fils aîné vole au secours de l'Empire que son père entendait piller sinon conquérir, voici qui est croustillant !

Enfin, Godefroy de Bouillon, duc de Basse-Lotharingie, et ses deux frères Eustache III et Baudouin de Boulogne, descendants directs de Charlemagne par leur mère, sainte Ida de

Boulogne, et Robert II de Flandre, constituent ce qu'on appelle l'armée des Lorrains. Les trois frères Eustache, Godefroy et Baudouin auraient eu comme précepteur un certain Pierre L'Ermite, natif d'Amiens. Comme on se retrouve !

La Lotharingie, c'est le troisième tiers de l'empire de Charlemagne, celui qui fait tampon entre la Francie occidentale et la Francie orientale qui deviendront la France et l'Allemagne. Entre les deux, le Benelux, l'Alsace-Lorraine, la Suisse… Terre de contact entre l'univers roman et l'univers germanique. D'ailleurs, Godefroy est bilingue. En allemand, Godefroy c'est Gottfried (paix de Dieu).

L'armée de Godefroy part de Vézelay d'où l'on part normalement vers Saint-Jacques de Compostelle ; d'autres sources disent Metz, sinon Bouillon, où Godefroy a son château. Les Lorrains sont les seuls à emprunter une route exclusivement continentale, comme les croisades populaires – mais pour ces dernières c'était par manque de moyens pour financer la traversée en bateau. Et si l'armée des Provençaux a suivi la côte dalmate, ce n'est pas vraiment une route continentale.

Cette route continentale de l'armée des Lorrains emprunte la vallée du Rhin puis du Danube *via* Mayence et Ratisbonne où ils rallient des nobles allemands, puis Vienne, Belgrade, Nich, Sofia, Philippopolis et Andrinople. Les Lorrains arrivent à Constantinople dès Noël 1096.

Voilà, vous savez maintenant l'essentiel du contexte de la première croisade, les Seldjoukides qui menacent l'Empire byzantin et barrent l'accès à Jérusalem, l'appel à l'aide du basileus Alexis Comnène auquel répond l'appel à la croisade d'Urbain II, la croisade populaire qui se met en route immédiatement, la croisade des Barons et ses quatre armées parties de tout l'Occident, qui convergent vers Constantinople.

Le décor est planté, le récit proprement dit peut commencer.

Vous l'aurez compris, c'est tant en raison de mes origines en Lorraine dialectophone et de ma vie en Alsace, terres historiquement bilingues, comme la Basse-Lotharingie, que de cette route directe et continentale vers Constantinople, que j'ai choisi de réaliser ce périple *Sur la route de Jérusalem, dans les pas de Godefroy de Bouillon*, et de vous en rendre compte au quotidien dans ce récit.

En route pour Jérusalem !

Envoyé de mon iPad

De : Étienne Henry <etienne.henry@mon.adresse.mail>
À : undisclosed recipients
Envoyé : le 11/08/2022 09 : 45
Objet : Le premier jour, de Bouillon à Mayence, en partant de Strasbourg néanmoins

C'est parti pour un nouveau *road trip* estival ! Après deux années de privation pour cause de pandémie, restrictions de circulation et autres frontières fermées, je suis saisi d'un bonheur intense en ce jour de départ.

Je fais un dernier *check* de mes outils numériques, iPad, iPhone, chargeurs respectifs, *powerbank*…

Damnation, je me rends compte un peu tard que les prises micro et USB-C de mon iPad ne sont pas compatibles avec la sortie USB de ma *powerbank,* je suis bon pour faire un passage à l'Apple Store qui n'ouvre qu'à 10 h. Ils n'ont pas le bon adaptateur, mais la Fnac en face a le nécessaire ; c'est fourni par le concurrent Samsung.

Check de mes documents de voyages, passeport, permis international, réservations d'hôtel, billets de transport maritime et aérien… Aucun visa n'est nécessaire pour mon périple. J'ai néanmoins consacré beaucoup d'énergie depuis fin 2021 à chercher des liaisons maritimes vers Israël, lesquelles ne sont pas toutes rétablies à ce jour après avoir été interrompues pour cause de pandémie, me conduisant par défaut à utiliser des liaisons maritimes réservées au fret. Mais n'anticipons pas.

Ma fidèle monture a été dûment révisée au printemps 2022 et a passé haut la main le contrôle technique. Espérons que comme les années précédentes, elle n'aura pas de souci mécanique sérieux, j'entends par là un souci auquel ne puisse remédier rapidement un mécano débrouillard turc (pléonasme ?). C'est juste un exemple, par le passé ce sont respectivement des mécanos arménien et grec qui m'ont sauvé la mise quand je rentrais du Caucase et d'Asie centrale.

Je suis bien sûr doté de mes provisions de bouche, mes packs de Carola, de 1664, mes Pringles® et quelques boîtes de biscuits – car je ne pars pas sans biscuits !

Départ de Strasbourg le 10 août un peu après 10 h. Une fois n'est pas coutume, alors que je me dirige vers l'Orient, je dois prendre dans un premier temps la direction opposée pour me rendre à Bouillon où se trouve le château médiéval de Godefroy, le chef croisé de l'armée des Lorrains qui finira Avoué du Saint-Sépulcre à l'été 1099 lors de la prise de Jérusalem.

Ayant choisi de faire ce périple *dans les pas de Godefroy de Bouillon*, je ne peux me permettre de tricher. Bon, c'est de manière quelque peu arbitraire que j'ai choisi ce départ depuis Bouillon, car les versions divergent sur le lieu du départ effectif de Godefroy en ce 15 août 1096 voici quasiment 926 ans jour pour jour : Vézelay, Bouillon, Metz… Cette dernière hypothèse est séduisante, mais Metz n'était pas en Basse-Lotharingie, le duché de Godefroy, qui correspond aujourd'hui à la Belgique et à une partie des Pays-Bas.

Peu importe, je trouve intéressant de passer par Bouillon, et de toute façon c'est moi qui fixe la règle du jeu. Je fais mes choix et arbitrages lorsque je ne dispose pas d'informations fiables ou que les chroniques et correspondances qui sont parvenues jusqu'à nous sont divergentes, parcellaires ou orientées pour complaire à leur commanditaire et chanter sa gloire. Car la propagande et la désinformation, ça existe depuis toujours, l'actuel conflit russo-ukrainien le rappelle.

Autoroute de l'Est, péage de Schwindratzheim ; aucun doute, nous sommes en Alsace, terre germanique, alémanique plus précisément, ça ne sonne pas pareil que Saint-Arnoult-en-Yvelines ! J'ai toujours un peu de compassion pour le journaliste de France Info qui bute sur ce mot lorsqu'il indique qu'il y a une attente à ce péage…

Col de Saverne, me voici en Lorraine dialectophone, où se pratique encore le francique lorrain ou *platt ditsch*, la langue de mes parents, très proche de celle de leurs voisins sarrois.

Après Saint-Avold et sa spectaculaire plate-forme chimique qui a survécu à la fermeture des Houillères du bassin de Lorraine, et sa centrale à charbon qu'il est question de remettre en route cet automne 2022 pour suppléer les centrales nucléaires en rade, l'autoroute franchit deux rivières à quelques kilomètres d'intervalle, la Nied *allemande* puis la Nied *française*. Ces adjectifs matérialisent dans la toponymie la frontière linguistique entre l'univers germanique et l'univers roman.

Je quitte l'A4 à Metz la francophone pour prendre l'A31 vers le nord en direction du Luxembourg germanophone. Je franchis à nouveau la frontière linguistique en arrivant en vue de Thionville (*Diedenhofen*), je prends l'A30 en direction de Longwy la francophone, les suffixes en -ange des villages au nom francisé deviennent *-ingen* dans leur version allemande.

La sortie Audun-le-Roman est indiquée au sud de l'A30 à hauteur d'Aumetz. Un Audun-le-Tiche lui répond en direction du nord et de la frontière luxembourgeoise. Voilà la frontière linguistique à nouveau gravée dans la toponymie : si Audun-le-Roman est à l'évidence francophone, Audun-le-Tiche est germanophone, le *Tiche* étant une altération de *ditsch*.

Nous sommes en Lorraine, l'ancienne Lotharingie, le royaume de Lothaire. C'est le troisième tiers de l'empire de Charlemagne, celui qui s'intercale entre la Francie occidentale et la Francie orientale qui deviendront la France et l'Allemagne. Entre les deux, le Benelux, l'Alsace-Lorraine, la Suisse… terres d'échanges depuis toujours entre l'univers roman et l'univers germanique.

La Francie médiane de Lothaire Ier issue du traité de Verdun en 843 partageant l'Empire carolingien a été partagée en 855 entre ses trois fils. C'est Lothaire II qui a reçu la partie qui nous intéresse, ses frères ayant reçu la Provence et le nord de l'Italie. Cette Lotharingie historique a encore été partagée en deux en 953, entre la Haute-Lotharingie qui deviendra plus tard la Lorraine, et la Basse-Lotharingie qui deviendra la Belgique et une partie les Pays-Bas.

La conclusion de cette tirade historique ? C'est que Godefroy de Bouillon, duc de Basse-Lotharingie, descendant direct de Charlemagne, est… belge ! J'y reviendrai.

Revenons à ma route. Après Longwy, je choisis de rester du côté français de la frontière et renonce à l'autoroute belge plus roulante pour prendre la direction de Sedan par la Nationale. De là, je ferai les 15 kilomètres restants jusqu'à Bouillon qui se trouve du côté belge.

À noter que la limitation de vitesse est à 80 pour la portion de nationale de Meurthe-et-Moselle et de Meuse, puis de 90 pour la portion des Ardennes. Les conseils départementaux respectifs ont eu des vues différentes sur les marges de manœuvre dont ils disposent.

Sedan, c'est un nom qui est durablement plombé chez nous, puisqu'il est associé à la percée éponyme du 10 mai 1940 qui a mis fin à la « drôle de guerre », et aussi à la chute et à la capture de Napoléon III le 2 septembre 1870, dont l'une des conséquences sera l'annexion de l'Alsace-Moselle à l'Empire allemand au traité de Francfort. Nouvelle illustration de frontières disputées entre l'univers roman et l'univers germanique.

Sedan se trouve dans le département des Ardennes (au pluriel), lequel fait partie du massif de l'Ardenne (au singulier), qui s'étend pour sa plus grande partie en Belgique, mais aussi en France, au Luxembourg et en Allemagne. Il fait la jonction entre l'Eifel (oui, avec un seul f, on ne parle pas de Gustave !), la Champagne et le plateau lorrain.

Tendez l'oreille, vous entendrez qu'en France on dira volontiers Ardennes au pluriel, influencés que nous sommes par le nom du département des Ardennes. Le circuit de Spa-Francorchamps est dans l'Ardenne belge, mais on parle de *Toboggan des Ardennes*. Et que dire de la bataille des Ardennes, qui s'est déroulée en Ardenne ? Je renonce à comprendre, si vous avez une explication rationnelle…

Depuis Longwy, les places fortes se succèdent sur la nationale en direction de Charleville-Mézières. La première est le fort de Fermont de la ligne Maginot, qui est la version moderne du Longwy fortifié par Vauban.

La suivante est à Montmédy dont la citadelle a été construite sur les ordres de Charles Quint ; nous sommes dans une région frontalière historiquement sensible. Les casernes des forts de la ligne Maginot ont été transformées en prison en 1990, il a suffi de surélever les murs d'enceinte et le tour était joué.

La route retrouve régulièrement une voie ferrée électrifiée, c'est le Calais-Bâle, liaison transversale qui a traversé les décennies, bien qu'ayant été mise à mal par le tout-TGV dont s'est doté notre pays pour ses grandes lignes ferroviaires.

À hauteur de Sedan, je quitte la nationale qui conduit à Charleville-Mézières pour prendre la voie rapide vers le nord en direction de Dinant (avec un t, c'est en Wallonie, sur la Meuse). La route devient plus sinueuse et passe en Belgique sans crier gare. Bouillon n'est qu'à trois kilomètres.

C'est un gentil bourg de quelques milliers d'habitants le long de la vallée sinueuse de la Semois, rivière de l'Ardenne qui prend sa source à Arlon côté belge, et se jette dans la Meuse côté français à Monthermé dans les Ardennes (vous suivez ?). Un relief modéré et arboré, la rivière dessine de nombreuses boucles au gré de la vallée qu'elle parcourt. L'une d'entre elles enserre un éperon rocheux : c'est le site historique de Bouillon, c'est là qu'a été construit et existe encore aujourd'hui le château de Godefroy de Bouillon.

Lorsque la Belgique est née en 1830 de la sécession de la partie sud catholique du royaume-uni des Pays-Bas issu du traité de Vienne, elle dut écrire sa propre histoire et se choisir des figures historiques, comme nous l'avons fait avec Vercingétorix et Jeanne d'Arc. Ainsi, le Vercingétorix des Belges s'appelle Ambiorix, le chef des Éburons, de Gaule belgique.

Tintin n'existait pas encore, alors c'est Godefroy de Bouillon qui est devenu le premier héros national belge, le saviez-vous ? Hier comme aujourd'hui, les pays neufs s'empressent de s'écrire une histoire nationale à la hauteur de leurs ambitions, au besoin en tordant le cou à la vérité historique.

Pour Godefroy de Bouillon, il n'a pas été nécessaire de beaucoup déformer la réalité historique. Il s'agissait surtout d'accréditer l'idée de l'existence d'une nation belge voici déjà mille ans, aux confins des mondes latin et germanique, réunissant évidemment le meilleur des deux univers. La statue équestre de notre ami trône place Royale à Bruxelles depuis 1848.

Cette appropriation belge de Godefroy me paraît raisonnablement fondée, la Basse-Lotharingie dont il était duc reprenant une grande partie du territoire belge d'aujourd'hui, francophone et néerlandophone. Godefroy maîtrisait les deux langues vulgaires de l'époque, le picard ou le wallon côté roman, et le thiois (francisation de *ditsch*) côté germanique. Et la Basse-Lotharingie a été, dès le XIIIe siècle, incorporée au Brabant, territoire belge s'il en est.

Sinon, il faut savoir que Bouillon, le bourg et son château dans une boucle de la Semois, a été conquise en 1678 par les armées de Louis XIV qui l'a arrachée à la principauté de Liège.

Étant sur la frontière française, la ville a ainsi été dûment fortifiée par Vauban, comme Longwy et Luxembourg (elle aussi française sous Louis XIV).

Bouillon a été perdue en 1815 après Waterloo et rattachée au Grand-Duché de Luxembourg qui n'était pas encore souverain, mais possession personnelle de son duc, le roi des Pays-Bas. Le Grand-Duché a ensuite été partitionné en 1839 entre la Belgique (la partie francophone, à l'exception d'Arlon qui est germanophone) et ce qui est devenu l'actuel Grand-Duché de Luxembourg, qui a gagné sa pleine indépendance en 1867 sur un malentendu, j'y reviendrai.

Tout ça pour vous dire que le héros belge Godefroy de Bouillon a son château dans un patelin qui aurait pu tout autant être français que luxembourgeois. On va dire que le destin a été heureux de faire que Bouillon soit en Belgique, il s'en faut de quelques kilomètres seulement.

L'arrivée en voiture à Bouillon est tout à fait charmante : le château vous barre l'horizon, les armes de Godefroy de Bouillon et le blason du duché de Basse-Lotharingie flottent sur le donjon ! C'est très escarpé, d'ailleurs la route se dédouble sur les deux quais opposés de la Semois, trop étroits pour une circulation à double sens.

Il y a un peu de tourisme, mais ce n'est pas la foule pour autant. Je vois sur la Semois des pédalos à touristes à tête de flamant rose, ça me fait penser à celui à tête de canard d'OSS117.

Je me pose sur le quai à la terrasse de la Brasserie des Remparts, des retraités flamands roses de coups de soleil se posent à la table à côté. Comme en alsacien, il y a de temps en temps des mots et expressions en français, je me sens presque à la maison.

Je m'offre une blonde fraîche et légère, j'éviterai les bières belges triples qui vous vrillent la tête. J'ai encore un peu de route à faire jusqu'à Mayence.

Godefroy a dû mettre en gage son château de Bouillon auprès de l'évêque de Liège pour financer sa croisade, il en tire 1 500 marcs d'argent. Hier comme aujourd'hui, l'argent est le nerf de la guerre, je crois vous l'avoir déjà dit.

Je me suis renseigné, s'agissant d'un élément financier : au Moyen Âge, le marc (qui a donné *mark* en allemand) vaut 8 onces d'environ 30 grammes, soit une demi-livre ; nous parlons donc de 360 kilos d'argent métal, soit environ 275 000 euros au cours d'aujourd'hui. Pas terrible pour une résidence secondaire impossible à chauffer, mais à l'époque la valeur relative de l'argent par rapport à l'or était plus élevée, les gisements du Nouveau Monde n'ayant pas encore été découverts.

Après ma visite de Bouillon, je prends le vrai départ pour la croisade, ce sera dorénavant plein est jusqu'à Antioche, où je prendrai plein sud et le bateau, joli zeugma.

Cette fois-ci, je ne prendrai pas le chemin des écoliers comme depuis Longwy, mais la voie rapide vers Dinant puis l'autoroute belge ; le terre-plein central porte des pylônes d'éclairage tout du long. L'éclairage est maintenant à LED, avec une consommation divisée par cinq, son intensité est réduite au milieu de la nuit. L'énergie qui coule à flots, c'est révolu.

Le code couleur est vert pour l'autoroute et bleu pour la nationale, comme en Suisse et en Italie.

On indique la sortie vers Verlaine, peut-être le patelin d'où sont originaires les aïeux de Paulo ?

Il y a aussi une sortie Liège-Bastogne, c'est presque le nom d'une grande classique du cyclisme.

Passage à Arlon. C'est une partie de la province de Luxembourg du royaume de Belgique où l'on parle encore le luxembourgeois, le dialecte francique local qui s'est vu bombardé langue nationale du Grand-Duché voici quelques années aux côtés de l'allemand et du français qui ne sont que langues administratives, admirez la nuance.

Dix kilomètres avant la frontière luxembourgeoise, la bande d'arrêt d'urgence devient une voie réservée au covoiturage, histoire de gérer au mieux les bouchons matinaux causés par les frontaliers belges. À noter qu'il faut être au minimum trois dans sa voiture pour l'emprunter, estimons-nous heureux à Strasbourg où deux personnes suffisent.

Après la frontière, c'est l'A1 luxembourgeoise, le code couleur revient sur le modèle français, bleu pour l'autoroute, les nationales sont indiquées en jaune comme en Allemagne.

J'attendrai la dernière station luxembourgeoise pour faire le premier plein de carburant de mon parcours, c'est juste avant le viaduc sur la Moselle qui fait la frontière avec l'Allemagne. L'endroit s'appelle Wasserbillig, l'essence l'est aussi, le sans plomb 95 est à 1,58 euro du litre. Les clients et le personnel sont allemands, c'est frappant. Nous sommes dans une région du Luxembourg assez éloignée de la France et ici, les frontaliers sont allemands.

Le Luxembourg est un petit territoire d'à peine 2 600 kilomètres carrés qui a réussi, dans les années quatre-vingt, sa reconversion d'une économie fondée sur l'agriculture et la sidérurgie (l'Arbed en déconfiture) vers une économie financière, utilisant pour cela les marges de manœuvre que lui autorise l'Union européenne dont il est un des membres fondateurs pour devenir une sorte de paradis fiscal et financier européen. Il bénéficie aussi de l'implantation sur son territoire d'un grand nombre d'institutions européennes.

Le pays compte environ 650 000 habitants, dont une petite moitié d'étrangers. Le PIB par habitant et par an est de plus de 100 000 euros. Il est par ailleurs dopé par la contribution de près de 200 000 frontaliers en provenance de France, de Belgique et d'Allemagne, qui représentent quasiment la moitié de la population active.

Tout sourit au Luxembourg qui fait des économies sur sa défense confiée à la Belgique et plus généralement à l'OTAN, son enseignement supérieur confié à ses voisins immédiats, (oublions l'université du Luxembourg fondée en 2003 seulement et qui a moins de 7 000 étudiants) et ses charges sociales ; la sécu luxembourgeoise est dopée par des étrangers et des frontaliers dans la force de l'âge, dont les coûts réels seront supportés plusieurs décennies plus tard par leur pays de résidence, on est contents pour eux.

Voici ce qu'on peut bâtir en utilisant ce que le destin vous a donné : une pleine souveraineté. Celle-ci date de 1867, je l'évoquais tout à l'heure. Dès 1865, Napoléon III cherche à faire l'acquisition du Luxembourg auprès de Guillaume III des Pays-Bas, dont c'était une possession personnelle, on l'a dit. Il croit obtenir, pour ce faire, la bienveillante neutralité de Bismarck pour le compte de la Prusse qui s'apprêtait à faire la guerre à l'Autriche en vue de l'unification allemande, et avait besoin pour cela de la bienveillante neutralité de la France en retour.

En 1867, Napoléon III propose de conclure le *deal*, et patatras, Bismarck n'est plus d'accord ! Il faut dire qu'il n'a plus besoin de la bienveillante neutralité de la France, puisqu'il a battu les Autrichiens à Sadowa en 1866. Et d'argumenter que le Luxembourg est de culture germanique, qu'il a donné plusieurs empereurs au Saint-Empire, qu'il y a une garnison prussienne à la citadelle de Luxembourg, pourtant fortifiée par Vauban…

Tous les prétextes sont bons, l'affaire capote, et la seule solution viable est de faire du Grand-Duché un État tampon souverain, ni français ni prussien. Et voilà comment naît ce petit État qui a tout d'un grand, y compris une famille ducale, nettement plus discrète néanmoins que celle du Royaume-Uni.

Souvenir de cette indépendance du royaume des Pays-Bas en 1867 : le Luxembourg lui a pompé son drapeau, bleu-blanc-rouge en trois bandes horizontales, mais avec un bleu plus clair et un rapport largeur/hauteur un peu plus grand.

Les stations-service du Luxembourg proposent toutes alcool et clopes à prix d'ami, ruinant les buralistes des pays frontaliers. Pour le carburant, j'ai l'impression que le Luxembourg a lui aussi consenti une ristourne fiscale, histoire de rester à un niveau de prix inférieur de l'ordre de 20 % aux tarifs de ses voisins.

Je quitte le Luxembourg, je longe la Moselle qui fait la frontière avec le land de Sarre à l'est du Grand-Duché, la vue sur le vignoble est magnifique. Je prends la direction de Trèves, la capitale antique de la Gaule Belgique, *Augusta Trevorum*, tirant son nom de la tribu celte des Trévires. En accentuant la première syllabe de ce mot, on obtient la version française *Trèves*, et en accentuant la deuxième, la version allemande *Trier*. À noter que sur les panneaux routiers luxembourgeois ne figure que la version *Trier*.

Ville majeure du nord de la Gaule dans l'Antiquité romaine, Trèves est très certainement encore un grand centre urbain pour l'époque lorsque Godefroy de Bouillon ne manque pas d'y transiter sur sa route vers Mayence fin août 1096. La cathédrale de Trèves conserve depuis le début du XIe siècle la Sainte Tunique du Christ. Godefroy n'a pas manqué de s'y recueillir, lui qui était profondément pieux et ne se posait pas de questions sur l'authenticité de ce genre de relique, j'y reviendrai.

Avant lui, Pierre l'Ermite prêche sa croisade populaire à Trèves en avril 1096, il a déjà dans son sillage peut-être 15 000 pèlerins de tous âges. Quelques jours plus tard, il prêche à Cologne, en aval sur le Rhin. Gautier Sans-Avoir qui chemine avec lui s'impatiente et se dirige immédiatement vers Constantinople avec l'essentiel de la troupe, tandis que Pierre l'Ermite ne tarde pas à rallier à lui en Rhénanie un grand nombre de nouveaux pèlerins avec lesquels il prend la même route que Gautier Sans-Avoir, à quelques semaines derrière lui.

Encore aujourd'hui, Trèves est riche d'une foule de vestiges du Bas-Empire romain, plus ou moins restaurés. Le classement à l'UNESCO date de 1986. Le pont historique sur la Moselle, *die Römerbrücke*, a des piles datant de l'époque romaine, comme son nom l'indique, et ses voûtes sont médiévales. Il a été épargné par les nazis sur le reculoir en 1944.

Le monument le plus spectaculaire de Trèves est la *Porta Nigra*, qui doit son nom à sa couleur noire héritée de siècles de crasse et de pollution, alors même qu'elle est constituée d'un calcaire blanc – de ce fait, pas question de la ravaler pour lui rendre sa couleur d'origine ! Cette porte a traversé les siècles et a évité le démantèlement qu'ont subi tant de monuments antiques, car elle a été transformée en église dès le haut Moyen Âge. C'est Napoléon Bonaparte qui lui a rendu son aspect d'origine en 1802 en supprimant le clocher dont on l'avait affublée. Peut-être Godefroy de Bouillon y a-t-il prié ?

À Trèves, l'enfant du pays mondialement célèbre est un certain Karl Marx, voilà qui nous ramène à des réalités plus prosaïques. Je voudrais profiter de ces lignes pour battre en brèche l'idée reçue disant que Karl Marx, l'idéologue de la lutte des classes, de la révolution prolétarienne, du socialisme, du mouvement ouvrier, et tant d'autres, était juif, accréditant ainsi l'association d'idées rance que l'on retrouve par exemple dans le qualificatif de *judéobolchevique*.

Le grand-père de Karl Marx était rabbin, ses parents juifs se sont convertis au christianisme luthérien, son père avant sa naissance, sa mère quelques années après. Dûment baptisé, il fait de brillantes études et épouse une jeune femme issue de la noblesse protestante de Westphalie. Vous croyez vraiment que cette femme aurait épousé un Juif ? À l'époque comme aujourd'hui, du moins je l'espère, c'est une définition religieuse du judaïsme qui s'applique.

Ceux qui soutiennent que Karl Marx est juif sont les tenants d'une conception raciale du judaïsme, exactement comme le IIIe Reich : si tes quatre grands-parents sont juifs, alors même que tes deux parents et toi êtes baptisés, tu es juif. Une conception assurément bien moisie. Choisissez votre camp.

Poursuite vers Mayence, je coupe dans le massif du Hunsrück par la route 50 (*Hunsrückhochstrasse)* et l'autoroute A1, alors que Godefroy a probablement descendu la Moselle jusqu'à Coblence et le confluent avec le Rhin, le fameux *Deutsches Eck* (coin allemand), pour remonter ce dernier jusqu'à Mayence.

Me voilà à Mayence, Mainz en VO, je passe la nuit à l'*Erbacher Hof* dans la *Grebenstrasse*, un pâté de maisons détruit pendant la guerre et reconstruit avec les éléments médiévaux qu'on a pu récupérer.

La voiture est au parking souterrain de l'hôtel, c'est plus discret, car je n'ai pas le macaron vert *Umweltplakette* requis pour entrer dans le centre, comme notre vignette Crit'air. Ma voiture n'y a pas droit, j'ai essayé de me la procurer, mais elle a un an de trop, il s'en faut de peu.

Ah, Mainz… Je ne peux m'empêcher de penser à mes jeunes années d'allemand au collège, et à *Rolf und Gisela* qui jouent au ping-pong et cherchent le journal ou la pipe de leur papa un peu paumé… *Rolf, wo ist denn die Zeitung ? - Da ist sie ja ! – Und wo ist meine Pfeife ?*

Mayence, c'est aujourd'hui une ville moyenne sur les bords du Rhin, c'est le chef-lieu du land de Rhénanie-Palatinat et le siège de la ZDF, la 2e chaîne allemande. C'est là que le Rhin reçoit les eaux du Main, qui a donné son nom à Mayence.

Tout comme Strasbourg, la ville a été fondée par les Romains comme un camp fortifié sur le Rhin.

Autre point commun nettement plus remarquable, c'est la ville natale d'un certain Johannes Gutenberg ! C'est à Strasbourg qu'il travailla à mettre au point sa technique d'impression à caractères mobiles pour laquelle il se ruina et s'endetta jusqu'au cou, de sorte qu'alors même qu'il avait imprimé à Mayence en 1455 sa première Bible, il fut assigné par son principal créancier Johann Fust à qui le tribunal reconnut la qualité d'associé et donna le droit de saisir ses biens.

Fust récupéra alors l'ensemble du fonds de commerce, collaborateurs, matériel et procédés de Gutenberg qui fut ainsi évincé de l'aventure de l'imprimerie qu'il avait pourtant imaginée et mise au point. Johann Fust poursuivit la diffusion de livres imprimés qu'il signa du nom de son atelier, ce que n'avait jamais fait Gutenberg, paradoxalement, qui mourut ruiné.

À mon avis, Gutenberg ne s'est pas entouré de bons avocats et experts-comptables… C'est, hélas, encore le lot de trop d'entrepreneurs aujourd'hui.

Le centre historique de Mayence a été ravagé par les bombardements de la Deuxième Guerre mondiale, mais la reconstruction est allée bon train.

Je fais la visite à pied du centre, y compris des rives du Rhin qui coule vraiment en ville ici, au contraire de Strasbourg. Ce qui me permet d'observer que son niveau est bas comme celui d'une terminale de banlieue, il manque au moins deux mètres d'eau. Les empierrements qui soutiennent les piles des ponts sont nettement visibles. Cet été 2022, durant lequel les canicules s'emballent, oups, subit un déficit pluviométrique historique qui se traduit par un débit très faible qui contrarie la navigation fluviale.

Il y a encore des immeubles 1900 intacts ici, en briques, du côté de la *Fischertorplatz* (place de la porte des pêcheurs) qui donne sur le Rhin, avec des encadrements et des pilastres de grès. Nous avons les mêmes dans le quartier de la *Neustadt* à Strasbourg, et c'est tout à fait normal.

La cathédrale romane de Mayence est du même acabit que celle de Spire située une centaine de kilomètres en amont et qui abrite les tombeaux des empereurs du Saint-Empire d'avant les Habsbourg. Les deux bâtiments romans sont de dimensions très amples et, dans les deux cas, largement remaniés sinon reconstruits au XIXe siècle et après-guerre. Godefroy de Bouillon a vu la cathédrale romane de Mayence lorsqu'elle était flambant neuve, elle a été bâtie en 1034. Particularité, elle est dotée de deux chœurs, l'un à l'est, jusque-là rien que de très normal, et l'autre à l'ouest, voilà qui est inhabituel. Et de ce fait l'entrée se fait par le côté.

Si on y ajoute Worms, située à mi-chemin de Mayence et Spire, on a le trio dans l'ordre Spire-Worms-Mayence qui constitue le SchUM, le paradis rhénan des Juifs ashkénazes. Les communautés de Rhénanie étaient florissantes, et sous la protection des évêques et du Saint-Empire.

Elles ont hélas été persécutées au printemps 1096 par des hordes de miséreux aux cris de *Deus lo volt !* prétendant dans le meilleur des cas les convertir au christianisme, ou tout simplement les assassiner en tant qu'ennemis du Christ et s'emparer de leurs biens. En Rhénanie, ce sont tout particulièrement les brigands d'Emich de Leisingen qui se sont livrés à ces méfaits en avril et mai 1096. La communauté a proposé de payer un tribut pour s'acheter la vie sauve, tout en demandant l'asile à ses évêques, sans véritable succès, hélas. Les bandes de brigands d'Emich de Leisingen ont fini par se disperser en Flandre.

Pierre l'Ermite, comme Gautier Sans-Avoir, a indirectement bénéficié de ces persécutions, pour obtenir au contraire des communautés juives d'autres régions, le ravitaillement et le financement dont il avait besoin.

Les communautés juives rhénanes de Spire, Worms et Mayence ont constitué, dès le Xe siècle, un ensemble prospère et dynamique. Elles sont à l'origine de la culture ashkénaze en Europe centrale et orientale où elles émigrèrent à partir de 1350, et de l'épidémie de peste noire dont elles furent rendues responsables, diffusant ainsi leur langue, le yiddish, et toute leur culture rhénane. Aujourd'hui, il ne reste plus grand-chose qui ait subsisté de ce riche passé hébraïque et de ces communautés : le mikvé de Spire, les cimetières juifs de Worms et de Mayence, la synagogue de Worms… Cette dernière ville a proposé tout récemment et obtenu un classement à l'UNESCO en juillet 2021 des sites juifs SchUM de Spire, Worms et Mayence, voilà une belle consécration !

Je fais un tour dans la zone piétonne autour de la cathédrale et de l'ancienne cathédrale *Sankt Johannis* (Saint-Jean). Il y a aussi d'anciennes maisons à colombages, on se croirait à la petite France.

Les plaques des rues sont soit sur fond rouge donc perpendiculaires au Rhin, soit bleu donc parallèles au Rhin, c'est curieux, mais ce n'est pas une coquetterie, c'est un moyen simple de se repérer en ville.

Je me pose à la terrasse du Bergschön au *Kirschgarten* (jardin des cerises), je dégusterai une *Schnitzel* avec de la salade de pommes de terre, arrosées de bière blanche, un menu typiquement allemand, je profite d'être encore sur des terres qui me sont familières ! J'ai renoncé au vin, la chaleur était encore trop intense après cette journée caniculaire durant laquelle j'ai parcouru 660 kilomètres. J'aurais eu plaisir à boire du vin du Palatinat, j'ai aperçu depuis ma route les vignobles de la vallée de la Moselle puis ceux de la vallée du Rhin. Mayence est une capitale viticole allemande.

En traversant la *Rheinstrasse* au passage piéton, je retrouve la discipline allemande, tout le monde attend scrupuleusement que le petit bonhomme (*Ampelmann*) soit vert pour traverser, alors même qu'il n'y a personne en vue sur cette large avenue en deux fois deux voies. Je me garderai bien de me distinguer en traversant à la française ; à Rome, fais comme les Romains !

Envoyé de mon iPad

De : Étienne Henry <etienne.henry@mon.adresse.mail>
À : undisclosed recipients
Envoyé : le 12/08/2022 09 : 40
Objet : Le deuxième jour, de Mayence à Ratisbonne

J'ai passé une nuit moite dans une chambre non climatisée. Même avec la fenêtre ouverte, j'avais du mal à trouver un peu de fraîcheur.

Avant-goût de l'Autriche où je serai demain, je disposais d'une couette à déplier soi-même et qui ne borde pas aux pieds, ce que je déteste d'habitude. Mais j'ai fait une exception cette fois-ci du fait de la chaleur ambiante.

Il fera encore chaud aujourd'hui, je prends de la charcuterie au petit déjeuner (je suis en Allemagne !), des spécialités équivalentes à nos *Leberwurst, Blutwurst* et autres gendarmes. Manger salé me permet aussi de m'hydrater plus efficacement.

Après Mayence, on sait que Godefroy de Bouillon est passé dans la vallée du Danube. Mais par quel itinéraire ? J'ai vu une version le refaisant remonter le Rhin jusqu'à Strasbourg, puis franchir la Forêt-Noire jusqu'aux sources du Danube à Donaueschingen : cela me paraît peu plausible, la Forêt-Noire ne présente pas de vallées transversales praticables, avec le col au bout, qui auraient permis de faire ce trajet à toute une armée en marche.

Je pense plutôt que Godefroy, une fois à Mayence, a remonté le Main *via* Francfort, probablement jusqu'à Nuremberg où coule un affluent du Main, la Rednitz, puis a franchi les Alpes franconiennes pour passer dans le bassin du Danube. Et ça tombe bien, le Main se jette dans le Rhin à Mayence, justement, je disais hier que la ville lui dont son nom !

Élément supplémentaire pour étayer cette hypothèse : c'est encore l'itinéraire préconisé par Google Maps aujourd'hui. Bon, l'*Autobahn* A3 coupe tout droit et s'épargne les détours du Main, mais passe bien par Nuremberg avant d'atteindre Ratisbonne.

Un dernier argument ? Le passage fluvial du Rhin vers le Danube se fait lui aussi par le Main, puis la Rednitz canalisée à hauteur de Bamberg, qui devient un canal passant par Nuremberg, lequel rejoint l'Altmühl, affluent du Danube, dans lequel il se jette à peine une dizaine de kilomètres en amont de Ratisbonne. C.Q.F.D.

Je quitte mon hôtel et prends vers l'Orient, c'est mon karma pour ce périple millésime 2022.

Il est un peu plus de 10 h. Dans un premier temps, j'enfile la rue du quai le long du Rhin, oups, et rejoins l'autoroute A60 vers Francfort, la capitale de la Banque Centrale européenne, place financière en concurrence avec Amsterdam et Paris depuis le Brexit.

Avant cela, l'A60 passe à Rüsselsheim, le berceau d'Opel, historiquement GM Europe, intégré depuis quelques années à PSA et plus récemment à Stellantis.

Au niveau de l'aéroport de Francfort, il y a sur la gauche un bâtiment qui ressemble à une gigantesque limace argentée, il y a les logos de KPMG et de la Lufthansa. Je réalise que le bâtiment est intégralement sur pilotis, je devrais donc plutôt parler d'une gigantesque chenille argentée, d'autant que les escaliers mécaniques permettant un accès depuis le plancher des vaches paraissent figurer des pattes. Les architectes ont dû en fumer de la bonne pour imaginer un truc pareil. Ça s'appelle *The Squaire*, allez le voir sur le Net.

Nous sommes sur l'autoroute allemande. Contrairement aux idées reçues, la circulation est rarement fluide. J'ai droit à 20 minutes de bouchon suite à un accident puis j'enquille l'A3 en direction de Würzburg.

Après cette ville, l'A3 sera en travaux sur près de 90 kilomètres jusqu'à Nuremberg pour cause de mise en deux fois trois voies. Ralentissements, circulation en accordéon, chaussées rétrécies, tout ce qui fait le charme de l'autoroute allemande… C'est dangereux et fatigant, mais je n'ai pas le choix.

Je passe du land de Hesse au land de Bavière en arrivant en vue de Nuremberg. C'est la patrie de ma Béhème, alias Bucéphale, je ne sais si ça lui fait un pincement au cœur… Non, c'est juste une machine, allez !

Nuremberg, c'est là que se déroulait le congrès annuel du Parti national-socialiste des travailleurs allemands, le NSDAP, congrès assorti de parades martiales destinées à marquer les esprits.

Juste retour des choses, c'est à Nuremberg que s'est déroulé, après-guerre, le procès des hauts responsables du IIIe Reich. C'était la première fois que la technologie permettait la mise en œuvre de la traduction simultanée, le saviez-vous ? Jusqu'alors, par exemple, lors des débats à la Société des Nations à Genève, l'orateur devait s'interrompre le temps que la traduction se fasse, puis reprendre son allocution, et ainsi de suite. Le procès de Nuremberg a été une première mondiale en la matière.

Je franchis pour la première fois le Danube, je suis en vue de Ratisbonne vers 14 h 30. Puisque j'ai de l'avance, mon étape d'aujourd'hui ne fait qu'environ 360 kilomètres, je poursuis une dizaine de kilomètres vers l'est et quitte l'autoroute pour aller dans la vallée du Danube, à Donaustauf, afin de visiter un monument particulièrement inattendu : le Walhalla.

Oui, on parle bien du lieu du repos éternel des héros de la mythologie nordique. L'endroit qui a été voulu par Louis Ier de Bavière a été construit entre 1830 et 1842. Donc largement avant Louis II de Bavière et la saga des Nibelungen de Richard Wagner, où il sera question de mythologie nordique, là aussi.

Le Walhalla a été voulu, en cette époque où l'Allemagne n'existait pas encore, comme un endroit à la gloire des hommes et femmes remarquables de langue allemande. Une sorte de Panthéon, quoi, mais la grande différence est que ce lieu n'est pas une nécropole : les personnages honorés au Walhalla n'y ont que leur buste.

L'endroit se situe sur une hauteur, avec une magnifique vue sur la vallée du Danube. Il est construit en toute simplicité sur le modèle du Parthénon, à l'échelle, avec une colonnade en ordre dorique, et des frontons évoquant la bataille de Leipzig, où Napoléon a été battu en 1813, et celle de Teutoburg en l'an 9 (pas de gui cependant), où Arminius a battu les légions romaines qui s'étaient aventurées au-delà du Rhin et du Danube.

On a donc un concept de panthéon de grands hommes de langue allemande, mâtiné de mythologie scandinave et d'Antiquité grecque, le philhellénisme était à la mode en cette époque où la Grèce commençait à se libérer de la tutelle ottomane. Le tout avec la vue sur la vallée du Danube. Comment vous dire, dit comme ça, le cocktail pourrait être indigeste…

Mais non, l'Allemagne a depuis longtemps abandonné ses tentations nationalistes, et cet endroit n'a jamais été instrumentalisé par des nostalgiques en chemise brune. Donc, tout va bien. Aucune mauvaise interprétation n'est à redouter. Ne reste qu'un monument incongru, témoin d'une époque révolue.

Je m'acquitte de l'entrée, l'intérieur est exclusivement minéral, il y fait frais. Je passe en revue les bustes, et comme prévu on parle bien de personnalités de langue allemande : on a bien entendu les Allemands Luther, Goethe, Bismarck, l'empereur Barberousse, von Moltke… Et aussi l'Autrichien Mozart, la tsarine Catherine II la Grande, le général russe germano-balte Barclay de Tolly, le néerlandais Guillaume d'Orange, le Polonais Copernic (papa polonais et maman allemande, forcément les Polonais voient les choses autrement…), le Suisse Hans von

Hallwyl, et… l'Alsacien Erwin von Steinbach, l'architecte de la cathédrale de Strasbourg.

Comme pour le Panthéon chez nous, on continue aujourd'hui à honorer des personnalités qui font leur entrée au Walhalla (je n'ai pas osé la walhallaïsation… ah ben si, c'est fait), j'ai vu les bustes d'Albert Einstein et de Konrad Adenauer récemment walhallaïsés (ça passe crème !). Une commission indépendante fait des propositions qui sont ensuite validées par le Land de Bavière, et voilà !

Qui va s'y coller pour présenter un dossier pour la walhallaïsation de Gottfried von Bouillon ? Il coche toutes les cases, en premier lieu celle de la langue allemande. Mais c'est vrai qu'en ces temps de repentance, il y a des aspects plus délicats.

Après une petite heure bien agréable dans cet endroit inattendu et tellement dépaysant, je retourne à Ratisbonne par la nationale le long du Danube.

Ratisbonne, c'est le nom français, assez éloigné du nom allemand de Regensburg qui provient du nom de la rivière Regen qui y a son confluent avec le Danube, aucun rapport avec la pluie ou que sais-je. Alors que Ratisbonne vient directement du nom celtique signifiant « muraille de la ville ». Tout comme Mayence et Strasbourg, Ratisbonne a été fondée par les Romains sous le nom de *Castra Regina* (camp de la Regen) sur la frontière du Rhin et du Danube, pour défendre le limes. Comme à Mayence, le fleuve passe au ras du centre historique.

Les empereurs du Saint-Empire Conrad III puis Frédéric Ier de Hohenstaufen sont partis à la croisade depuis Ratisbonne, la deuxième pour Conrad en 1146, et la troisième pour Frédéric, plus connu sous le nom de Barberousse, en 1189, dont j'ai vu le buste au Walhalla. Je croiserai à nouveau la route de ce dernier si tout se passe bien, mais n'anticipons pas.

Ratisbonne devient ville libre d'Empire à partir de 1200. C'est la ville de la diète du Saint-Empire romain germanique, mais de manière permanente à partir de 1594 seulement.

Notre ami Godefroy est passé ici. Il a très certainement traversé un centre médiéval pittoresque sur la rive droite, qui s'organise autour d'un pont sur le Danube très bien restauré.

Comme en Rhénanie, Godefroy a, hélas, été précédé à Ratisbonne par des croisades populaires qui se sont livrées à des exactions envers les communautés juives.

La croisade populaire de Gottschalk, pourtant lui aussi homme d'Église comme Pierre l'Ermite, a levé sa propre troupe en Rhénanie dans le sillage de ce dernier, et n'a fait que persécuter et massacrer la communauté juive de Ratisbonne, malgré les efforts de ses protecteurs, comme en Rhénanie.

Un peu plus au nord, Volkmar, un autre homme d'église qui avait eu vent des croisades populaires, a rassemblé ses partisans en Saxe et a lui aussi persécuté les communautés de Magdebourg, de Prague et de Bohême. Là aussi la hiérarchie catholique a été impuissante.

Ici aussi, il faut pour accéder au centre-ville arborer sur son pare-brise l'équivalent allemand de notre vignette Crit'air, un macaron octogonal vert (*Umweltplakette*). Mon auto est au parking souterrain de la place du théâtre, je n'ai parcouru que 500 mètres dans la zone à circulation réglementée. Comme à Mayence, je risque l'amende, il faut savoir vivre dangereusement.

Mon hôtel se trouve sur la *Haidplatz*, qui est bordée de bâtiments médiévaux très bien conservés et impeccablement restaurés. Il reste quelques tours carrées à la mode italienne comme à Florence ou à Sienne, bâties par des familles patriciennes qui en voulaient une plus haute que celle du voisin.

En direction du *Kohlenmarkt*, le marché au charbon, se trouve l'ancien Hôtel de Ville qui accueillait la diète d'Empire, perpétuelle à partir de 1594. En direction du Danube, le *Fischmarkt*, le marché aux poissons, est très bien conservé, une ambiance médiévale très pittoresque.

Ratisbonne a décliné au XIXe siècle au profit de Munich, ce qui lui a épargné les bombardements qui ont ravagé cette dernière durant la Deuxième Guerre mondiale. Ce qui fait que tout le centre historique est miraculeusement préservé, ce qui est très inhabituel en Allemagne.

Je franchis une porte de la muraille médiévale en direction du Danube. Les bâtiments avoisinants en ont à l'évidence intégré des pans entiers. Le niveau du fleuve est très bas ici aussi, la métaphore lycéenne utilisée à Mayence peut également s'appliquer.

Je suis au pied du pont de pierre, *die steinerne Brücke*, de la première moitié du XIIe siècle, donc après le passage de Godefroy de Bouillon. Il me fait penser au pont Charles sur la Moldau à Prague. Mais ici, à la place des statues qui ornent le pont à Prague, il y a des réverbères. Et l'ouvrage paraît trop neuf, ça manque de patine. Les restaurations ont probablement été excessives, c'est frappant pour le garde-corps en particulier. Le pont fait plus de 300 mètres de long, il enjambe une île au milieu du fleuve.

Avantage par rapport à Prague, il n'y a pas de marchands d'œuvres d'art de pacotille, et la présence touristique est modérée. Comme à Prague, en revanche, une tour de défense garde l'entrée du pont. Le grenier à sel, *Salzstadel*, lui est accolé.

Un musicien gratte sa guitare et interprète à sa façon des chansons à quatre accords, ou alors il en fait un *medley*, je n'ai reconnu *Poker Face* de Lady Gaga qu'à la fin du morceau.

Je poursuis ma visite vers l'aval le long du Danube et arrive à la Porte prétorienne de l'enceinte romaine. Dégagée au XIXe siècle, elle est intégrée au bâtiment de l'évêché. On reconnaît l'appareil romain de gros blocs de calcaire blanc assemblés sans mortier, exactement comme à la *Porta Nigra* de Trèves. Ces blocs sont trop gros pour avoir été réemployés ailleurs, c'est à cela que cette porte doit de toujours exister aujourd'hui.

Je passe au vieux marché aux grains, *Alter Kornmarkt* - rigolo, nous avons le même à Strasbourg -, l'église carolingienne existe encore, même si l'intérieur a été remis au goût du jour à la mode baroque au XVIIIe siècle. Godefroy l'a forcément visitée, de même que la cathédrale romane qui est juste à côté. Elle a été remplacée par l'actuelle à partir du XIIIe siècle, construite sur le modèle gothique alors à la mode. Curiosité, il reste une tour romane au niveau du transept nord, elle est un peu cachée dans les bâtiments avoisinants. Les murs gothiques qui l'enserrent paraissent inachevés, comme si on avait finalement renoncé à démanteler cette tour romane pour la laisser en l'état.

Le *Sankt Peter Dom*, cathédrale Saint-Pierre, n'a été achevé qu'à la Renaissance, et les deux tours jumelles ne l'ont été qu'à la fin du XIXe siècle quand l'Allemagne, enfin unifiée, s'est donné les moyens d'achever ses cathédrales gothiques, comme c'était le cas aussi à Cologne et à Ulm. Louis Ier de Bavière a sa statue à cheval devant la cathédrale.

Je m'installe à l'*Alter Kornmarkt* en terrasse, je commande un verre de vin blanc de la vallée du Danube – nous sommes également dans un territoire viticole ici – on me répond qu'il n'y a que du vin italien… C'est le *Rinaldi Caffè*, je n'ai pas été assez attentif au moment de m'asseoir, tant pis, ce sera donc un *pinot grigio* italien, et pas un riesling de la vallée du Danube.

Globalement, le centre historique de Ratisbonne a beaucoup de charme, mais il pâtit d'une restauration un peu excessive, ça manque de patine, comme le pont sur le Danube. Le classement à l'UNESCO date de 2006. Tout est propre et net, il n'y a pas un papier par terre (la police tire à vue si on est pris en flagrant délit – ah non, c'est une légende…).

Sur le pont sur le Danube, chacun tient sa droite, aucun inconscient pour tenter le contresens, tout ça spontanément, en l'absence d'instructions spécifiques comme dans le métro parisien. La circulation est bien canalisée, aucun doute, nous sommes en Allemagne.

C'est pareil pour la circulation des cyclistes, tous casqués, ils s'arrêtent aux stops et aux feux rouges et cohabitent harmonieusement avec les piétons, à vitesse modérée, en particulier dans les zones piétonnes. Je n'ai ressenti aucune insécurité en tant que piéton menacé par des vélos inattendus, sensation que j'éprouve hélas régulièrement à Strasbourg où règne le chacun pour soi.

Après mon *pinot grigio*, je poursuis mon tour à pied, je passe devant l'église carolingienne, il y a une tour qui m'a tout l'air de faire partie de la muraille romaine, l'appareil en gros blocs assemblés sans mortier est un indice qui ne trompe pas.

Je poursuis vers l'ouest et la *Sankt Jakobstor*, la porte Saint-Jacques, l'enceinte médiévale est nettement perceptible dans l'urbanisme. La muraille est totalement intégrée aux bâtiments actuels, reste le glacis défensif devenu aujourd'hui un jardin public très agréable.

Je boucle ma boucle vers la *Haidplatz* par la place du théâtre, je vois une Mercedes 240D 3.0 vintage (W115, avant 1976) qui entre dans le parking. Me voilà totalement rassuré, Bucéphale date de 1992 !

Pour mon dîner, j'ai cherché en vain un restaurant proposant des spécialités, comme des saucisses de Nuremberg (oui, on est à Ratisbonne, on va pas chipoter), mais il y a surtout des restaurants étrangers, majoritairement italiens, je vous renvoie à ma mésaventure de tout à l'heure. C'est le lot de notre tourisme mondialisé, surtout dans les pays à la gastronomie jugée plus pauvre, on va plus facilement trouver une *world food* qu'une nourriture locale.

Alors je choisirai un restaurant thaïlandais sur la *Haidplatz*, rouleaux de printemps et *phad thaï*, que j'arroserai néanmoins d'un pinot noir de la vallée du Danube, ma foi d'excellente tenue. Le réchauffement climatique, qui n'est plus contestable aujourd'hui, aura au moins cet avantage d'améliorer la qualité de vins jusqu'alors ingrats, car manquant de soleil.

Envoyé de mon iPad

De : Étienne Henry <etienne.henry@mon.adresse.mail>
À : undisclosed recipients
Envoyé : le 13/08/2022 09 : 17
Objet : Le troisième jour, de Ratisbonne à Vienne

Ma nuit à Ratisbonne a été médiocre, j'avais terriblement soif. La cuisine thaïlandaise abuse hélas trop souvent du glutamate de sodium, exhausteur de goût à utiliser avec modération. Heureusement, j'avais pris soin d'emporter une bouteille de Carola dans ma chambre, ma petite madeleine alsacienne pour la soif.

Je traverse la *Haidplatz* pour rejoindre le parking du Théâtre et mon auto, c'est à deux pas.

Je rejoins l'autoroute A3 qui suit le cours du Danube en passant régulièrement d'une rive à l'autre. C'est roulant, les épisodes de travaux sont rares aujourd'hui, ça me change du tronçon d'hier entre Würzburg et Nuremberg.

Je dois me procurer la vignette autrichienne et faire un deuxième plein d'essence. Ce sera le plein de Bavière, après celui du Luxembourg. C'est 1,92 euro du litre, nous voilà revenus à des niveaux habituels mais bénéficiant comme en France d'une ristourne fiscale. Malheureusement, la station ne vend pas de vignettes autrichiennes, je devrai donc m'arrêter à la suivante, juste avant la frontière, c'est une dizaine d'euros pour dix jours. Je la colle sur mon pare-brise, c'est la première d'une série appelée à se poursuivre.

À Passau, après une centaine de kilomètres parcourus depuis Ratisbonne, c'est le confluent avec l'Inn en provenance des Alpes suisses. Les eaux des deux cours d'eau, de nature et de composition différentes, se côtoient sur plusieurs kilomètres avant de véritablement se mêler, allez voir la vue satellite sur Google Earth. Assez bizarrement, le débit moyen de l'Inn à Passau est supérieur à celui du Danube.

La frontière arrive, aucun arrêt, merci Schengen. Nous avons fini par oublier qu'au sens propre, c'est une gentille bourgade luxembourgeoise sur la Moselle, où ont été signés les accords éponymes, je suis passé tout près avant-hier.

Me voilà en Autriche sur l'autoroute A8, les épisodes de travaux reprennent, c'était trop beau, ça ne pouvait pas durer. À Linz, je rejoins l'A1 en direction de Vienne. La circulation est dense, à une vitesse de croisière réglementaire de l'ordre de 120, il faut être concentré.

L'autoroute autrichienne passe le long de l'abbaye de Melk, sur un éperon rocheux au bord du Danube. Je ne peux m'empêcher de penser au novice Adso de Melk dans le film de Jean-Jacques Annaud, *Le nom de la Rose,* avec Sean Connery dans le rôle-titre. Bon, l'action du film se passe en Italie en 1327, les papes sont en Avignon, c'est largement postérieur à la première croisade.

L'existence du château de Melk est documentée depuis 831. C'est une place forte défendant les marches de l'Est, *Östermark,* devenues ensuite *Österreich*, comme son nom l'indique, toujours à repousser les attaques des Avars, une tribu turque (encore une !), ou des Magyars. Ces derniers ont fini par créer leur royaume juste à côté, à la fin du IXe siècle.

Le château de Melk est devenu au Xe siècle la résidence des Babenberg, ducs d'Autriche héréditaires jusqu'à l'extinction de la lignée, en 1246. Le dernier duc Frédéric II d'Autriche est mort au combat face aux troupes de Bela IV de Hongrie.

Une abbaye bénédictine y a été fondée au début du XIe siècle. Tout comme Trèves, elle attirait les visiteurs grâce à de précieuses reliques, dont un morceau de la Vraie Croix.

On peut imaginer que Godefroy de Bouillon est allé s'y recueillir, lui qui se rendait à Jérusalem.

Je reviendrai ultérieurement sur le sujet des reliques du Christ miraculeusement arrivées d'Orient, qui ont fait accourir les foules au Moyen Âge. À partir du XVIIe siècle, des esprits chagrins disaient qu'avec tous les morceaux de la Vraie Croix qui parsemaient les églises et cathédrales d'Occident, on avait une véritable forêt…

Bon, l'abbaye de Melk n'a plus rien de médiéval aujourd'hui, elle a été intégralement reconstruite en style baroque au début du XVIIIe siècle, je passe mon chemin et poursuis ma route.

J'arrive en vue de Vienne, capitale excentrée et hypertrophiée regroupant près du quart de la population d'un pays réduit à la portion congrue après le traité de Saint-Germain démantelant l'empire des Habsbourg, en 1919. Les panneaux autoroutiers mentionnent les directions à l'aide des lettres H, SK, SLO, HR, I et CZ, tous les pays voisins qui un temps étaient en tout partie intégrés à l'Empire austro-hongrois, et sa capitale de la *Mitteleuropa*. Une capitale qui a gardé de ce passé, où elle était à la tête d'un immense empire, des trésors architecturaux inestimables.

Je parcours des faubourgs interminables, dans des axes où il faut partager la chaussée avec un tramway prioritaire. Nous avons systématiquement des tramways en site propre aujourd'hui chez nous, il faut être vigilant lorsqu'on se trouve confronté à une chaussée intégrant leurs rails, sans parler de leurs arrêts durant lesquels il faut patienter et laisser traverser les piétons qui en descendent.

Me voilà arrivé sur le *Ring*, le boulevard qui enserre Vienne *intra-muros*, la *Innerstadt*. Au XIXe siècle, on y a construit des bâtiments officiels spectaculaires, symbolisant l'opulence d'un Empire au sommet de sa puissance. Université, nouvel Hôtel de Ville, parlement, opéras, musées…

Les bâtiments puisent dans tous les styles architecturaux : le parlement rend hommage à l'Antiquité grecque qui a inventé la démocratie, l'hôtel de ville est néogothique. La place ne manque pas sur ce *Ring* regagné par la ville à l'emplacement des anciennes fortifications médiévales, que notre ami Godefroy a franchies pour se rendre *intra-muros* en 1096.

Je dépose ma voiture au parking Concordia à côté de la Bourse, et m'empresse d'aller parcourir à pied un centre-ville très compact et abritant une concentration impressionnante de palais, églises et bâtiments cossus, classiques, gothiques, baroques ou art nouveau.

Je commence par la *Freyung*, place qui concentre palais et églises remarquables, puis *Am Hof*, vaste place ornée d'une colonne mariale, l'Autriche est éminemment catholique. Je poursuis par le *Graben*, rue piétonne et commerçante où se concentrent les boutiques de luxe, tracée sur l'ancien fossé (*Graben*) du camp romain des origines. Vers la droite, c'est le *Kohlmarkt*, le marché au charbon, vers la *Neuburg* (nouveau château), la *Konditorei* Demel est l'archétype du salon de thé viennois. Au centre, une spectaculaire colonne de la peste, *Pestensaüle*, édifiée en 1693 après une épidémie de peste, fait face à l'église baroque Saint-Pierre.

Je me dirige ensuite vers le *Neuer Markt* (nouveau marché), sur lequel se trouve la crypte des capucins qui abrite les sépultures de la famille impériale des Habsbourg.

Vienne n'était pas encore capitale des Habsbourg en 1096, les Babenberg résidaient encore à Melk. Rodolphe de Habsbourg a été élu empereur bien plus tard, en 1273, je l'évoque dans *Sur les routes de l'empire de François-Joseph*, à lire absolument si ce n'est déjà fait.

Godefroy de Bouillon a transité par Vienne alors ceinte de ses fortifications médiévales, sur la rive droite du Danube, à quelques kilomètres d'un fleuve pas encore canalisé et sujet aux crues, exactement comme Strasbourg d'ailleurs. Autre point commun, comme Strasbourg, Mayence et Ratisbonne, Vienne est une ville fondée par les Romains sur leur frontière du Rhin et du Danube, le limes.

La cathédrale Saint-Étienne, le *Stephansdom*, joyau gothique de Vienne, n'a été commencée qu'en 1137. Godefroy n'a pu voir que la cathédrale romane antérieure qui a été remplacée par l'actuelle cathédrale gothique, symbole de Vienne, avec son toit de tuiles vernissées. La tour sud fait 137 mètres de haut. Achevée en 1433, elle est un poil moins haute que la flèche de la cathédrale de Strasbourg qui fait 142 mètres. Et comme à Strasbourg, la deuxième tour de l'autre côté est inachevée.

Je suis le fléchage indiquant la maison de Mozart, assurément la star incontournable de Vienne. J'apprends qu'il a résidé dans pas moins de 18 logements différents dans la ville, au gré de ses succès ou de ses revers de fortune. Il y a encore du business à faire dans les 17 autres maisons de Mozart en devenir ! Le musée présente une pièce exceptionnelle, le crâne de Mozart enfant, on peut déjà y deviner ce qui fera son génie musical pour une carrière hélas prématurément interrompue à l'âge de 35 ans.

Je poursuis vers l'autre place du marché, le *Hoher Markt* (marché haut), puis la *Judenplatz* (place des Juifs), à l'emplacement du tout premier quartier juif de la ville. Un sobre monument y est bâti à la mémoire des 68 000 Juifs de Vienne exterminés par les nazis.

En revenant vers le *Graben* et la *Hofburg*, une terrible odeur me saute aux narines, comme si une horde de clodos s'était sauvagement soulagée ; par près de 30 degrés, l'odeur est épouvantable ! Les responsables de cette nuisance sont les calèches à touristes : si le crottin est dûment collecté à la source par un dispositif approprié, rien n'est prévu pour l'urine des chevaux.

La *Hofburg* n'a été commencée qu'au XIIIe siècle sous les Babenberg, elle est ensuite devenue la résidence des Habsbourg qui n'ont pas ménagé leur peine pour étendre leur palais, juxtaposant et superposant les styles au gré des siècles et des modes.

La partie la plus récente de la *Hofburg*, la *Neue Burg*, comme son nom l'indique, date du XIXe siècle. Elle est également bâtie sur les terrains libérés par le démantèlement des fortifications lors de l'aménagement du *Ring*, lequel fait en moyenne 60 mètres de large.

Elle donne sur la place des Héros (*Heldenplatz*), immense esplanade où le 15 mars 1938, plus de 250 000 Viennois ont fait un accueil triomphal à un enfant du pays, un certain Adolf Hitler, qui venait de proclamer l'*Anschluss*, balayant définitivement Vienne la Rouge où s'était développé après-guerre un ambitieux programme sociodémocrate.

Laissons là ces souvenirs qui fâchent, l'Autriche a depuis quelques années maîtrisé ses tentations extrémistes ou nationalistes - restons vigilants ! - et revenons à notre croisade.

Nous sommes déjà en plein dans le sujet, car à Vienne commence le danger turc !

On l'oublie un peu trop souvent, mais les Ottomans ont mis le siège par deux fois devant Vienne sans succès, une première fois en 1529 sous Soliman le Magnifique - ils venaient de conquérir la Hongrie -, et une deuxième fois en 1683.

Cette fois-là, les Turcs ont non seulement échoué à prendre la ville grâce à l'arrivée providentielle du roi de Pologne Jean III Sobieski et de son armée, mais ils ont en plus été repoussés durant la guerre qui s'en est suivie durant laquelle le prince Eugène de Savoie montra ses immenses talents militaires. Il en fut grassement récompensé et se fit construire le somptueux palais du Belvédère à Vienne. La guerre se termina par le traité de Karlowitz en 1699, l'Empire ottoman a perdu la Hongrie et la plus grande partie de la Croatie, qu'il occupait depuis 150 ans.

La tradition raconte qu'en souvenir de la défaite des Turcs devant Vienne en 1683, les boulangers viennois ont fabriqué des petites brioches en forme de croissants, ou *Hörnchen* (petites cornes). Ils ont déjà donné leur nom en français aux viennoiseries, on leur doit aussi le croissant selon cette tradition – mais le leur était en pâte briochée, et non en pâte feuilletée comme le nôtre aujourd'hui.

Vienne a renoncé au nationalisme et aux territoires de son Empire perdus après 1919 au traité de Saint-Germain. Elle se consacre maintenant à un embourgeoisement de bon aloi dans une démocratie paisible qui ne garde que le meilleur de l'Empire austro-hongrois, en premier lieu la *Gemütlichkeit*, qui peut se comparer au *On n'est pas bien, là ?* de Depardieu dans *Les Valseuses*, la comparaison n'engageant que moi.

Capitale cosmopolite où il fait bon vivre, Vienne bénéficie d'un niveau de vie très élevé, conséquence de l'embourgeoisement que je viens d'évoquer. Malgré le prix élevé de l'hébergement et des restaurants, auquel il faut encore ajouter le service à l'addition, *Trinkgeld is nicht einbegriffen,* les touristes sont là, de toutes les origines, et c'est amplement mérité. Il y en a peut-être un peu trop d'ailleurs, par rapport à Mayence et Ratisbonne, mais ces dernières ne sont pas l'ancienne capitale d'un Empire qui est encore la capitale de la République d'Autriche aujourd'hui.

Conséquence de cet afflux de touristes, il faut chercher un peu pour trouver des restaurants qui servent des spécialités autrichiennes et viennoises. Il est beaucoup plus facile de dîner italien, grec ou asiatique dans cette ville, je vous renvoie à mes considérations sur la *world food* à Ratisbonne hier. Je finis par trouver mon bonheur au *Lederhof* (cour du cuir), dans une placette à l'écart des axes piétons, entre *Judenplatz* et *Am Hof.*

J'y déguste évidemment une *Kalbswienerschnitzel*, escalope viennoise de veau, servie avec une salade de pommes de terre et de la confiture d'airelles - c'est tout simplement succulent - arrosée de quelques *Seidel* de bière ambrée.

Et j'ai en prime droit au bruit des coups de maillet, en provenance de la cuisine, qui attendrissent et agrandissent l'escalope avant qu'elle ne soit panée et cuite dans une délicate friture. Avec un filet de jus de citron, voilà qui me récompense d'une journée de route relativement fatigante, même si je n'ai parcouru que 395 kilomètres aujourd'hui.

Envoyé de mon iPad

De : Étienne Henry <etienne.henry@mon.adresse.mail>
À : undisclosed recipients
Envoyé : le 14/08/2022 09 : 08
Objet : Le quatrième jour, de Vienne à Belgrade

Je me suis couché de bonne heure hier, je devais récupérer de ma nuit assoiffée à Ratisbonne. J'ai de surcroît une longue journée de route aujourd'hui, plus de 600 kilomètres à parcourir, avec une frontière hors Union européenne qui sera certainement longue à franchir.

Je m'acquitte du parking Concordia, le forfait journalier est à 38 euros, le prix d'une grande capitale. Je vous parlais d'hier d'embourgeoisement, nous y voilà ! Le prix des hôtels est en rapport comme vous pouvez l'imaginer. Mais il y a moyen de trouver des choses abordables si on accepte un environnement simple et un peu vieillot, ce que j'ai fait.

À noter qu'une BMW E34 berline a passé la nuit dans la rue devant mon hôtel. Le parking en surface ne manque pas, mais est strictement réservé aux résidents ou au stationnement de courte durée.

Je me dirige vers le *Schottenring*, le *Ring* des Écossais. Il a le gabarit d'une autoroute, c'est en descente, un flic se planque derrière un poteau pour surprendre les conducteurs qui auraient le pied lourd.

Je tourne vers la droite le long du canal du Danube, un bras du fleuve canalisé bordé de beaux bâtiments de tous styles. La rive opposée aligne des buildings contemporains.

Après quelques kilomètres, nous voilà sur l'autoroute. Le paysage devient celui d'une banlieue ordinaire, avec gazomètres et usines chimiques, c'est moins glamour.

Je quitte Vienne et m'apprête à transiter par la Hongrie. Oui, je ne prévois pas d'y faire étape. Je m'efforce de reproduire le parcours de Godefroy de Bouillon qui a dû négocier ferme pour obtenir la permission de transit, sous bonne surveillance, et voici comment.

Le royaume de Hongrie se situe sur la route de Constantinople, occupant la plaine de Pannonie traversée par le Danube, entre le Saint-Empire romain germanique et l'Empire byzantin. Pas moyen d'y échapper, la géographie est implacable.

Ce royaume de Hongrie est un nouvel arrivant en Europe, il a été fondé à la fin du IXe siècle par des migrants magyars en provenance des plaines au-delà de l'Oural et d'Asie centrale, des origines incertaines et volontiers idéalisées, sans qu'il s'agisse pour autant d'une tribu turque. Les Magyars ont eu le bon goût de se convertir au christianisme puis de se rallier à l'église catholique et non pas orthodoxe, se faisant ainsi accepter en Europe occidentale. Pour autant, ils n'ont pas pris part à la croisade, et ne se sont jamais privés de faire valoir leurs spécificités. On a vu que le dernier des Babenberg est mort en combattant le roi de Hongrie Bela IV, en 1246.

Les premiers à se présenter à la frontière du royaume de Hongrie à l'été 1096 sont les hommes de Gautier Sans-Avoir. Ils obtiennent le libre passage sur les terres du roi Coloman de Hongrie tout juste arrivé sur le trône en 1095 à l'âge de trente ans, ainsi que la permission d'acheter du ravitaillement en cours de route. Gautier Sans-Avoir est certes pauvre, comme son nom l'indique, mais il est un chevalier compétent. Il arrive à discipliner ses troupes pour un passage sans encombre. Un incident néanmoins : seize croisés de sa troupe sont punis et dépouillés pour rapine à Zemlin, aujourd'hui Zemun, à dix kilomètres en amont de Belgrade, du côté hongrois à l'époque.

La troupe franchit la Save et arrive à Belgrade, en territoire byzantin, puis à Constantinople vers le 20 juillet 1096, après avoir demandé l'autorisation d'avancer à Niketas, le gouverneur de Nich, qui leur interdit d'abord de se ravitailler, créant quelques tensions qui vont être surmontées.

La troupe de Pierre l'Ermite qui n'a pas de frère - ni Thierry ni Bernard, je vous vois venir - arrive en Hongrie quelques semaines après celle de Gautier Sans-Avoir. Elle obtient, elle aussi, le droit de transiter par le royaume de Hongrie et de s'y approvisionner sur les marchés.

Pierre l'Ermite réussit, par son éloquence, à mobiliser des hordes de pécores. Il les convainc de partir au bout du monde connu alors qu'ils ne sont jamais allés jusqu'au patelin d'à côté ou au chef-lieu du coin. *Deus lo volt !* Ce qui explique qu'ils pouvaient être tentés, face à quelqu'un parlant une langue inconnue et ne paraissant pas catholique (juif, sinon chrétien orthodoxe), ou tout simplement face à un barbu (on leur a dit que les musulmans étaient barbus), d'y voir un Sarrasin et de passer à l'action ! On imagine la difficulté qu'il y a à maîtriser une troupe pareille, sans compter l'effet du nombre.

Souvenez-vous de *La Vie de Brian*, film culte des Monty Python ! Le prêche de la croisade par ces illuminés devait ressembler aux partisans de la sainte sandale ou de la sainte gourde… Les pécores pensaient que le Christ et la Bible, ça remontait à quelques générations seulement, ils ne pouvaient même pas se représenter ce que pouvaient signifier « mille ans », puisqu'ils ne savaient pas compter !

La troupe de Pierre l'Ermite, plus nombreuse que celle de Gautier Sans-Avoir, arrive à son tour à Zemlin et voit les armes et vêtements des seize croisés qu'on y a dépouillés, accrochés aux murs de la ville comme autant de trophées. L'ambiance se tend et sur un malentendu au marché sur le prix d'une paire de chaussures (j'adore cette légende), les croisés massacrent les 4 000 Hongrois peuplant la ville. *Deus lo volt !*

Les croisés de Pierre l'Ermite traversent la Save vers Belgrade désertée de ses habitants byzantins qui ont déjà eu droit quelques jours auparavant à la troupe disparate de Gautier Sans-Avoir, Belgrade qu'ils pillent et incendient.

Le reste de la route sera forcément compliqué puisque les croisés de Pierre l'Ermite se sont mis à dos les Byzantins. Le 2 juillet, il y a un affrontement à Nich qu'ils prétendent prendre et piller comme Zemlin, mais ils se font corriger par l'armée byzantine de Niketas qui les met au pas et escorte les survivants - un quart des croisés est mort ou a déserté - qui arrivent à Constantinople le 1er août 1096, soit dix jours après ceux menés par Gautier Sans-Avoir.

Après Gautier Sans-Avoir et Pierre l'Ermite, c'est au tour de la troupe de Gottschalk de se présenter aux portes du royaume de Hongrie après avoir massacré les Juifs de Ratisbonne. Avec sa troupe mal assortie, Gottschalk négocie le passage en Hongrie avec Coloman à l'été 1096, à la condition d'une stricte discipline. Coloman a été échaudé par le sac de Zemlin à sa frontière sud.

Comme on pouvait s'y attendre, la promesse n'est pas tenue, et l'armée hongroise intervient brutalement pour y mettre bon ordre, signant ainsi la fin de la croisade de Gottschalk.

Il est arrivé à peu près la même chose à la troupe de Volkmar qui a persécuté les Juifs de Bohême et de Bavière. Il négocie un passage honorable, mais ne peut s'empêcher de piller des villages hongrois et de persécuter la communauté juive de Nitra, ville hongroise aujourd'hui en Slovaquie. L'armée hongroise leur fait subir le même sort, c'est la fin de la croisade de Volkmar.

Et réapparaissent à la frontière hongroise Emich de Leisingen et sa troupe qu'on croyait dispersée ! Là, Coloman leur interdit carrément le passage, il en a marre de tous ces bouseux qui lui foutent le bordel. Mais Emich passe en force et assiège Wieselburg, aujourd'hui Moson-Magyarovar en Hongrie, fort de son armée de brigands qui ne suffit pas quand l'armée hongroise arrive en force, massacre et disperse tout le monde. C'est la fin de la croisade d'Emich de Leisingen.

Vous pourrez constater que les croisades populaires, qui ont précédé de plusieurs mois l'armée des Lorrains menée par Godefroy, ont laissé un très mauvais souvenir au roi de Hongrie Coloman. Lorsque ladite armée des Lorrains se présente à la frontière, le moins que l'on puisse dire est qu'elle n'est pas accueillie à bras ouverts. Les négociations s'ouvrent, leur issue est incertaine.

Godefroy et son armée doivent camper à la frontière trois semaines durant en septembre 1096. Coloman exige que Baudouin de Boulogne, le frère cadet de Godefroy, et sa famille, lui soient remis en otages pour garantir la bonne conduite des croisés. Godefroy accepte et proclame que tout croisé pris en train de piller ou de vivre sur le pays sera mis à mort.

Comme vous pouvez l'imaginer, cette menace fait son effet, l'armée des Lorrains peut ainsi traverser la Hongrie sans encombre. Elle se présente à Zemlin en novembre en bon ordre pour traverser la Save et gagner l'Empire byzantin à Belgrade, les otages lui sont rendus en bonne santé.

En ce qui me concerne, je suis arrivé sans encombre à la frontière hongroise après avoir laissé Bratislava, la capitale slovaque, sur ma gauche. J'ai été frappé par le très grand nombre d'éoliennes dans la plaine du Danube côté autrichien, plusieurs centaines sur des kilomètres. Et ça s'arrête pile à la frontière hongroise.

La seule formalité que j'ai eu à effectuer pour transiter par la Hongrie qui fait partie de l'espace Schengen a été de m'acquitter de la vignette hongroise. Elle ne se colle pas sur le pare-brise, il faut faire enregistrer son immatriculation au guichet *ad hoc*, ça coûte une quinzaine d'euros. Des caméras fixées sur des portiques surmontant les routes à intervalle régulier se chargent de vérifier que les voitures sont en règle. J'ai pris soin de l'acheter en ligne hier soir, ça m'évite un arrêt fastidieux à un guichet bondé.

Aucun arrêt à la frontière, merci Schengen. Pourtant, dans l'autre sens, il y a un filtre de police côté autrichien, qui cause plusieurs kilomètres de bouchon en face. À bien y réfléchir, il y avait également un filtre côté allemand lorsque je suis passé en Autriche hier, avec plusieurs kilomètres de bouchons, là aussi. Hier comme aujourd'hui, je suis dans le bon sens !

Je ferai d'une traite les 360 kilomètres d'autoroute qui traversent la Hongrie, *via* l'autoroute M1, passant au ras de Budapest sans m'y arrêter par la rocade autoroutière M0, une fois n'est pas coutume. Le Paris du Danube est une ville très agréable, à visiter d'urgence si ce n'est déjà fait, j'y ai déjà séjourné trois fois.

On retrouve sur les panneaux de la rocade autoroutière M0 autour de Budapest les destinations des pays environnants, avec les mêmes lettres qu'à Vienne pour les mêmes pays, le D et le I en moins, et avec RO, SRB et UA en plus, là aussi des territoires qui étaient à une certaine époque austro-hongrois.

Budapest, c'est l'autre capitale de la *Mitteleuropa*. Les mêmes fondamentaux que Vienne, mais dans une version un peu plus *cheap*, moins opulente, mais qui se donne quand même des airs, si vous voyez ce que je veux dire. Une sorte de capitale version skaï, là où c'est la version cuir pleine fleur à Vienne, la comparaison vaut ce qu'elle vaut : le confort et l'apparence sont presque les mêmes, quand il y a du soleil c'est brûlant aussi. Mais ça coûte nettement moins cher.

Après la rocade M0, c'est la M5 en direction de Szeged qui fait la frontière avec la Serbie. Nous sommes samedi, le trafic des touristes et des immigrés qui rentrent au pays pour les vacances est très dense. Toutes les plaques d'immatriculation d'Europe se retrouvent sur cette autoroute. Et même d'ailleurs, j'ai vu un semi-remorque iranien (plaque IR).

L'autoroute hongroise n'a que deux voies, les ralentissements sont nombreux, parfois jusqu'à l'arrêt complet. Croiser à 90 me paraît la solution la plus sûre, en conservant des distances de sécurité, histoire de ne pas emplafonner la voiture qui me précède, ce qu'a fait mon voisin de gauche sur l'autre file.

Je tourne encore sur mon plein de Bavière, l'essence est à 480 forints du litre, soit 1, 20 euro. Je patienterai jusqu'en Serbie, où je veux croire que ce sera encore plus avantageux.

Mais je ferai quand même une pause en Hongrie après quatre heures de conduite, histoire de regagner un peu d'influx. L'aire d'autoroute hongroise a déjà un petit air de Balkans, voitures fatiguées, robes colorées, Roms qui font les pare-brise…

Je m'apprête à quitter la Hongrie pour passer la frontière serbe en Voïvodine, région qui était hongroise jusqu'en 1918 avant le démantèlement du royaume de Hongrie au traité de Trianon en 1920 ; seule Szeged est restée hongroise.

La Hongrie y a vu sa superficie divisée par trois au profit de la Croatie, de la Tchécoslovaquie, de la Roumanie, et de la Serbie pour ce qui concerne la rive nord de la Save en face de Belgrade, la Voïvodine et son chef-lieu Novi Sad, où je suis passé en 2018 pour le centenaire de la disparition de l'empire de François-Joseph.

Les Hongrois ont conservé du traité de Trianon de durables frustrations qui les ont conduits au fascisme en 1920 et à la défaite en 1945, puis à la dictature stalinienne après-guerre, jusqu'à la chute du Mur. Viktor Orbán, indéboulonnable premier ministre de 1998 à 2002, puis depuis 2010, ne se prive pas de faire des saillies nationalistes ou homophobes, et de vilipender l'immigration.

Les Hongrois, c'est l'autre race des seigneurs. Mais eux n'ont jamais accepté leur défaite en 1945 et n'ont pas fait le travail nécessaire sur eux-mêmes comme les Allemands pour éviter les tentations nationalistes et la nostalgie des territoires perdus, en Slovaquie, en Roumanie, en Serbie, en Croatie, et même en Ukraine, au prétexte de la protection des minorités hongroises qui y vivent et se refusent à l'assimilation. Restons vigilants !

J'arrive à la frontière serbe, ce n'est plus l'espace Schengen, il y a un contrôle de police et de douane. Une longue file d'attente s'annonce. J'essaye de ruser en prenant la dernière sortie pour emprunter la nationale et son poste-frontière que je veux croire moins saturés, mais je ne suis pas le seul à avoir eu cette idée et retourne sur l'autoroute.

Je me présente à la frontière côté hongrois à 14 h 45, je décline plusieurs fois le lavage de mon pare-brise. Il me faut une demi-heure pour quitter le pays. Dans le *no man's land*, grillages et barbelés sont très présents, cet endroit est un point d'entrée de l'immigration illégale dans l'Union européenne.

Il me faudra encore plus d'une heure de patience avant de passer le poste serbe, on tamponne mon passeport, je n'ai rien à déclarer. Plus d'une heure et demie au total pour passer cette frontière, au cœur de l'Europe.

Je m'arrête à la première station serbe, ce sera le troisième plein de carburant après ceux du Luxembourg et de Bavière, j'aurai parcouru plus de 700 kilomètres avec ce dernier. Le carburant est à 215 dinars du litre, soit 1,80 euro. Je crois bien que j'aurais mieux fait de faire le plein en Hongrie… Tant pis ! Consolation, les clopes sont à 3,40 euros le paquet, et je n'ai pas besoin de faire le plein moi-même. Ici, aux stations-service, on est Serbie.

Je reprends ma route en Voïvodine serbe, Novi Sad est à 50 kilomètres, sur le Danube, le long des monts Fruska, qui rompent la monotonie d'un horizon désespérément plat depuis ce matin. La végétation est particulièrement sèche, de nombreux arbres perdent prématurément leurs feuilles, le maïs n'a pas atteint sa taille normale. Conséquence d'un déficit pluviométrique historique, ici aussi. La température est légèrement plus clémente que ces derniers jours, un peu moins de trente degrés.

L'autoroute est dégagée et rectiligne, le trafic modéré, voilà qui me change de la partie hongroise tout à l'heure. Le code couleur est à nouveau vert pour l'autoroute, et non plus bleu. Je peux souffler un peu, la conduite est plus reposante.

Je me remets avec plaisir au cyrillique, celui de Serbie utilise quelques caractères spécifiques, Serbie s'écrit Србија en serbe, contre Сербия en russe, vous voyez la nuance ? La version en caractères latins sur les panneaux est en fait du croate, avec les signes diacritiques qui lui sont propres.

Encore 150 kilomètres après Novi Sad et me voici à Belgrade, au confluent du Danube et de la Save qui arrive de Zagreb et de Slavonie. Une ville frontière pour l'Empire byzantin. En face, c'est la Hongrie en 1096, ce l'était encore jusqu'en 1918. Zemlin, aujourd'hui Zemun, est intégrée à l'agglomération de Belgrade, elle existe toujours.

J'arrive à 18 h 30 à mon hôtel au centre de Belgrade à *Francuska Ulica* (rue de France), après avoir franchi la Save. Un total de 8 h 30 de route pour environ 620 kilomètres, avec une circulation dense et une frontière difficile à passer. Pas fâché d'être arrivé, je gare mon auto pile devant l'hôtel, une place privative m'a été dûment réservée.

Je mets à charger mon iPad qui m'a servi de GPS aujourd'hui, j'utilise l'application maps.me, gratuite et fonctionnant sans recourir au réseau 4 G. Je vais faire un tour à pied, pour profiter d'une situation hypercentrale, ici à Belgrade.

Les rues de Belgrade ont un charme que j'apprécie. Ce n'est pas du cuir pleine fleur, ni même du skaï, plutôt du velours râpé, on va dire, si je devais poursuivre ma métaphore de ce matin entre Vienne et Budapest.

Des immeubles déglingués, même en plein centre, des climatiseurs aux fenêtres, de vieilles Yugo garées en vrac dans la rue, une circulation frénétique, des filles court vêtues portant leurs armes de séduction massive, une mosquée ottomane… avec beaucoup d'animation en ce samedi soir. L'ensemble a sur moi un charme certain.

Je me dirige vers le parc de Kalemegdan, dont le nom est manifestement turc (*kale* signifie forteresse en turc, et *meidan* signifie place), qui occupe la pointe de la confluence entre Save et Danube, où subsistent des restes de fortifications romaines, remaniées et renforcées par les Byzantins, les Ottomans, les Autrichiens et tant d'autres…

Car comme toutes mes étapes précédentes, Belgrade a vu l'implantation d'un fort puis d'une ville romaine qui, au contraire de ces dernières, s'est retrouvée dans l'Empire romain d'Orient, car située à l'est de la Drina et de la Save qui faisaient la frontière entre les deux empires depuis l'époque de Constantin.

Le statut de ville frontière implique des inconvénients. Belgrade a fait face à des invasions hongroises, avares, bulgares… Jusqu'à l'invasion ottomane à partir du XIVe siècle, et cette fois-ci pour longtemps, jusqu'à 1878 très précisément, avec entre-temps quelques tentatives des Autrichiens pour reprendre la ville.

Kalemegdan est le plus grand jardin public de Belgrade, il y a de belles promenades entre les bastions, tours et fossés qui subsistent de la forteresse. Je me rends à la confluence, j'ai une magnifique vue sur la Save et le Danube, je devine Zemun et Novi Beograd en face, vers l'amont.

Je reviens sur mes pas par la rue du prince Michel, *Ulica Knez Mikhailova*, en cyrillique Улица Кнез Михаилова (dépaysant, non ?), le dernier prince de Serbie, père de l'indépendance obtenue en 1878, après laquelle il y a eu des rois de Serbie.

Cette rue constitue les Champs-Élysées de Belgrade, dans une version piétonne, clinquante et un peu m'as-tu-vu, avec beaucoup de monde et d'animation, et un niveau sonore très élevé.

Je continuerai ma visite à pied vers un quartier dont mon hôtelier m'a parlé avec beaucoup d'insistance, celui de Skadarlija, autour de la rue Skadarska (rue de Shkodër, ville d'Albanie au bord du lac éponyme), un quartier bohème réputé pour être le Montmartre de Belgrade. Quand j'entends ces mots, je suis vigilant : en effet, l'endroit est pittoresque, des rues pavées en pente, avec terrasses et restaurants qui s'alignent, de la musique traditionnelle… et des hordes de touristes. Alors non, je ne passerai pas ma soirée ici.

J'irai juste à côté, un restaurant-bar typiquement belgradois, avec une terrasse où un DJ met l'ambiance, il y a surtout des gens du cru. Je dégusterai des *cevapcici*, brochettes de viande hachée en forme de doigt, délicatement épicées, un héritage ottoman qui constitue encore aujourd'hui le *fast food* yougoslave, arrosés de bières blondes fraîches et légères.

La Serbie a encore aujourd'hui une mauvaise image qui lui colle à la peau, qu'elle a retirée des guerres de Yougoslavie dans les années 1990, jusqu'à la chute de Slobodan Milosevic. Les bombardements de l'OTAN en 1999 lors de la sécession du Kosovo sont dans toutes les mémoires, et suscitent encore l'incompréhension. Il faut tourner la page et regarder vers l'avenir.

L'adhésion de la Serbie à l'Union européenne est contrariée par cette question du Kosovo justement, qui est loin d'être réglée. Et les torts paraissent partagés, les Kosovars ne manquent pas une occasion de jouer la provocation envers leur minorité serbe, et *vice-versa.* Ainsi, ce mois de juillet 2022, les tensions reprennent au nord du Kosovo parce que ce pays entend faire rentrer dans le rang sa minorité serbe en lui imposant des plaques kosovares sur leurs voitures, ainsi que des obligations frontalières qui ne seraient que la réciproque des contraintes imposées par les Serbes aux Kosovars qui entrent dans leur pays. C'est pas gagné.

L'adhésion à l'Union européenne n'est ni une fin en soi ni la solution à tous les maux. J'en aurai un exemple demain en Bulgarie où se trouve ma prochaine étape. La Bulgarie est membre de l'Union depuis 2007, mais n'en finit pas de se chercher une solution à une hémorragie démographique sans précédent, qui traduit une attractivité en berne du pays, qui perd progressivement ses forces vives.

En attendant, cette soirée à Belgrade, ville relativement épargnée par le tourisme de masse, où règne une ambiance festive et décontractée, le tout à prix d'ami, sera bien agréable pour moi, sur ma route vers Jérusalem.

Envoyé de mon iPad

De : Étienne Henry <etienne.henry@mon.adresse.mail>
À : undisclosed recipients
Envoyé : le 15/08/2022 08 : 15
Objet : Le cinquième jour, de Belgrade à Nich puis Philippopolis

Je quitte mon hôtel un peu plus tôt que d'habitude. Je m'attends à une longue attente à la frontière bulgare, où je vais prendre de surcroît une heure de décalage horaire dans la vue.

Le type de la réception est amical et curieux, je lui ai parlé de mes difficultés à la frontière serbe hier, il me répond « c'est le bordel ! », il a même quelques mots de français ! Pas forcément les meilleurs, mais c'est bien résumé.

Ma vieille auto est garée pile devant l'entrée, il me demande où je me rends, je lui explique ma destination de Jérusalem. Il me dit tout de suite qu'il faut éviter la *war zone* de Syrie, je suis bien d'accord et me suis organisé en conséquence. Il est ravi que je connaisse un peu la Serbie, je lui explique mon prochain arrêt à Nich.

Départ à 9 h 30, direction place de la république, les boulevards puis l'autoroute historique qui passe au ras du centre, comme à Strasbourg. Comme à Strasbourg également, une rocade autoroutière a été construite depuis, il en manque encore un petit bout cependant.

J'ai la basilique Saint-Sava de Belgrade dans l'axe, gigantesque édifice byzantin dont le chantier, commencé avant-guerre, a été interrompu durant la période communiste, qui ne tenait pas à honorer l'opium du peuple. Elle n'a été achevée que tout récemment, elle prend modèle sur Sainte-Sophie, dont elle a les dimensions. Saint-Sava est le fondateur de l'Église orthodoxe serbe et de son patriarcat, en 1219. Cet édifice, en partie financé par le protecteur russe, est donc également une forme de manifeste nationaliste, on n'en sort pas.

Il a plu cette nuit, il ne fait que 19 degrés, je ne vais pas m'en plaindre, je peux me dispenser de climatisation.

Me voilà sur l'autoroute A1 serbe, elle est à péage, sur un mode opératoire identique à celui que nous connaissons en France, on prend un ticket et on paie à la sortie.

Le Danube poursuit plein est et ne tarde pas à enquiller ce qu'on appelle les Portes de Fer, spectaculaire défilé où le fleuve se fraye un passage entre les Carpates au nord et le massif du Grand Balkan au sud. Trajan a fait construire à son débouché un pont sur le Danube par Apollodore de Damas en 105 pour sa campagne d'invasion de la Dacie, l'actuelle Roumanie. L'épopée est racontée en images sur la colonne de Trajan à Rome.

Du fait de ce défilé peu praticable, la route de Constantinople quitte le Danube pour emprunter le plateau, en direction de Sofia et Salonique.

La pluie reprend, il y en aura même pour une bonne heure d'averse ininterrompue, le plafond est bas et la vitesse réduite.

On indique la direction de Kragujevac, c'est le site de Fiat Auto Serbie, successeur du défunt constructeur de l'Est Zastava, qui est maintenant intégré à Stellantis. À Paracin, l'autoroute longe une gigantesque usine fatiguée qui me fait penser à un combinat sidérurgique de l'époque du socialisme triomphant.

L'autoroute serpente entre des reliefs modérés des Balkans, puis arrive dans la vallée de la Nichava.

Ma première étape sera Nich, à 200 kilomètres de Belgrade, l'antique Naissos qui vit naître l'empereur Constantin à la fin du IIIe siècle. C'est la troisième ville de Serbie après Belgrade et Novi Sad.

C'est la bifurcation de l'autoroute A4 qui file vers Sofia, tandis que l'A1 poursuit vers la Macédoine du Nord (le nouveau nom depuis 2018) et Salonique.

Nich a donné son nom à la rivière Nišava (Nichava) qui la traverse, vous l'avez deviné, ils n'ont pas eu besoin de beaucoup d'imagination.

Godefroy de Bouillon y a fait étape, il y a été accueilli par le gouverneur Niketas, qui est content d'avoir affaire à quelqu'un de civilisé plutôt qu'aux hordes de Pierre l'Ermite quelques mois plus tôt.

La graphie du nom de cette ville est un mystère pour moi. Pour une raison qui m'échappe, on l'écrit officiellement Niš en français, avec un circonflexe à l'envers pour exprimer le son ch, comme en croate. Comme ce signe diacritique ne se trouve pas facilement sur nos claviers français, dans la pratique ça devient Nis, qui se prononce alors forcément comme la préfecture des Alpes-Maritimes, c'est ballot. C'est pourquoi j'utilise la graphie de Nich pour désigner cette ville, vous l'aurez constaté depuis le début de ce récit.

Comme Belgrade, Nich est devenue ottomane en 1389 après la défaite des Slaves et des Hongrois à Kosovo Poljé, date fondatrice de leur nation pour les Serbes. Cette domination turque durera jusqu'à l'indépendance de la Serbie en 1878.

Cette domination a été émaillée d'innombrables soulèvements, le moins que l'on puisse dire est qu'ils ont été réprimés avec une extrême brutalité. Nich en garde un témoignage pieusement conservé, que je prends la peine d'aller voir en quittant l'autoroute qui passe au ras de la ville.

J'ai alors droit à une ville de province serbe décatie, avec beaucoup d'immeubles déglingués de l'époque communiste. La densité de Yugo et de Lada ne trompe pas. Ici, les gens ne roulent pas sur l'or, ils roulent en Lada.

En mai 1809, alors qu'une nouvelle insurrection des Serbes est sur le point d'être matée dans de féroces combats, leur meneur Stefán Sindjelic choisit de faire exploser sa réserve de poudre pour en finir en beauté en faisant un maximum de dégâts chez l'assaillant ottoman, qui commande essentiellement des bachi-bouzouks (Archibald Haddock, elle est pour toi celle-là !), mercenaires plus ou moins réguliers de l'armée ottomane, connus pour leur brutalité et leurs méthodes expéditives.

Lequel assaillant ottoman, devenu vainqueur par le sort des armes, entend frapper les esprits. Le commandant turc Khursit Pacha fait construire au bord de la grand-route de Belgrade à Constantinople une tour maçonnée dans laquelle il fait incruster près d'un millier de têtes prélevées sur les Serbes tués durant les combats. Et il fait disposer la tête de Stefán Sindjelic au sommet de la tour. Ambiance !

Les crânes sont incorporés dans le mortier frais, après qu'on a retiré leur peau. Au fil des années, nombre de crânes sont retirés pour se voir donner une sépulture chrétienne, ou tout simplement prélevés par des amateurs de souvenirs morbides. Il en reste encore quelques dizaines aujourd'hui, ils sont protégés par des plaques de verre.

Les gentilshommes du XIXe siècle qui faisaient leur voyage en Orient, dont Lamartine en 1833, ont été frappés par cette sinistre « tour des crânes » (*Ćele kula,* en serbe) le long de leur route. Elle est restée à l'air libre, exposée à la vue de tous, comme un exemple de ce qu'il advient à ceux qui osent défier l'autorité ottomane, jusqu'à 1898 où une chapelle octogonale a été construite autour par la Serbie indépendante pour l'abriter.

Une fois sur place, je n'ai pas pu visiter l'intérieur, il y a un billet d'entrée à 200 dinars (dans les 1,70 euro), mais je n'en ai pas retiré, ils n'acceptent ni les euros ni la carte bancaire. Tant pis, après tout je ne suis pas amateur de souvenirs morbides. Il y avait quelques touristes, essentiellement serbes.

Comment vous dire, avec de pareils procédés qui entretiennent la haine et le culte de la vengeance, toute réconciliation est inconcevable… J'en suis tout retourné. Et dire que ça ne date que de 1809 ! Et il est avéré que cette sinistre tour a eu exactement l'effet inverse de celui recherché par les Ottomans, elle n'a fait qu'alimenter le désir d'indépendance.

Rappelez-vous que l'amitié franco-allemande est le moteur de l'Union européenne, et imaginez que les nazis aient construit une tour avec les crânes des martyrs d'Oradour, et qu'elle soit encore un lieu de mémoire aujourd'hui… Aurait-on pu concevoir une réconciliation dans ces conditions ?

Les mœurs restent encore brutales dans les Balkans, on le voit aussi avec les grandes tensions au nord du Kosovo, que j'ai évoquées hier.

Je reprends ma route après Nich, l'autoroute A4 serbe dans la vallée de la Nichava est maintenant achevée jusqu'à la frontière bulgare, voilà qui est appréciable. Lors de mes précédents passages, elle était en chantier et nous devions emprunter l'ancienne route dans des défilés très encaissés du massif du Grand Balkan.

Des restaurants turcs à l'enseigne *Bayburt Tesisleri* accueillent les clients en route vers Istanbul le long de cette autoroute.

Il est 13 h 45, me voilà au bouchon causé par le poste-frontière bulgare. Même phénomène qu'hier, je dois prendre mon mal en patience. Ferai-je mieux ou pire que l'heure et demie d'hier ?

Scénario connu, des Roms vous font le pare-brise. Pas moyen d'y échapper, ils s'imposent. Je leur donne une pièce d'un euro, ils me la rendent et veulent uniquement du papier, on en reste là.

Déjà une heure d'attente, la file n'avance plus du tout maintenant. Je sollicite beaucoup mon démarreur pour des *start and stop*.

Ça dure, vers 15 h 30 je vois un policier turc qui remonte à file à pied, sans doute dans le cadre d'accords de coopération internationaux pour surveiller cet axe sensible vers la Turquie.

En fait, je pense que l'entrée en Bulgarie avance moins vite que la sortie de Serbie, d'où ces longues minutes à l'arrêt total.

Il est 16 h 30, je suis presque sorti de Serbie, ce sera chose faite à 16 h 45, j'ai mon tampon dans mon passeport. Trois heures pour sortir de Serbie, inutile de dire que je ne ferai pas mieux qu'hier…

Dans le *no man's land*, un piéton m'apostrophe en français, il est turc installé à Sélestat et a vu ma plaque alsacienne. Il me demande où je vais en Turquie, lui va à Kayseri. Je lui explique que je vais à Jérusalem, c'est mon *Hadj* de chrétien. Il apprécie la démarche à sa juste valeur et me souhaite plein de bonnes choses.

Nous nous plaignons de cette attente en plein soleil. Nous sommes tous pris en otage sur cet axe. Je lui dis redouter que ce soit pareil demain pour entrer en Turquie, il m'assure que non : c'est la sortie de Turquie qui est saturée ces jours-ci, pas l'entrée. Nous verrons bien.

Encore une heure pour enfin entrer en Bulgarie, ça fera un total de presque quatre heures pour franchir cette frontière… Souvenez-vous de notre espace Schengen…

Je suis de retour dans l'Union européenne, je dois m'acquitter d'une vignette autoroutière. Au contraire des fois précédentes, elle ne se colle plus sur le pare-brise. Les Bulgares font ça à la hongroise maintenant, votre immatriculation est enregistrée dans un système central.

Je fais ça dès la frontière passée, c'est 10 euros pour une semaine. C'est l'occasion d'une pause, je termine ma première boîte de Pringles® et me savoure également une 1664 de ma réserve personnelle, ces quatre heures en plein soleil – car il est revenu après les averses de Serbie – m'ont littéralement rincé.

J'oubliais, je me prends une heure de décalage horaire dans la vue. Je reprends la route à 19 h bulgares, il me reste 200 kilomètres à parcourir.

Du côté bulgare, la liaison autoroutière entre la frontière serbe et Sofia, une cinquantaine de kilomètres à travers le relief, est médiocre. Une dizaine de kilomètres est achevée, autant est en travaux lourds, et le reste est une quatre-voies avec une ligne continue au milieu, avec carrefours, feux tricolores et traversées d'agglomérations.

On a vu à Vienne que les Ottomans étaient sur le reculoir à partir de 1699, leur retrait total sera encore long. En Bulgarie ce sera en 1908, dans le reste des Balkans en 1912 après la première guerre balkanique.

J'arrive en Bulgarie, l'alphabet cyrillique y règne aussi, avec quelques différences par rapport à celui de Serbie, une voyelle se prononçant eu qu'il y a dans la première syllabe en VO de Bulgarie, et aussi la lettre R à l'envers à la fin du même mot comme en russe, soit България en bulgare, Болгария en russe et Бугарска en serbe, vous voyez la nuance ? Nous restons à l'est de la Drina et de la Save, terres byzantines où règnent le christianisme orthodoxe et l'alphabet cyrillique, avec ses variantes locales.

La Bulgarie tire son nom de la tribu turque des Bulgares (une de plus !) qui a fondé son royaume sur un vaste territoire des Balkans à la fin du VIIe siècle, et cela pour un peu plus de trois cents ans, avant que l'Empire byzantin n'en reprenne le contrôle. Oui, à l'origine les Bulgares sont une tribu turque, de même que les Francs sont une tribu germanique.

Dans les deux cas, l'envahisseur s'est assimilé aux populations locales dont il a adopté la langue et la religion chrétienne. La langue slave de Bulgarie en a tiré une particularité, elle a perdu ses déclinaisons au passage. Chez nous, la langue latine de France y a gagné la voyelle u d'origine germanique, qui n'existe dans aucune autre langue latine.

La Bulgarie a obtenu un statut d'autonomie en 1878 dans l'Empire ottoman après une nouvelle défaite des Turcs face aux Russes, et sa pleine indépendance en 1908 seulement, mais sur un territoire réduit par rapport à celui de 1878.

Comme en Hongrie, ces frustrations territoriales ont entraîné de mauvais choix lors des guerres balkaniques en 1912-1913, puis de la Première Guerre mondiale, durant laquelle le pays était dans le mauvais camp.

La Bulgarie est un pays jeune, avec des mœurs politiques longtemps un peu brutales, en voici une illustration.

Après la Première Guerre mondiale perdue, le Premier ministre Stambolijski du parti agraire s'est vite radicalisé en dictateur de gauche. À l'issue des législatives de 1923 qu'il avait gagnées haut la main, l'opposition fasciste fait un coup d'État en profitant des vacances de Stambolijski. Il est débusqué dans son village natal, torturé et assassiné, sa main droite et sa tête sont tranchées et rapportées en trophée à Sofia. Ça vous donne une idée du niveau.

Après cet épisode, c'était parti pour un entre-deux-guerres chahuté et à dominante brune, on va pas se mentir. Comme la Hongrie, la Bulgarie s'est ralliée à l'Axe. Et vous imaginez bien qu'après-guerre, comme en Hongrie encore, c'est un régime stalinien pur et dur qui a été installé par les Soviétiques.

Cette histoire contemporaine explique encore les difficultés structurantes de la Bulgarie aujourd'hui. La population ne cesse de baisser, elle est passée sous les sept millions d'habitants, elle a baissé de 10 % en dix ans. Elle était pourtant de neuf millions d'habitants en 1985 avant la chute du Mur !

La démographie est en berne, l'âge moyen élevé. Concrètement, il y a plus de décès que de naissances, conduisant à un taux de croissance démographique négatif, si je puis m'exprimer ainsi.

Le niveau de vie est médiocre, les forces vives du pays émigrent. L'intégration à l'Union européenne en 2007 n'y a pas changé grand-chose, hélas !

Sofia se situe dans la plaine entre les Rhodopes au sud et le Grand Balkan au nord, plaine qui se déroule gentiment vers Philippopolis et Andrinople, sans relief particulier jusqu'à l'arrivée à Constantinople.

Ville sans grand intérêt pour moi, je ne m'y arrêterai pas, y ayant séjourné en 2017 lors du retour de mon *Voyage au Caucase.* Je me cogne la rocade interminable en direction de Philippopolis.

Celle-ci a été améliorée depuis mon dernier passage en 2017, mais elle reste fondamentalement surdimensionnée et bien trop éloignée de l'agglomération de Sofia. Sans doute les planificateurs communistes bulgares avaient-ils escompté des lendemains qui chantent bien plus opulents que la réalité d'un développement économique qui se fait toujours attendre.

Je trace en Thrace, la plaine s'inscrit entre le massif du Grand Balkan à gauche et les Rhodopes à droite. Je dois faire un plein de carburant, le quatrième après ceux du Luxembourg, de Bavière et de Voïvodine, c'est 3,20 lei du litre soit 1,60 euro. Ce sera le plein de Thrace, je fais bien attention à ne pas en faire avec le pistolet.

Il me reste 40 kilomètres à parcourir, j'arrive à destination vers 21 h 15 à mon hôtel après avoir franchi la Maritsa, qui devient l'Évros plus en aval, il fait la frontière entre la Grèce et la Turquie d'Europe.

Philippopolis, Plovdiv aujourd'hui, se targue d'être « la plus ancienne ville d'Europe encore peuplée ». Je ne comprends pas sur quelle base on peut affirmer un truc pareil. Toutes les fouilles dans les grandes villes d'Europe font ressortir des vestiges remontant au néolithique. La conclusion est hâtive, chacun sa propagande.

Tant qu'on est dans les slogans à deux balles en Bulgarie, je propose de décerner à Bouzloudja le titre de « la plus récente ruine d'Europe ». Je m'explique.

Les communistes bulgares ont inauguré en 1981 une immense salle de congrès à plus de 1 400 mètres d'altitude dans le Grand Balkan à 50 kilomètres au nord de Plovdiv, la maison du parti communiste bulgare.

Une sorte de soucoupe volante en béton posée au sommet d'une montagne, avec une tour à l'étoile rouge, l'archétype du monument soviétique brutaliste. Le site de la construction en moyenne montagne a été celui de combats contre l'occupant turc, et de réunions clandestines des premiers socialistes bulgares au XIXe siècle, voilà pour le choix de l'endroit. Le chantier a mobilisé plusieurs milliers de travailleuses – travailleurs pendant sept ans dans cet endroit désolé. Il comporte un ensemble de mosaïques Marx-Engels-Lénine & Co à poil dur délicieusement kitsch, et des décorations à l'étoile rouge à l'avenant.

Ce monument évidemment obsolète depuis la chute du Mur est depuis laissé à l'abandon, livré au pillage : tous les sièges de la salle de congrès ont été volés, tout le cuivre de la couverture également, les mosaïques ont été saccagées, le site est ouvert à tous les vents, des campeurs y passent la nuit en faisant leur feu de camp dans les coursives.

Année après année, le gouvernement comme ce qu'il reste du parti communiste bulgare sont incapables de s'entendre et de trouver les financements pour sauver ce monument. Sans même le mettre en sécurité, on se retranche derrière des lois mémorielles interdisant toute réhabilitation du passé communiste honni.

On est bien d'accord que ce monument représente un passé communiste honni, mais ce passé a bien existé, de même que le monument existe bien, et tant qu'à faire on pourrait en faire quelque chose, non ?

Pour le moment, Bouzloudja devient progressivement un *must see* de Bulgarie, « la plus récente ruine d'Europe », puisque voici à peine 40 ans, elle était flambant neuve et venait d'être inaugurée. Si vous ouvrez l'œil, vous pourrez l'apercevoir dans certains films d'action, le site constitue un repaire idéal pour le méchant qui veut détruire le monde.

Revenons-en à Plovdiv, qui a été capitale européenne de la culture en 2019, conjointement avec Matera dans la Basilicate en Italie, entre Pouilles et Calabre, oups. Qu'en reste-t-il pour Plovdiv aujourd'hui je l'ignore, deux ans de pandémie ont fortement réduit le tourisme. Pour Matera en revanche, je crois bien que le fait qu'elle ait accueilli le tournage de *Mourir peut attendre*, le dernier James Bond avec Daniel Craig, aura plus de conséquences sur le nombre de ses visiteurs que son statut de capitale européenne de la culture 2019. La vie est cruelle.

Philippopolis, c'est à la base la ville thrace d'Eumolpias qui a été rebaptisée à son nom en toute simplicité par Philippe de Macédoine, le père d'Alexandre le Grand, au IVe siècle avant notre ère. Et on critique les Soviétiques parce qu'ils ont la manie de rebaptiser leurs villes du nom de leurs héros socialistes ?

Attention, Philippopolis n'est pas Philippes, ville antique disparue de Macédoine grecque, de l'autre côté des Rhodopes, dont les habitants se sont vu adresser une épître de Paul aux Philippiens.

J'ai déjà séjourné ici en 2014 lors de mon premier voyage vers Constantinople. À Plovdiv, le nom actuel de Philippopolis, la ville antique grecque et romaine est partout sous vos pas, elle fait régulièrement des apparitions au gré des places publiques : théâtre antique, forum, odéon, amphithéâtre…

Il y a une mosquée ottomane de 1380 en plein centre, la plus grande d'Europe si l'on excepte la Turquie d'Europe – ce qui rappelle que la domination ottomane a commencé dès le XIVe siècle ici.

Le centre historique est bâti sur des collines escarpées, il comporte des maisons à colombages de riches marchands turcs, arméniens ou grecs. En cela, elles me paraissent de style ottoman, mais il ne faut pas le dire ouvertement ici, je le crains. Ces maisons sont entourées de délicats jardins parsemés de marbres antiques découverts au gré des fouilles.

Une maison est dite « de Lamartine », elle comporte une inscription explicative en français, Alphonse y a fait étape en 1833 durant son voyage en Orient, sans doute a-t-il voulu se remettre du choc de la tour des crânes de Nich qu'il venait de voir au bord de sa route.

Le patrimoine architectural de Plovdiv est tout à fait exceptionnel, mais ne se concrétise pas à ce jour par un classement à l'UNESCO, voilà qui est inhabituel. Cela s'explique probablement par l'incapacité des Bulgares à assumer et à revendiquer leur héritage, malgré leurs efforts, je vous renvoie à ma tirade sur Bouzloudja. Le tourisme à Plovdiv n'est pas au niveau qu'il mériterait.

Revenons à la croisade. De manière générale, après s'être tenue à carreau durant la traversée de la Hongrie, l'armée des Lorrains transite pacifiquement par Belgrade, Nich et Philippopolis.

Godefroy de Bouillon a séjourné ici, les ruines antiques récemment redécouvertes, comme celles d'un amphithéâtre à flanc de colline en 1976, devaient encore être présentes à la fin du XIe siècle.

Me concernant, mon arrivée tardive et de nuit ne m'a pas laissé le temps de faire un tour à pied dans le centre historique que j'ai déjà vu en 2014, je le ferai demain matin avant mon départ.

Il fait faim, ma journée a été longue avec quatre heures à la frontière et près de 550 kilomètres parcourus sur des routes inégales. Je me pose au restaurant devant mon hôtel, je bois un vin rouge bulgare et déguste des galettes de pommes de terre et un *chaslik* de porc, savoureux et délicieusement entrelardé. Car à partir de demain et pour plus d'une semaine, le cochon ne sera plus le bienvenu, alors je fais des provisions !

Envoyé de mon iPad

De : Étienne Henry <etienne.henry@mon.adresse.mail>
À : undisclosed recipients
Envoyé : le 16/08/2022 09 : 42
Objet : Le sixième jour, de Philippopolis à Andrinople puis Constantinople

Après un réveil plus matinal que d'habitude et l'envoi de mon journal de la veille, je vais faire un tour à pied au centre de Philippopolis, il est 9 h 30. J'ai encore mes repères de ma première visite de cette ville en 2014 sur la route de Constantinople.

Je parcours quelques centaines de mètres du boulevard bruyant datant de l'époque communiste, et m'engage rapidement sur l'axe piéton qui prolonge la passerelle couverte sur la Maritsa, qui débouche sur une place qui concentre toute l'histoire de cette ville : à gauche la mosquée ottomane, à droite des immeubles XIXe aux façades décorées de jolis motifs délicatement rapportés d'inspiration austro-hongroise, et au milieu, les restes mis au jour du cirque romain de la ville, ce qu'on a pu dégager puisque le reste est recouvert par la ville actuelle. Un concentré des 3 000 ans d'histoire qu'elle revendique – j'exagère une peu, le cirque romain date déjà de l'ère chrétienne.

Je prends sur la gauche le long de la mosquée, en direction de l'Église orthodoxe Notre-Dame. Nous sommes le 15 août, fête de l'Assomption de Marie, un office est en cours, les portes sont ouvertes. On entend les chants religieux, uniquement des voix humaines, la liturgie orthodoxe n'utilise aucun instrument, ni orgue ni autre chose. Les fidèles se rendent à l'office munis de cierges en cire d'abeille, de bouquets de fleurs, j'ai même vu une dame portant un pigeon (mort bien sûr…), offrande ou bénédiction de son déjeuner, je n'en sais rien.

Je me dirige ensuite vers l'amphithéâtre à flanc de colline, tout de marbre blanc, redécouvert dans les années 70 puis restauré et utilisé aujourd'hui pour des spectacles. La vue est magnifique, on peut même s'installer pour boire un café, mais je n'en aurai pas le temps.

Ce sera ensuite la maison dite de Lamartine, dont je vous ai parlé hier, puis d'autres maisons de riches marchands, dites « éveil national », datant de l'époque où la Bulgarie n'existait pas encore, mais avait des ambitions.

Je me rends au sommet d'une des trois collines historiques de la ville, nommée de ce fait *Trimontium* par les Romains, il y a un parc archéologique. Les premières traces des Thraces remontent au XIIe siècle avant notre ère (avec ça, on a les 3 000 ans d'histoire !), mais c'est assez décevant pour le profane. Cette colline s'appelle *Nebet tepe* en bulgare, encore un mot turc qui a fait école puisque *tepe* signifie colline en turc !

Je redescends en direction du boulevard de tout à l'heure, il y a un tunnel routier qui passe sous le centre historique. Aucun passage piéton au carrefour, il faut emprunter un passage souterrain, encore un truc communiste qui a traversé les décennies. Mais les boutiques qu'il abrite sont presque toutes fermées, c'est moche et déprimant.

Un bain turc de 1580 se trouve au débouché du souterrain, c'est aujourd'hui une galerie d'art. Sur le trottoir, une vieille dame se mouche et jette son Kleenex® par terre sans se poser de questions. Ce n'est certainement pas un acte rebelle, c'est juste qu'ici c'est comme ça qu'on fait.

Retour à ma voiture, je fais un appoint d'huile, l'avertisseur de niveau faible s'est allumé, c'est tout à fait normal vu l'âge de ma monture. L'huile est plus fluide qu'anticipé, j'en verse pas mal à côté, me voilà bon pour éponger l'excédent avec des

Kleenex® que je garderai avec moi pour les jeter dans un endroit approprié.

Je me mets en route à 11 h vers le nord et l'autoroute, je traverse des faubourgs moches, il y a une centrale thermique fatiguée qui occupe tout l'horizon. Me voilà rapidement sur l'autoroute A1 que j'ai quittée hier, en direction de Burgas sur la mer Noire, je prends ensuite l'A4 en direction de Svilengrad. Comme en Serbie, le code couleur est vert pour l'autoroute. L'A4 est toute neuve, c'est un tronçon essentiel de l'axe reliant la Turquie à l'Europe qui a enfin été achevé tout récemment. Il faut faire confiance à son GPS ou à sa carte néanmoins, la direction d'Istanbul ne figure que très rarement sur les panneaux de l'A1 comme de l'A4. La dernière fois, c'était sur la rocade de Sofia.

Je suis dans une large plaine, avec le Grand Balkan à gauche et les Rhodopes à droite, c'est la plaine de la Maritsa.

Après Svilengrad et la sortie vers la Grèce toute proche, où la Maritsa devient l'Évros, on indique maintenant la direction de Kapitan Andreevo, c'est le dernier patelin bulgare avant la frontière. Et on n'indique pas Istanbul ! La ville fait 18 millions d'habitants avec son agglomération, deux fois et demie la Bulgarie, je comprends qu'ils fassent des complexes… mais tout de même ! Le bourg de Kapitan Andreevo porte le nom d'un officier bulgare tué en 1912 durant la première guerre balkanique, par les Turcs évidemment, encore l'évocation de pages sombres qu'on ne veut pas définitivement tourner.

J'arrive à 12 h 45 à la frontière bulgare, la sortie du pays ne me prendra que trois quarts d'heure, mon Turc de Sélestat hier avait presque raison !

Dans le *no man's land*, je fais un arrêt technique au *duty free*, je change des livres turques, le taux est à 18 livres pour un euro. J'obtiens 1 800 livres en échange de mes cent euros, je vais passer une semaine dans ce pays. Le taux de change n'a cessé de dégringoler depuis qu'Erdogan a ouvert en grand les vannes des dépenses publiques, et limogé le directeur de la banque centrale qui prétendait augmenter les taux d'intérêt, ce technocrate !

C'est *cool* d'être un président tout-puissant quand même, sans aucun contre-pouvoir ni institution indépendante qui pourrait contrecarrer vos désirs…

Le paquet de clopes coûte 30 livres, 1,65 euro, la moitié du prix serbe, lequel est au tiers du prix français, voilà qui est sans concurrence et alimente évidemment de juteux trafics de contrebande.

Je m'occupe également de me procurer le nécessaire pour emprunter les autoroutes turques et les passages du Bosphore, qui n'acceptent ni les cartes bancaires ni les espèces. Il faut enregistrer son immatriculation et acheter en livres turques une vignette prépayée, d'un montant qui dépend du parcours que vous avez prévu. Elle sera débitée lors de chacun de vos passages à un portique de péage, il est possible de la recharger ensuite. J'explique mon trajet, on me dit que 500 livres feront l'affaire, me voilà fin prêt pour les autoroutes et autres ouvrages d'art à péage de Turquie !

Le côté turc où je me présente ensuite à 13 h 45 ne me prendra qu'un quart d'heure, on veut voir mon assurance auto, ma carte verte de chez Axa confirme que je suis bien assuré dans ce pays. Rapide fouille de mes bagages, on me demande où je vais, quand j'indique le Hatay et Şanliurfa (les noms turcs, le s cédille se prononce ch), les douaniers tiquent, car c'est une zone frontalière de la Syrie en guerre. Je leur explique que je prendrai le bateau à Mersin pour Haïfa en Israël, je fais mon *Hadj* de chrétien en quelque sorte. Ils sont ravis de cette initiative et me tendent la main en me souhaitant bonne route.

À noter que la Turquie n'appose plus de tampons dans les passeports de ses visiteurs, c'est un peu d'exotisme en moins.

À 14 h, je quitte la zone frontière et me dirige vers Andrinople, grande métropole byzantine en 1096 devenue en 1367 la capitale des Ottomans sous le nom d'Edirne après Brousse devenue Bursa, et juste avant Constantinople devenue Istanbul.

Nous sommes en Turquie, les conducteurs de pétrolettes portent rarement un casque, la circulation est folklorique, on dépasse régulièrement à droite. Il suffit de le savoir et de ne pas s'en inquiéter.

Je fais un arrêt à la mosquée de Sélim à Andrinople, le chef-d'œuvre de l'architecte Sinan à la fin du XVIe siècle, à la fin de sa carrière, qui y a égalé la coupole de Sainte-Sophie. Sur un plan octogonal cependant et non sur un plan carré, y gagnant une stabilité structurelle que n'a jamais vraiment trouvée Sainte-Sophie, j'y reviendrai.

Malheureusement, la mosquée est en travaux lourds, on ne peut accéder à l'intérieur, uniquement à l'enceinte extérieure, à laquelle on arrive par une galerie marchande – oui, cette mosquée a prévu dès l'origine les emplacements des marchands du temple.

Je me fais une pause et prends un Coca bien frais à 12 livres (65 centimes) avec la vue sur la mosquée de Sélim bardée d'échafaudages.

Je poursuis à partir de 15 h par l'autoroute O-3 turque, il y a encore 230 kilomètres jusqu'à la destination. Le code couleur est également vert pour l'autoroute, comme en Serbie et en Bulgarie, voilà une continuité balkanique. Je note que les bas-côtés comportent un caniveau de béton en forme de V très ouvert, il n'y a pas de rambarde de sécurité. Ce qui fait que si vous quittez la route, le caniveau vous fera forcément finir sur le toit, voire faire des tonneaux ! Il y avait un poids lourd roues en l'air sur les voies d'en face, et une Peugeot sur le toit de mon côté. Prudence !

La circulation devient de plus en plus dense au fur et à mesure que j'approche, j'ai la vue sur la mer de Marmara à ma droite. Les échangeurs autoroutiers sont vertigineux et très chargés. Direction la Corne d'Or et Sultanahmet, le quartier correspondant au palais impérial byzantin, aujourd'hui recouvert par la Mosquée Bleue, construite à l'époque du sultan Ahmet Ier qui a donné son nom au quartier.

Les premiers bouchons sérieux commencent à 17 h 30, mais j'ai bon espoir d'en venir à bout rapidement, j'espère être rendu à 18 h.

Malheureusement, je me fais piéger par des axes à accès restreint aux heures où je me présente, je tente de négocier avec le flic de faction en montrant la réservation de mon hôtel, la deuxième fois sera la bonne un peu plus loin. Mais après avoir négocié pour entrer dans la zone restreinte, où il faut rouler au pas, car piétons et portefaix occupent tout l'espace, je me retrouve coincé par des bornes pour en sortir… Quel couillon je fais, je négocie avec un type pour qu'il appelle l'autorité compétente pour me libérer, mais rien à faire, il m'accompagne pour une marche arrière dans la zone piétonne à voie unique, galère… Tout se mérite !

Je suis enfin libéré, c'est un endroit où il y a un flic qui m'a baissé les bornes pour sortir, il me reste moins de 2 000 mètres à parcourir, le double sens est difficile, des gens sont en double file…

Dernier obstacle, la rue de mon hôtel est bloquée, je me gare en vrac sur les emplacements réservés d'un autre hôtel, j'appelle le mien et ils m'envoient un loufiat qui monte à bord et m'accompagne à mon parking privé. Et me voilà à 19 h 15 à mon hôtel, tout se mérite, je sais je me répète !

Ma récompense ? L'*Agora Life Hotel* a une terrasse au cinquième étage avec une vue à tomber (pas de la terrasse, c'est juste une image), la Corne d'Or et Galata sur la gauche, le Bosphore au milieu, Sainte-Irène et Sainte-Sophie sur la droite, avec la mer de Marmara derrière. La Mosquée Bleue est encore plus à droite, mais n'est plus dans le panorama, qui est déjà exceptionnel !

Je savoure une Efes bien fraîche devant ce paysage d'exception, qui me récompense des 3 000 kilomètres (un poil plus, en fait, disons 3 030) qu'il m'a fallu parcourir en six jours pour arriver jusqu'ici, y compris les 300 kilomètres qui comptent double dans le mauvais sens pour pouvoir partir de Bouillon.

Cette première Efes d'une série amenée à se poursuivre s'est fait désirer.

Vous me connaissez mal, la même ardeur me brûle

*Et le désir s'accroit quand l'*Efes *recule.*

Spéciale dédicace à Corneille et à *Polyeucte,* dont on ne saura jamais si le kakemphaton (j'adore ce mot) était délibéré ou non.

Vous avez probablement noté que, sauf exception, je me refuse à utiliser le nom turc d'Istanbul dans ces lignes. Ce n'est pas qu'une coquetterie, c'est tout simplement pour m'efforcer d'utiliser les mêmes noms qu'au XIe siècle, ceux utilisés à l'époque de Godefroy de Bouillon, ou du moins des noms français.

Pour Mayence, Ratisbonne, Vienne et Belgrade, ce n'est pas une difficulté. Pour Nich, je suis un peu sec, peut-être utilisait-on à l'époque la version latine en *Naissos.* Pour Philippopolis, la version grecque est très transparente, mais le Plovdiv contemporain s'en est quelque peu éloigné, perdant trois syllabes en cours de route. Andrinople est encore connue, mais le rapprochement avec Edirne en turc (prononcer Edirné, il n'y a pas de lettres muettes en turc) est peut-être moins évident. Quant à Constantinople, c'est encore le nom que lui donnent les Grecs aujourd'hui, j'ai pu le constater sur une carte routière grecque voici quelques années.

J'ai bien l'intention de continuer à utiliser une toponymie surannée, voire obsolète, dans la suite de ce récit. Rassurez-vous, je vous donnerai à chaque fois que nécessaire la correspondance avec les noms utilisés aujourd'hui !

Revenons à cet été 1096. Les croisades populaires de Gauthier Sans-Avoir et Pierre l'Ermite sont arrivées respectivement le 20 juillet et le 1er août à Constantinople. Pierre l'Ermite a été pardonné par le basileus pour les incidents de Nich réprimés par les troupes de Niketas.

Cette troupe disparate, comportant néanmoins, contrairement aux idées reçues, quelques chevaliers expérimentés, se montre vite encombrante. Alexis Comnène les fait camper devant ses murs, la muraille de Théodose, élevée au Ve siècle, qui existe toujours aujourd'hui. Il envisage d'abord de les faire attendre pour qu'ils se joignent à la croisade des Barons, mais n'en peut plus de leurs exactions sur sa population civile et pour s'en débarrasser, leur fait traverser le Bosphore le 6 août 1096.

La troupe populaire se dirige alors vers Nicomédie, aujourd'hui Izmit, elle se défoule sur les populations grecques en cours de route (des Sarrasins, à n'en pas douter…), et se voit assigner la place forte de Civitot (Kibotos en version grecque), à proximité de Nicée, la capitale seldjoukide, où se trouvaient d'autres croisés populaires venus d'Italie. Ils sont peut-être 30 000 personnes en tout. L'Histoire n'a pas retenu l'emplacement exact de Civitot, on sait que c'est à un jour de marche de Nicée, probablement au bord de la mer de Marmara, sur la rive sud au niveau du pont suspendu moderne de Yalova que j'emprunterai après-demain.

Beaucoup d'entre ces pécores basés à Civitot, galvanisés par des succès faciles sur les villages grecs des environs, et aussi par une foi inébranlable, mais indisciplinés et sous-équipés, se risquent à piller le territoire turc, et s'aventurent même jusqu'aux portes de Nicée. Ils ramènent un important butin de leurs razzias.

Ces succès en apparence faciles encouragent plusieurs milliers de croisés sous le commandement d'un noble italien du nom de Renaud, à s'emparer de la forteresse turque voisine de Xerigordon, qui sera rapidement reprise par les Seldjoukides fin septembre. Les assiégés croisés sont tués, convertis ou réduits en esclavage. Xerigordon est à quelques jours de marche de Nicée. Comme Civitot, on ne sait pas où c'est exactement.

Pierre L'Ermite voit bien qu'il a perdu le contrôle d'une situation qui est en train de partir en vrille. Il rentre à Constantinople auprès d'Alexis Comnène et attend la croisade des Barons.

Le solde de l'effectif de Civitot, soit peut-être 25 000 hommes, menés par un certain Geoffroy Burel (notez que *Geoffroy* est une autre forme de *Godefroy*) auquel s'est rallié Gautier Sans-Avoir, est persuadé que Nicée pourra être prise aussi facilement que Xerigordon l'a été. Ils se ruent sur Nicée le 21 octobre 1096 et se font évidemment quasi totalement massacrer, dont Gautier Sans-Avoir, sinon réduire en esclavage.

Les Seldjoukides n'en croient pas leurs yeux en voyant ces hordes de pauvres hères sous-équipés se ruer en chantant vers une mort certaine, un vrai tir aux pigeons. Peut-être 2 à 3 000 hommes parviennent à s'échapper et rejoignent Constantinople, où ils sont désarmés et ont l'ordre d'attendre la croisade des Barons.

Pierre l'Ermite a définitivement eu le nez creux de rentrer à Constantinople après la perte de Xerigordon. Il peut ainsi survivre à ce désastre – et aura même la chance d'atteindre Jérusalem, mais n'anticipons pas.

Une fin aussi absurde et lamentable après avoir traversé l'Europe à pied, sur plus de 2 500 kilomètres, imaginant grâce à leur foi arriver à la Jérusalem céleste, à défaut de la Jérusalem terrestre, la Jérusalem tout court, c'était peut-être ce que recherchait la croisade populaire, après tout : mourir en martyr et arriver plus vite au ciel après avoir fait pénitence.

Aucune historiographie n'est parvenue jusqu'à nous pour la version seldjoujkide de ces événements des croisades populaires. Sans doute cela n'avait-il pas vraiment d'intérêt à leurs yeux, ces troupes en haillons se ruant vers une mort certaine en criant *Deus lo volt !*

Me voilà à Constantinople, Istanbul aujourd'hui. Le changement de nom date de 1930 seulement, c'est Atatürk qui par nationalisme a donné ce nom à l'ensemble de la ville, alors que jusque-là Stamboul désignait le centre historique, et Constantinople l'agglomération. La tradition affirme qu'Istanbul proviendrait de la déformation de *Eis Tin Polis*, dans la Ville (Constantinople, forcément) en français, la réponse donnée en grec aux conquérants turcs interrogeant les habitants du lieu sur l'endroit où ils se trouvent. La réponse au premier degré a fait école, l'histoire est hautement apocryphe, mais je n'y résiste pas.

En arrivant en voiture le long de la mer de Marmara, j'ai aperçu la muraille de Théodose, somptueusement restaurée, avec son appareil maçonné alternant les lits de briques et de pierre calcaire.

Mon hôtel se trouve à quelques hectomètres de Sainte-Sophie dans le quartier de Sultanahmet, il y a une superbe terrasse avec une vue sur la basilique, je l'ai déjà dit. Depuis 2020 il faudrait dire mosquée, mais je n'en ai cure, je reviendrai sur ce sujet.

Je dîne dans un restaurant des environs, le Buhara (aucun rapport avec Boukhara en Ouzbékistan), je déguste du houmous en entrée, bienvenue en Orient, puis un Şanliurfa kebab, savoureuse brochette épicée de viande hachée de bœuf et de mouton, avec des légumes grillés et de l'orge perlé.

Je termine la soirée sur la terrasse de mon hôtel, la coupole de Sainte-Sophie est barrée d'immenses caractères lumineux affirmant *La Ilahe Illallah*, soit « II n'y a de Dieu qu'Allah », la place manquait pour la suite.

Ah non, elle est inscrite sur la Mosquée Bleue sur la droite, qui affirme de son côté *Mohamed resulullah*, soit « Mohamed est son prophète ».

C'est la conséquence d'une décision politique assumée de réouverture au culte de ce qui est à nouveau une mosquée aujourd'hui, où islam et nationalisme turc font cause commune.

Envoyé de mon iPad

De : Étienne Henry <etienne.henry@mon.adresse.mail>
À : undisclosed recipients
Envoyé : le 17/08/2022 08 : 59
Objet : Le septième jour, Constantinople

L'appel du muezzin à la première prière du matin à 4 h 45 m'a réveillé, le niveau sonore me paraissait cependant raisonnable.

Nous sommes mardi, c'est le septième jour de mon voyage à Jérusalem. Je ferai relâche aujourd'hui pour ce repos dominical un mardi, si je puis m'exprimer ainsi.

J'ai pu papoter avec le jeune homme de la réception qui m'a conduit au parking hier, je lui ai parlé de mon itinéraire. Il est originaire de Diyarbakir, maman arabe, père kurde, et même une grand-mère arménienne. Un citoyen qui témoigne du grand brassage de populations qui a conduit à la nation turque d'aujourd'hui.

Après mon petit déjeuner, je me mets en route à pied vers Sainte-Sophie. Je n'ai pas prévu de visite du palais de Topkapi, que je connais déjà. Ni de visite du grand bazar, ayant parcouru celui de Tabriz lors de mon voyage *Sur la route de Samarcande.*

Juste à côté de Sainte-Sophie se trouve la sortie des visiteurs de la citerne byzantine souterraine de la ville, dite citerne basilique, mondialement connue depuis qu'une scène du James Bond *Bons baisers de Russie* y a été tournée. Malheureusement, ce n'est que la sortie, l'entrée est de l'autre côté et il y a 300 mètres de queue, ce ne sera pas pour cette fois.

J'y pense, il y a une autre scène de James Bond tournée dans cette ville, la poursuite à moto sur les toits du grand bazar justement, morceau de bravoure dans *Skyfall*. Nous sommes dans la ville favorite de Ian Fleming, d'après la productrice Barbara Broccoli.

Je me dirige vers Sainte-Sophie, l'espace entre cette dernière et la Mosquée Bleue fait l'objet d'un filtre de sécurité très sommaire, l'endroit grouille de touristes.

Elle est rouverte au culte musulman le 10 juillet 2020 par un Erdogan de plus en plus nationaliste, comme s'il n'y avait pas assez de mosquées à Istanbul, alors que c'était un musée depuis Atatürk en 1934. Islam et nationalisme turc font hélas bon ménage, je l'ai dit hier. C'est une décision politique du *lider maximo* turc visant à flatter son électorat conservateur et rural, et lui faire oublier la crise économique qui se traduit entre autres par la dégringolade de la livre turque.

L'église Saint-Sauveur-in-Chora, construite au VIe siècle au-delà de la muraille de Théodose, archétype de l'église grecque, qui renferme des mosaïques byzantines exceptionnelles, est également redevenue une mosquée depuis le 21 août 2020. On en a moins parlé, car l'édifice est moins spectaculaire par sa taille, mais le geste est là aussi très fort.

Sainte-Sophie comme Saint-Sauveur-in-Chora étaient des musées depuis bien longtemps. Elles font partie du patrimoine de l'humanité, classées à l'UNESCO depuis 1985. Cette réappropriation est hélas source de crispations et de malentendus, et les protestations internationales n'y ont rien changé.

À Sainte-Sophie, les inscriptions lumineuses de la profession de foi de l'islam que j'ai vues hier soir sont invisibles de jour. En revanche, un détail saute aux yeux : le sommet de la coupole est surmonté d'un empilement de sphères dorées et d'un croissant islamique. Ce qui en fait une mosquée.

Je pourrai peut-être la visiter, car toutes les fois précédentes j'ai joué de malchance : fermeture hebdomadaire, queue trop longue… Eh bien je n'aurai guère plus de chance cette fois-ci, la queue occupe une grande partie du parvis, il fait déjà trente degrés, il faudra revenir hors saison.

Les kiosques vendent des voiles pour que les touristes en débardeur puissent se couvrir les épaules. Ce n'est pas spécifique à l'islam, on demande la même chose aux visiteuses des églises italiennes, à Saint-Pierre de Rome en particulier.

À ce sujet, les femmes dans la rue, à part les touristes qui sont assez aisément identifiables, affichent des tenues très variées, qui vont de la robe courte à l'occidentale jusqu'à la tenue traditionnelle, voire au *niqab* qui dissimule le visage de femmes alors transformées en fantômes noirs, gants compris. Le contraste est saisissant avec la bombasse *balkanique volcanique* dont il reste quelques spécimens ici, si on cherche bien (j'aime cette allitération, le mot n'a rien à voir avec l'action d'aliter cependant, restons corrects !).

Mais Istanbul n'est pas la Turquie, je crois bien que dans le reste du pays, en particulier dans ses provinces lointaines, les choses sont différentes et les mentalités plus conservatrices.

Revenons à Sainte-Sophie. Construite sous Justinien à partir de 532, elle est dédiée à la sagesse divine, la sainte sagesse, *Hagia Sophia* en grec. Le geste architectural d'origine est très pur, mais hélas structurellement déficient considérant les portées en jeu et les tremblements de terre récurrents dans la région. La coupole s'était déjà écroulée une demi-douzaine de fois lorsque les Byzantins commencèrent à y ajouter des contreforts au XIIIe siècle pour en renforcer la structure.

La basilique est conçue sur un plan presque carré de 77 mètres de long et 72 mètres de côté, dans lequel s'inscrit un cube d'environ 35 mètres de côté. Ces côtés supportent quatre pendentifs triangulaires, qui eux-mêmes supportent une coupole de 31 mètres de diamètre culminant à 55 mètres du sol.

C'est un poil moins que le Panthéon de Rome, dont le plan est circulaire et les murs et la coupole aveugles, à l'exception de l'oculus sommital. Ici, la base de la coupole est percée d'une succession de fenêtres qui inondent la nef de lumière. Et surtout, le poids de la coupole repose sur les quatre piliers aux angles du carré intérieur, puisque chaque côté est percé d'un gigantesque arc en plein cintre. La pression latérale du dôme principal est certes compensée par deux demi-dômes, au nord-ouest et au sud-est. Ces derniers se trouvent dans l'axe de la nef, du narthex vers le chœur, dans la grande longueur du carré, si je puis dire. Mais il n'y a rien sur les deux autres côtés pour compenser la poussée de la coupole centrale.

Grave erreur initiale, qu'il a fallu compenser par des contreforts ultérieurs très présents, qui ne permettent plus d'appréhender la pureté du cube d'origine, en particulier sur la façade latérale sud qui fait face à la Mosquée Bleue.

C'est aux Ottomans, qui avaient beaucoup de respect pour Sainte-Sophie, dont ils ont conservé en turc le nom grec de *Ayasofya*, que l'on doit les travaux spectaculaires qui lui permettent d'être toujours debout aujourd'hui. C'est Sinan qui s'y colla au XVIe siècle pour ajouter des contreforts certes massifs, et dénaturant la pureté du dessin d'origine, mais salvateurs. Les Ottomans ont aussi ajouté quatre minarets, qui se sont bien fait accepter dans la silhouette de ce monument. Sans les Ottomans, Sainte-Sophie se serait écroulée pour de bon.

La dernière grande campagne de restauration date du XIXe siècle, on y a dégagé les mosaïques byzantines cachées sous les badigeons. Qui sont maintenant dissimulées par des voilages lorsqu'il y a des offices religieux à la « Grande et noble mosquée Sainte-Sophie », traduction du gréco-arabo-turc *Ayasofya-i Kebir Cami-i Şerifi*, car l'islam sunnite interdit toute représentation du vivant, *a fortiori* celles du Christ, de Marie et des saints.

Les Ottomans ont tiré les leçons sur leurs propres mosquées de la faiblesse structurelle de Sainte-Sophie. La Mosquée Bleue en face a des demi-coupoles sur chacun des quatre côtés, tandis que la mosquée de Sélim que j'ai vue à Andrinople hier est sur un plan octogonal, avec huit piliers, qui ne nécessitent pas les mêmes contreforts et *a fortiori* pas de demi-coupoles.

La queue pour entrer à la Mosquée Bleue est très raisonnable, je m'y présente, je me déchausse à l'entrée. J'ai pris soin de porter un pantalon aujourd'hui, les bermudas sont déconseillés pour les messieurs. J'ai l'impression que la règle n'est pas vraiment appliquée de manière rigoureuse, il n'y avait pas grand monde au vestiaire où l'on prête le nécessaire aux visiteurs qui ne sont pas vêtus correctement, qui peuvent ainsi quand même entrer.

Déception, l'intérieur est en travaux, il y a des échafaudages qui masquent une grande partie de l'espace revêtu de carreaux de faïence bleue d'Iznik (Nicée), qui donnent son nom à la mosquée, et la salle de prière n'est pas totalement libre d'accès.

Revenons à la première croisade. En 1096, Sainte-Sophie avait déjà été rafistolée plusieurs fois, mais n'avait pas encore reçu ses contreforts, ni byzantins ni *a fortiori* ottomans. Les croisés ont pu la voir dans sa pureté originelle, juste à côté du palais d'Alexis Comnène qui est en face, à l'emplacement duquel a été construite la Mosquée Bleue au XVIIe siècle par un des élèves de Sinan.

Du côté de notre ami Alexis Comnène, l'ambiance est loin d'être sereine. Ce n'est plus un perdreau de l'année, il va sur ses 38 ans et a déjà 15 ans de règne derrière lui. Il a pu constater l'énorme gâchis de la croisade populaire, dont il vient de recueillir les survivants fin octobre en leur ordonnant d'attendre la croisade des Barons. Il attend avec une certaine anxiété les quatre armées croisées qui s'annoncent, qu'on lui présente comme plus puissantes et innombrables les unes que les autres.

Alexis Comnène s'imaginait dans un monde idéal pouvoir disposer de mercenaires, comme il en avait l'habitude avec les troupes de Varègues (Vikings suédois) qui se mettaient à son service contre les tribus turques de Petchenègues et autres Coumans, qui avaient contourné la mer Noire. Il se rend vite compte que les chefs des armées croisées qui débarquent à partir de novembre 1096 n'ont qu'une seule ambition, celle de se tailler des fiefs dans les territoires qu'ils vont libérer.

Alexis Comnène leur demande un serment de fidélité à sa personne. Tous les territoires conquis ayant appartenu aux Byzantins avant la conquête turque doivent leur être restitués, et les autres conquêtes éventuelles seront vassales de l'empire byzantin.

Le Français Hugues de Vermandois arrivé le premier fin 1096 prête serment sans problème.

Godefroy de Bouillon, arrivé dans la foulée le 23 décembre 1096, descendant direct de Charlemagne, chef des Lorrains, a un peu plus de mal et estime ne devoir de comptes qu'à l'empereur du Saint-Empire romain germanique, son parent. Il faudra qu'Alexis Comnène fasse pression sur lui en lui coupant les vivres pour qu'il accepte à contre-cœur de prêter serment.

Raymond de Saint-Gilles, chef des Provençaux, arrive début avril 1097, son passage le long de la côte dalmate a été pénible. Il a l'armée la plus puissante, il a les moyens de jouer avec les mots. Il estime n'avoir de comptes à rendre qu'au Christ, et ne fait que jurer de respecter la vie et l'honneur de l'empereur Alexis Comnène, ce qui ne mange pas de pain.

Bohémond de Tarente, chef des Normands de Sicile et d'Italie, arrive dans la foulée des Provençaux le 10 avril 1097. Il a eu quelques déboires dans les Balkans, l'expédition de son père Robert Guiscard dix ans auparavant, à laquelle Bohémond avait d'ailleurs participé, avait laissé des traces en Thrace, pardon je n'ai pas pu m'en empêcher. Il accepte de prêter serment, pour peu qu'on le nomme commandant de l'armée croisée en Anatolie. Son neveu Tancrède de Hauteville passe le Bosphore avant d'avoir prêté serment, et échappe à l'exercice.

Vous aurez noté que si j'ai mentionné avec toutes les réserves d'usage un total de 50 000 pécores ayant participé aux croisades populaires, je me suis bien gardé de lancer un chiffre pour la croisade des Barons.

Anne Comnène, la fille d'Alexis, parle dans ses lettres de 10 000 chevaliers et 70 000 fantassins pour la seule armée des Lorrains : ce chiffre est manifestement exagéré, il est du ressort de la propagande. Des chiffres plus réalistes et en rapport avec la démographie de l'époque avancent l'hypothèse d'un total de 30 à 40 000 hommes pour les quatre armées croisées, dont 4 000 chevaliers, ce qui est déjà considérable. Chiffre auquel il faut ajouter les non-combattants, hommes d'Église et laïcs, familles des nobles, toute l'intendance d'une armée en marche, qui conduit probablement à doubler l'effectif total, qui ne saurait excéder 70 à 100 000 personnes, ce qui est tout à fait exceptionnel pour l'époque, et même pour aujourd'hui.

En la matière, il n'y a pas à s'étonner de fourchettes très larges dans le dénombrement d'une foule. Ça ne date pas d'hier, et ça a toujours cours aujourd'hui ! Lorsqu'il y a une manifestation, n'y a-t-il pas le plus souvent un écart de 1 à 2 voire de 1 à 3-4 entre les estimations de la police et celle des organisateurs ?

Après tout, l'important n'est pas le nombre, mais d'arriver à surpasser l'adversaire au combat – sans qu'il faille absolument être plus nombreux que lui. Les Normands de Sicile, les moins nombreux, étaient les plus aguerris, compensant leur apparente infériorité numérique par une meilleure maîtrise de l'art de la guerre et une plus grande bravoure. La suite des événements le confirmera au siège d'Antioche.

Je retourne à mon hôtel vers 13 h pour une pause sur la terrasse après ces visites du matin. J'aperçois sur l'autre rive de la Corne d'Or le long du Bosphore le palais de Dolmabahce bâti au XIXe siècle dans un style composite par les sultans ottomans qui trouvaient que Topkapi était un peu vieillot. Le premier pont suspendu sur le Bosphore est juste à côté. Achevé en 1973, il été rebaptisé Pont des martyrs du 15 juillet, en l'honneur des victimes de la tentative de coup d'État de l'été 2016, dans les semaines qui ont suivi.

Je prends pour ma pause une Efes bien fraîche, la bière nationale turque. Aux terrasses en face de mon hôtel, j'ai vu des messieurs turcs commander une bouteille de raki qu'ils sirotent tranquillement, en l'allongeant d'eau. À noter qu'en turc raki s'écrit avec un i sans point, caractère spécifique au turc, soit *rakı,* prononcer rakeu.

Je n'ai jamais apprécié les apéritifs anisés, ce n'est pas dans mes habitudes ni dans celles de ma famille, ce n'est guère pratiqué en Alsace. Les trucs à l'anis, oups, je laisse ça aux Grecs et aux Turcs.

Il est 13 h 15 quand retentit l'appel à la prière, je me le prends en pleine face depuis ma terrasse. Là, le niveau sonore me paraît vraiment très élevé, peut-être est-il modulé en fonction de l'horaire. C'est vraiment très intrusif, je n'ai pas ce souvenir de mes précédentes visites ici. Probablement les consignes du *lider maximo* et de sa politique d'islamisation de la société turque.

À cet égard, le coup d'État raté de l'été 2016 a été l'occasion de purges sans précédent de l'armée, des fonctionnaires, des enseignants et de la société civile, renforçant encore le pouvoir absolu du *lider maximo* Erdogan.

Après ma pause, je me dirige vers le pont de Galata qui traverse la Corne d'Or, il y a des pêcheurs à la ligne qui font quelques prises. Le quartier d'en face est appelé Galata par les Grecs, Pera par les Génois qui y ont construit la tour de Galata à son point culminant, et Karaköy (village noir) par les Turcs. Le nom grec de Galata est probablement celui des Galates, un peuple celte qui a migré en Asie Mineure dans l'Antiquité, et dont je devrai recroiser la route bientôt. Galates, comme gaulois, gallois, wallons, vous voyez le point commun ?

J'escalade les pentes effilées, oups, et me retrouve au pied de la tour de Galata, haute de près de 60 mètres, bâtie par les Génois au XIVe siècle. Ce quartier était cosmopolite et accueillait Grecs, Arméniens, Séfarades réfugiés ici après leur expulsion d'Espagne, et catholiques. Ce temps est révolu, les communautés restantes sont très réduites et largement assimilées.

Je poursuis par la rue Istiklal, le long de laquelle se sont construites les ambassades occidentales, qui sont devenues des consulats lorsque la capitale a déménagé à Ankara en 1923. C'est un axe piéton, il y a un tramway historique pittoresque qui le parcourt, ce sont les Champs-Élysées de la ville, alignant boutiques, consulats, banques, restaurants et immeubles cossus. À noter que les terrasses des restaurants n'empiètent pas sur la rue, elles sont reléguées dans les rues adjacentes, ce qui préserve l'espace. Je n'aurai pas le courage de parcourir les deux kilomètres d'Istiklal jusqu'à la place Taksim, la chaleur est accablante et les rues en pente, oups, m'ont coupé les pattes.

Je prends quand même une rue en pente, re-oups, vers la droite jusqu'au quai sur le Bosphore, des rues étroites à trafic réduit. Les sens interdits stratégiques sont barrés de herses qui lacèrent vos pneus si vous tentez de forcer le passage. Heureusement que je n'ai pas eu droit à un tel dispositif lors de mon approche hier…

Un tag *Free Quds* m'interpelle, soit *Libérez Jérusalem*, traduction de la version originale anglo-arabe, je ne vois pas trop à quel mouvement turc il se rattache, peut-être est-ce simplement en soutien à la cause palestinienne ? C'est évidemment un terrain sensible ici aussi, et j'aurai l'occasion de le voir sur place d'ici quelques jours si tout se déroule conformément aux plans.

Sur le quai, une église arménienne est en cours de restauration, on reconnaît le tambour caractéristique surmonté d'un toit en forme de cône.

Au niveau du pont de Galata, j'aperçois sur la droite un immense drapeau turc flottant à l'horizon, c'est à plusieurs kilomètres. Dans ce pays, le drapeau national est omniprésent, il ornait déjà le bazar de la mosquée de Sélim à Andrinople hier, impossible de ne pas le voir. Je trouve ça un peu pesant, est-il vraiment indispensable d'afficher son drapeau national de cette manière, que veut-on exprimer ainsi ? La question est sensible, j'en resterai là.

Me voici à Constantinople. C'est une tarte à la crème de rappeler qu'elle a été pillée par la quatrième croisade en 1204, navrant épisode fratricide où des chrétiens s'affaiblissent entre eux plutôt que de viser l'ennemi commun musulman. À la base du malentendu qui a conduit à l'impensable se trouve une question d'argent, je m'explique.

Pour s'épargner la pénible et dangereuse route continentale, les 30 000 croisés menés par Boniface de Montferrat font un *deal* avec Venise, qui demande 85 000 marcs d'argent pour la traversée maritime jusqu'en Terre sainte. Souvenez-vous que Godefroy n'a tiré que 1 500 marcs de son château. Donc 85 000 marcs, ça fait quand même beaucoup d'argent, en l'occurrence à peu près 20 tonnes, faites le calcul.

Les croisés n'en ont que 50 000, le crédit leur est accordé s'ils acceptent de reprendre Zadar aux Hongrois et de la rendre aux Vénitiens, ce qui sera fait assez facilement. Zadar étant une ville chrétienne, les lois de la guerre sont violées, et toute la quatrième croisade est excommuniée par le pape Innocent III. Ça, c'est fait.

Du côté de Constantinople, le nouveau basileus Alexis III Ange a chassé du trône son propre frère Isaac II Ange. Le fils de dernier, Alexis IV, est en exil auprès de l'empereur du Saint-Empire, qui est dans le civil le cousin de Boniface de

Montferrat, le chef de la quatrième croisade. Nouveau *deal*, Alexis IV s'engage à rembourser la totalité des 85 000 marcs d'argent aux Vénitiens si Boniface l'aide à reprendre son trône à son usurpateur d'oncle Alexis III Ange. Un engagement hasardeux, hélas, et voici pourquoi.

L'armée croisée n'a pas trop de mal à faire sa part du contrat et à reprendre Constantinople, Alexis III Ange a pris la fuite. Non sans avoir vidé les coffres au préalable ! Alexis IV est incapable de payer les 85 000 marcs d'argent qui doivent servir à rembourser les Vénitiens. Et voilà qu'en plus son père Isaac II Ange et lui sont assassinés par un nouveau prétendant au trône, Alexis Doukas, qui devient basileus sous le nom d'Alexis V, puisqu'il succède au IV qu'il vient de dessouder.

Les croisés voient bien qu'ils n'ont aucune chance de faire valoir leur créance de manière amiable, les caisses sont vides, leur débiteur s'est fait assassiner, son successeur ne veut rien entendre. Et dans ces cas-là, on fait quoi ? Ben, on procède à une saisie, dans une version un peu plus brutale…

On massacre tout le monde, on pille les églises, on ramène les chevaux de Saint-Marc ornant l'hippodrome à Venise où ils sont toujours, on dépose le basileus insolvable et on fonde à la place un Empire latin de Constantinople, partagé entre croisés et Vénitiens qui se remboursent sur la bête. Les Byzantins doivent se rabattre sur Nicée pour en faire leur capitale, Nicée qui un peu plus d'un siècle auparavant était la capitale des Seldjoukides, prise par la première croisade, où je serai demain.

Édifiant, non ? Tout ça pour une question de pognon. On peut faire plein de choses avec de l'argent, mais pas jouer avec. C'est, hélas, ce qu'on fait les croisés comme les Byzantins, mal leur en a pris.

On verra dans la suite de l'expédition que la première croisade a rapidement vu le divorce entre croisés et Byzantins, le sac de Constantinople en 1204 en est une conséquence logique, hélas. Même si au départ il n'était pas prémédité, on l'a vu, c'est juste la conséquence logique d'un enchaînement d'engagements puis d'événements malheureux.

Mais il consacre définitivement la mésentente et le mépris réciproque entre l'univers catholique et l'univers orthodoxe, qui prévaut encore aujourd'hui. Si les chrétiens d'Occident et d'Orient avaient pu s'entendre dans un objectif commun, l'Histoire aurait été différente.

Les conquêtes de la première croisade auraient peut-être été pérennisées grâce à des Grecs sachant trouver un terrain d'entente avec les musulmans, tandis que les Francs ne faisaient que les provoquer, en pillant les routes caravanières et en s'attaquant à des villes comme Alep ou Damas, qui ne sont plus en Terre sainte.

Et peut-être l'Occident aurait-il vraiment soutenu l'Empire byzantin lorsqu'il a été submergé par la vague ottomane. Si l'Occident a soutenu Vienne sur le point de tomber en 1683, il n'a pas bougé le petit doigt pour éviter la chute de Constantinople le 29 mai 1453, sauf pour de rares exceptions comme Venise et Gênes, qui y avaient leurs intérêts.

Mais on ne peut pas rejouer le film et refaire l'Histoire.

Je dînerai dans un minuscule restaurant dans la ruelle de mon hôtel, il n'y a pas de touristes, car c'est à quelques dizaines de mètres de la rue passante. On n'y parle pas anglais et l'addition sera de moins de la moitié de celle d'hier soir. Le houmous sera un peu décevant, trop chargé en tahini à mon goût et donc un peu gras, on ressentait davantage le sésame que le pois chiche. Suivi de *köfte* (boulettes) grillées servies avec un pain pita, avec une salade un peu épicée de tomates, oignons, courgettes, persil et menthe. Arrosées d'un thé turc qui sera fort agréable, comme cette deuxième soirée à Constantinople.

Envoyé de mon iPad

De : Étienne Henry <etienne.henry@mon.adresse.mail>
À : undisclosed recipients
Envoyé : le 18/08/2022 08 : 19
Objet : Le huitième jour, de Constantinople à Nicée puis Dorylée

Je prends congé à 10 h 15 de l'*Agora Life Hotel* et de son exceptionnelle terrasse, accessible aux non-clients moyennant un petit droit d'accès. Je récupère mon auto et descends vers le rivage de la Corne d'Or, la muraille de Topkapi est sur ma droite. En vue du pont de Galata, je prends à droite sur le quai Kennedy, voie rapide automobile le long du Bosphore, et prends plein ouest, tournant le dos aux ponts suspendus sur le détroit.

La mer de Marmara est sur ma gauche, on aperçoit les cargos, ferrys et autres bateaux de croisière, qui s'engagent dans le détroit ou passent d'une rive à l'autre. La muraille maritime byzantine de Constantinople est sur ma droite, le temps est magnifique. Le trafic routier est dense, tout comme le trafic maritime d'ailleurs. Je fais demi-tour à l'échangeur approprié, je suis le fléchage *Avrasya Tüneli*, pour tunnel Eurasie en turc, me voici plein est, dans la bonne direction cette fois.

Il est déjà 11 h quand je me présente au péage, trois quarts d'heure pour m'extraire de Sultanahmet et commencer ma traversée du Bosphore par le tunnel automobile *Avrasya*, inauguré en octobre 2016 après cinq ans de travaux, soit après mon dernier passage au centre d'Istanbul en 2014. Un seul tube, les voies de circulation sont superposées, il est interdit aux poids lourds avec une hauteur limitée à 2,80 mètres. Le tunnel fait plus de cinq kilomètres de long, il descend profondément sous le fond marin, à 100 mètres sous la surface, soit une pente de l'ordre de 5 %. La moitié du trajet est en descente, et l'autre moitié en montée. Curieusement, aucun intervalle de sécurité n'est préconisé entre les voitures, je n'ose imaginer les conditions d'une évacuation en cas d'accident.

C'est le bout du tunnel, me voici en Asie pour le huitième jour de mon périple ! Je poursuis sur une voie rapide urbaine de quatre voies de circulation de chaque côté, la circulation est frénétique. Il y en a pour une trentaine de kilomètres densément urbanisés, les vingt suivants le sont à peine moins. Ils ne perdent rien pour attendre, tant l'agglomération tentaculaire de Constantinople s'étend inexorablement sur ce qui reste d'espaces naturels. La circulation est en accordéon, mais globalement fluide, il faut être prudent aux échangeurs et aux arrêts de bus sauvages.

Je me dirige vers Nicée, c'est l'autoroute O-5, en direction de Brousse (Bursa) puis Smyrne (Izmir), indiquée à plus de 400 kilomètres, elle compte quatre puis trois voies de circulation dans chaque sens. Il y a un pont suspendu sur le golfe de Nicomédie (Izmit) à l'est de la mer de Marmara, c'est le pont Osmangazi inauguré en 2016, il fait 2,7 kilomètres, dont 1,5 pour le tablier central. Il est dédié à Osman Ier, qui est aux Ottomans ce que Seldjouk est aux Seldjoukides. Lors de notre premier séjour en Turquie en 1991 avec ma douce, nous avions pris le bac pour traverser et accoster à Yalova.

La Turquie continue à bâtir des infrastructures spectaculaires, je les ai sous mes roues sur ce court trajet vers Nicée. J'apprends également qu'un pont a été construit sur les Dardanelles à hauteur de Gallipoli (Gelibolu), où j'étais arrivé depuis Çardak par le ferry en 2019 en rentrant de Samarcande.

Le « pont 1915 du détroit des Dardanelles », c'est son nom, a été inauguré le 22 mars 2022, anniversaire de la victoire navale turque de 1915 contre les flottes britannique et française qui allaient menacer Constantinople. Le pont suspendu de tous les superlatifs, les deux pylônes font plus de 320 mètres de haut chacun, la partie centrale du tablier fait 2 023 mètres de long, un record mondial, qui est aussi l'évocation de l'année du centenaire de la Turquie moderne fondée par Atatürk après le traité de Lausanne, qui sera célébré l'an prochain, qui verra aussi l'ouverture à la circulation de ce pont.

Le nationalisme se retrouve partout dans ce pays. J'ai l'impression que l'année 2023 sera longue, avec toutes les célébrations prévues pour ce centenaire… Sans parler de l'élection présidentielle, où le *lider maximo* Erdogan qui fêtera alors ses 20 ans au pouvoir espère bien être réélu !

Nationalisme ou pas, ces infrastructures me permettent d'atteindre rapidement Nicée, aujourd'hui Iznik. Il faut quitter l'autoroute O-5 une vingtaine de kilomètres après le pont suspendu et emprunter une nationale ordinaire vers l'est, à seulement deux voies, ce qui est presque inhabituel en Turquie !

Cette route est bordée d'oliveraies à perte de vue, nous voilà enfin dans des paysages méditerranéens ! La route longe le lac Ascanion sur une cinquantaine de kilomètres et se présente à son extrémité est devant la muraille de Nicée, à la porte nord, la porte de Constantinople, qui enquille le *cardo* d'une ville aujourd'hui un peu à l'écart des grands centres urbains de Turquie. La porte monumentale est très bien conservée, on a abattu la muraille juste à côté pour permettre l'accès aux voitures.

Les six kilomètres de muraille byzantine, d'une dizaine de mètres de hauteur, sont encore intacts aujourd'hui et constituent le principal centre d'intérêt de la ville. Mais il ne reste plus grand-chose d'ancien entre ces murailles, la ville a été ravagée durant la guerre d'indépendance et s'est depuis gentiment endormie. Son nom est associé aux fameuses céramiques ornant la Mosquée Bleue, mais cela remonte au XVIIe siècle.

Elle n'est pourtant qu'à 150 kilomètres de Constantinople, mais se trouve au milieu d'une cuvette, au fond de laquelle se trouve le lac, entourée de massifs montagneux, un peu à l'écart des grandes voies de circulation. Élément qui ne trompe pas, son nom figure sur les panneaux sur un fond marron, indiquant qu'il s'agit d'un centre d'intérêt touristique.

C'est donc une gentille ville de province, toutes les femmes sont voilées, on ne sert pas d'alcool. Il y a exclusivement des hommes qui boivent du thé aux terrasses des cafés. Je gare ma voiture vers 13 h et me rends au centre, au croisement du *cardo* et du *decumanus*, l'urbanisme romain a traversé les millénaires.

C'est là que se trouve Sainte-Sophie, basilique byzantine transformée en mosquée depuis l'arrivée des Turcs. Devenue musée en 1934 sous Atatürk, elle est redevenue mosquée en 2011 dans l'indifférence générale chez nous. Elle se trouve quatre mètres en contrebas du niveau des rues voisines, témoin de l'ancien niveau du sol, alors que les environs ont été successivement remblayés siècle après siècle. Même phénomène pour un bain turc le long du *cardo*, sans doute un bâtiment antique auquel on a donné une nouvelle affectation, il est en contrebas de la rue et toujours fonctionnel aujourd'hui, on y accède par un escalier.

Je m'installe en terrasse devant Sainte-Sophie pour boire un thé, que je paierai 3 livres (15 centimes), un prix de province. Il n'y a pas de touristes, personne ne parle anglais.

C'est là que s'est déroulé le premier concile de Nicée en 325 à l'époque de Constantin. Il réunissait à l'époque la totalité des sensibilités religieuses chrétiennes, on parle de concile œcuménique. C'est là qu'on a défini le premier texte du credo, consacré à la Trinité et à la nature du Christ, consubstantiel au Père, et qu'on a condamné l'hérésie arienne (avec un i) de l'évêque Arius, qui contestait cette nature du Christ ainsi que la Sainte Trinité, où trois égalent un et *vice-versa*. C'est comme ça, ne cherchez pas à comprendre, c'est un mystère.

Au vu de la taille de la basilique, on peut imaginer que les évêques présents étaient peu nombreux puisqu'ils pouvaient tous tenir à l'intérieur. La nouvelle religion chrétienne venait à peine de gagner ses titres de noblesse et d'être acceptée dans l'Empire, suite à l'édit de Milan de 313 accordant la liberté de culte à toutes les religions.

Le deuxième concile de Nicée s'est déroulé en 787, il visait surtout à mettre fin à l'iconoclasme. Reliques, statues et icônes furent déclarées licites et ne relevant pas de l'idolâtrie, car ce ne sont pas lesdites reliques, statues et icônes que l'on vénère ou honore, mais les personnages ou divinité qu'elles représentent.

C'est une idée à méditer chez les Juifs et les musulmans, ces derniers ayant d'ailleurs inspiré l'iconoclasme aux Byzantins à leur contact, mais ce n'est pas le sujet. Voilà pour les conciles de Nicée.

Revenons à cette fin de XIe siècle et à la première croisade. Les quatre armées croisées réunies quittent Constantinople, franchissent le Bosphore et mettent le siège devant Nicée en mai 1097. Les croisés sont pleins d'ardeur et veulent frapper un grand coup en prenant d'emblée la capitale des Seldjoukides.

Le Seldjoukide Kilij Arslan Ier, sultan de Roum, fils de Soleyman Ier, cousin d'Alp Arslan vainqueur des Byzantins à Mantzikert en 1071, est en train de guerroyer contre un autre émir turc en Anatolie orientale, Danichmend Gazi.

Arslan en turc, ça veut dire la même chose que *Assad* en arabe, soit lion, un nom prisé des chefs de guerre décidément. Pour ce qui est du prénom, Kilij c'est *Kiliç* en turc et ça veut dire épée, nous restons dans le martial.

Kilij Arslan Ier ne prend pas suffisamment au sérieux la menace croisée, il a facilement massacré la croisade populaire quelques mois auparavant à Nicée, je vous l'ai raconté avant-hier. Le sultan a laissé dans sa capitale sa famille et la plus grande partie de son trésor.

Se rendant compte un peu tard du sérieux de la menace, il négocie vite fait une trêve avec Danichmend Gazi pour venir au secours de sa capitale, sans succès : ses troupes se cassent les dents sur les armées croisées qui encerclent la muraille de la ville, il doit se replier.

En face, les tentatives de sortie des Turcs se soldent par des échecs cinglants et sanglants, les croisés sont en ordre de bataille et leurs charges sont irrésistibles. Pour s'amuser, ils catapultent les têtes des Turcs tués dans la bataille pardessus les remparts, histoire de mettre l'ambiance chez les assiégés. L'archétype d'un fait de guerre invérifiable visant à terroriser l'ennemi, je ne sais quelle est la part de la propagande ici.

L'attaque par les trois côtés terrestres de Nicée doit être complétée par une attaque par le lac Ascanion, aujourd'hui *Iznik Gölu*, lac d'Iznik, ils se sont pas foulés. Les croisés demandent aux Byzantins de mettre à l'eau une flottille pour barrer l'accès de ce côté-là, par lequel les assiégés peuvent être ravitaillés. C'est chose faite par le portage de navires depuis la mer de Marmara.

Le 16 juin 1097, alors que la ville est sur le point de tomber, voilà que la forteresse arbore le drapeau byzantin, résultat de négociations secrètes des Byzantins, arrivés par le lac, avec les assiégés ! Les Turcs ont fait le choix de se rendre aux Grecs plutôt qu'aux croisés.

Coup de théâtre, les croisés sont privés de victoire et de pillage, puisque leur serment à Alexis Comnène leur interdit de s'en prendre à des villes byzantines, même si elles le sont devenues de fraîche date !

À partir de ce moment-là, les croisés se méfient des Byzantins, toujours à faire des calculs politiques à la con, on peut pas leur faire confiance. Ils vous retirent la victoire que vous avez méritée, en conduisant des négociations d'arrière-boutique en douce.

Et puis leurs manières d'Orientaux, maquillés, avec des bijoux, ils ont certainement des mœurs contre nature, etc. Bon, j'exagère un peu, il n'en reste pas moins que le fossé se creuse, pensez à mes considérations d'hier sur le sac de Constantinople par la quatrième croisade.

Les croisés ruminent leur défiance à l'égard du basileus Alexis Comnène et poursuivent leur route vers l'Orient en Asie Mineure. Ils n'ont pas d'autre choix que de suivre les guides grecs qu'on leur a assignés, et d'intégrer à leur armée les contingents grecs de l'armée du basileus.

Soyons honnêtes, sans ces guides grecs, les croisés n'auraient jamais trouvé leur route tout seuls en Anatolie, et n'auraient pu communiquer avec les gens du cru pour obtenir des renseignements sur la localisation de l'adversaire. Ils étaient condamnés à s'entendre.

Notons que Nicée a été la capitale de l'Empire byzantin dit de Nicée à partir de 1204 quand Constantinople était aux mains des Latins après la quatrième croisade, j'en ai parlé hier, et ce jusqu'à 1261 où le « vrai » Empire byzantin, avec sa capitale à Constantinople, fut rétabli après que la ville a été reprise aux Francs.

Je n'ai pas eu besoin de guide grec après une petite heure à Nicée pour reprendre la route vers Dorylée (Eskişehir) qui se trouve à environ 150 kilomètres vers l'est, il me suffit de suivre les panneaux indicateurs, et aussi un peu mon GPS. Il faut d'abord traverser la barrière montagneuse entourant Nicée, c'est une petite route sinueuse, où tenir le 60 est déjà un exploit tant les pentes sont raides et les virages serrés. Les camions y roulent au pas et constituent autant d'obstacles mobiles à contourner.

Je rejoins enfin après cet épisode tourmenté la quatre-voies vers Dorylée et Angora (Ankara), qui serpente au creux d'une vallée encaissée avant d'arriver sur le plateau anatolien où se trouve Dorylée, dans la région historique de Phrygie. La température augmente, il fait 34 degrés.

Les stations-service ne manquent pas, il est temps de faire un plein de carburant, celui de Thrace est parti sans en laisser. C'est 21,3 livres du litre, soit environ 1,20 euro, un tarif avantageux dû au faible taux de change de la livre turque, ce sera le cinquième plein, celui de Phrygie, après ceux du Luxembourg, de Bavière, de Voïvodine et de Thrace qui n'en a pas laissé, je sais je viens de la faire, mais je n'y résiste pas.

C'est aussi l'occasion d'une pause Coca, il fait maintenant 35 degrés.

Me voilà à Dorylée. En juin 1097, Kilij Arslan Ier, qui a pu récupérer sa famille un temps prisonnière, mais traitée avec les honneurs dus à son rang, est fumasse d'avoir perdu son trésor et sa capitale Nicée. Peut-être aurait-il d'ailleurs préféré perdre sa famille qui commençait à le gonfler, et garder sa capitale et son trésor, l'Histoire ne l'a pas retenu.

Il regrette de n'avoir pas pris au sérieux l'offensive croisée à Nicée. Il bat le rappel de ses troupes, rallie à sa cause celles de Danichmend Gazi et attaque les croisés à Dorylée le 1er juillet 1097, ils sont en route vers Iconium (Konya). Les croisés avancent en ordre dispersé, et Kilij Arslan Ier entend bien en profiter et les prendre par surprise.

L'avant-garde est constituée de l'armée des Normands de Sicile de Bohémond de Tarente, ils sont encerclés par les attaques de la cavalerie turque. Ils sont secourus juste à temps par les Lorrains de Godefroy de Bouillon, et les Français d'Hugues de Vermandois et du légat Adhémar de Monteil.

Raymond de Saint-Gilles et ses Provençaux arrivent les derniers, ils sont les plus nombreux et encerclent à leur tour les Turcs qui se replient dans les collines où ils se pensent à l'abri. Mais non, les chefs croisés élaborent un plan d'attaque sur trois voire quatre côtés, de front, sur les flancs, et même l'arrière.

Ils peuvent mettre en œuvre leur tactique préférée : la charge de cavalerie lourde, bien en ligne, qui détruit tout sur son passage. Les Turcs se débandent et les fuyards sont massacrés. Les croisés font main basse sur un butin considérable, ils remettent ça après Nicée.

Les sources parlent de 30 000 combattants croisés face à 10 000 Turcs à Dorylée, avec toutes les réserves d'usage. L'un des chroniqueurs du temps parle de 4 000 morts chez les croisés, en sus de nombreux non-combattants.

La bataille montre que la tactique turque de harcèlement par des archers à cheval, qui esquivent les charges frontales, n'est pas efficace contre une armée cuirassée et disciplinée : une charge de cavalerie lourde présente un effet de choc absolument irrésistible.

Cette bataille est entrée dans l'Histoire comme la bataille de Dorylée, victoire décisive des croisés qui leur ouvre la porte de l'Anatolie.

En 1097, l'antique Dorylée fondée par les Phrygiens plus de mille ans avant notre ère était devenue une ville grecque. La langue des Phrygiens, mal connue, mais dont on est sûr qu'elle est indo-européenne, voisine du grec, du thrace et de l'arménien, s'est éteinte au VIIe siècle.

Dorylée aujourd'hui n'existe plus, ses ruines sont à proximité d'Eskişehir (vieille ville, en turc, tirant probablement son nom des ruines en question, prononcer Eskichéhir), sans plus de précision.

Après de nombreuses recherches, j'ai fini par trouver l'emplacement d'un site ancien, c'est à côté de l'aéroport, au nord de l'agglomération, on distingue nettement sur la vue satellite de Google Earth le contour d'une ville fortifiée sinon d'une citadelle. Bizarrement c'est ouvert à tous les vents, on ne craint pas les fouilles sauvages ? Air connu, les fouilles, c'est la quête, oups.

Je me rends sur place, l'aéroport est à gauche, il n'y a aucun fléchage, mon GPS me guide devant le portail d'une prison, forcément fermé. Je contourne par la gauche, longeant au plus près un mur de béton surmonté de barbelés. Je finis par y trouver une brèche de quelques mètres. Il y a un panneau interdisant l'accès, et une inscription du ministère de la culture turc consacrée à *Şarhöyük – Dorylazon* (avec un gamma grec) *Kazisi*. C'est donc bien là, je suis heureux d'avoir été perspicace ! Et après recherche, *höyük* signifie tumulus en turc, et *kazisi* signifie fouille, c'est gagné !

Je me trouve devant un tell de plusieurs hectares d'une vingtaine de mètres de haut qui m'a l'air inviolé, c'est émouvant. Un tell, aucun rapport avec Guillaume, c'est une colline artificielle constituée de l'accumulation érodée des décombres de constructions humaines successives sur plusieurs milliers d'années.

Schliemann a fouillé celui de Troie sur la colline d'Hisarlik (*hisar* signifie château en turc) en 1870, où neuf niveaux successifs d'occupation ont été identifiés. Beaucoup d'autres l'ont été au Proche-Orient, en particulier en Israël, où les archéologues peuvent travailler librement et sont encouragés à le faire – sauf à Jérusalem bien sûr, zone sensible interdite aux fouilles.

En arabe comme en hébreu, le mot *tell* signifie colline ou monticule. En turc, l'équivalent est *tepe*, je l'ai déjà noté à Philippopolis et aurai encore l'occasion de le constater dans quelques jours si tout se déroule comme prévu.

Ici, pour une raison qui m'échappe, le site est resté vierge. Plus de trois mille ans d'occupation humaine attendent d'être étudiés. Je n'ai trouvé aucune information sur ce sujet, ni d'explication concluante. La bonne nouvelle est que le site est raisonnablement sécurisé puisqu'entouré d'un mur de béton surmonté de barbelés, et qu'il est très discret, ne faisant l'objet d'aucun affichage et *a fortiori* d'aucune mention dans les guides touristiques ni sur Internet.

Espérons juste qu'il n'y ait pas un jour un Indiana Jones en herbe qui s'y attaque avec une pelleteuse, pour mettre le produit de ses fouilles dans des caisses, oups !

C'est à Dorylée (Eskişehir) que je fais étape ce soir, la ville est traversée par la rivière Porsuk (Tembris dans l'Antiquité). Je rejoins l'Hôtel Vendôme (en français dans le texte, avec deux accents circonflexes, qui n'existent pas en turc) vers 16 h 30. L'un des gérants est franco-turc, je lui laisse la clé de ma voiture garée dans leur parking privé et lui explique son démarrage presse-bouton installé par un mécano grec à Kavala en 2019, après un début d'incendie sous le capot lors de mon retour de Samarcande.

Il me présente des compatriotes venus de Lyon, ils ont fait la route non-stop en 24 heures, bravant le risque de s'endormir au volant, comme le font beaucoup de Turcs retournant au pays, pour économiser des nuits d'hôtel et des jours de trajet, au mépris de leur sécurité.

Je lui parle de ma découverte du tell de Dorylée, il n'était pas au courant. Il me parle du centième anniversaire du traité de Lausanne et de la Turquie moderne l'an prochain. Il me dit que la Turquie se serait engagée dans ce traité à ne pas faire de fouilles pendant cent ans. Jamais entendu parler d'un tel engagement, mais j'en prends note.

Nous papotons, il est excessivement fier du développement économique spectaculaire de son pays d'origine dont il a aussi la nationalité, même si c'est au prix d'une inflation galopante. Le bar de son hôtel propose de la bière, il a pris quelques distances avec la religion, et me le dit sans précaution de langage, c'est un sujet que je me refuse à aborder le premier.

Il me conseille d'aller me balader sur les rives du Tembris, ce que je fais sans attendre.

Il y a de vraies gondoles qui promènent les touristes, voilà qui est inattendu ! Les cafés et terrasses se succèdent, mais ne proposent pas d'alcool. Je m'installe et prends du thé, il est à

7 livres cette fois (35 centimes), un prix touristique, mais ici les touristes sont très majoritairement des Turcs de l'étranger qui rentrent au pays pour les vacances. Personne ne parle anglais, puisque les touristes parlent turc. Les femmes sont en tenue d'été, parfois très court vêtues, les femmes voilées sont minoritaires.

Je me pose ensuite un peu plus loin pour un kebab à la tomate, c'est évidemment excellent comme toute la cuisine turque, arrosé d'un Coca, pour moins de cinq euros. Je retourne ensuite à mon hôtel pour ma première bière de la journée, il était temps. La température est maintenant plus agréable.

Je suis dans la région historique antique de Phrygie, dont l'un des rois plus ou moins légendaires était Midas, qui a manqué de lucidité en choisissant son vœu de transformer tout ce qu'il touche en or. Il s'est consolé en donnant son nom à une enseigne de réparation automobile, on a la postérité qu'on peut.

Sur la route d'Angora, plein est, que je prendrai demain, se trouve sa capitale antique Gordion, ville où Alexandre le Grand a tranché d'un coup sec le nœud gordien, solution radicale à un problème inextricable. Si vous avez la même pour le conflit au Proche-Orient ? Je m'en ferai le messager avec plaisir…

Plus au sud, en direction de la mer Égée, c'est la ville antique phrygienne de Colosses, dont les habitants ont été destinataires d'une épître de Saint-Paul.

La Phrygie et les Phrygiens nous sont très peu connus, on a vu que le tell de Dorylée reste encore à fouiller. Qui a dit que les femmes des Phrygiens sont phrygides ? Carton jaune.

Le mot phrygien nous évoque immanquablement le bonnet éponyme, s'agissant de la coiffe phrygienne adoptée ensuite par les esclaves affranchis, en faisant ainsi un symbole révolutionnaire puis républicain que nous retrouvons sur la représentation de Marianne. C'est bien tout ce qu'il en reste chez nous.

Dorylée a été une victoire décisive de la première croisade sur les Seldjoukides le 1er juillet 1097, je l'ai dit. Après cette date, les Turcs réfléchiront par deux fois avant de tenter une attaque frontale sur ces Francs intrépides et bien commandés, qu'ils ont appris à respecter.

Il y a cependant eu une deuxième bataille de Dorylée en 1147 lors de la deuxième croisade. L'armée de 20 000 hommes de l'empereur Conrad III du Saint Empire, parti de Ratisbonne en 1146, je l'évoquais lors de mon passage là-bas, s'est installée de manière hasardeuse pour s'approvisionner à Dorylée. Elle a été surprise et largement décimée le 25 octobre 1147 par les Turcs de Massoud Ier, les 2 000 survivants n'ont pu que se replier et rejoindre l'armée des Français de Louis VII, qui était partie de Constantinople après eux et qu'ils n'avaient pas voulu attendre.

La leçon de la première bataille de Dorylée, qui aurait pu mal tourner, n'a pas été retenue : le salut est dans la cohésion et le nombre, pour des armées qui doivent faire la route ensemble pour mieux faire face aux attaques.

De mon côté, je suis tout seul – mais comme vous le savez, je n'ai absolument aucune ambition de conquête, je suis juste ici en qualité d'observateur, voire d'enquêteur. Et je suis ma foi assez content de ma trouvaille de cette journée.

En espérant avoir un jour connaissance des premières campagnes de fouilles de ce tell inviolé de Dorylée.

Envoyé de mon iPad

De : Étienne Henry <etienne.henry@mon.adresse.mail>
À : undisclosed recipients
Envoyé : le 19/08/2022 09 : 02
Objet : Le neuvième jour, de Dorylée à Iconium puis Séleucie

Je me mets en route vers dix heures, j'ai une longue route qui m'attend aujourd'hui, dans les 620 kilomètres, avec le Taurus à franchir.

J'enquille le boulevard Atatürk vers l'est, j'aperçois à un carrefour des maisons ottomanes toutes neuves, des reconstitutions sinon des pastiches de celles qu'on trouve sur le Bosphore et dans les Balkans. Elles sont en dur et non en colombages, tout y est, l'oriel, les colombages rapportés, et même le chapeau de gendarme en toiture. Les tuiles romaines sont posées provisoirement, elles seront simplement décoratives, car il y a une étanchéité bitumée sur le toit. Pourquoi je vous dis tout ça ?

Parce que ces maisons ressemblent point pour point aux maisons dites Éveil national du centre historique de Philippopolis, qui sont donc bien de style ottoman. Mais je vous déconseille toujours de le dire *franco* à vos amis bulgares.

Sur la route vers Iconium (Konya), j'aperçois sur la gauche une carrière d'où l'on extrait une pierre blanchâtre. Dorylée est connue pour son écume de mer, un minéral tendre et facile à travailler, dont on fait des pipes. Les pipiers de Dorylée sont réputés être des maîtres en la matière, ça ne m'a pas sauté aux yeux hier soir, la pipe est en perte de vitesse depuis bien longtemps. Cette phrase est bien à prendre au premier degré.

La route à quatre voies file sur un plateau alternant les cultures de maïs et de tournesol, et les prairies confinant à la steppe, selon la nature du sol et la pluviométrie. Il y a un peu de relief à l'horizon.

La voie de droite est marquée par l'orniérage causé par le passage répété des poids lourds dans le bitume ramolli par les chaleurs estivales, on dirait une piste de ski de fond. Pour y remédier, cette voie de droite est fraisée et rainurée, elle devient bruyante et les rainures ont tendance à embarquer la direction. Les gens roulent de ce fait plutôt sur la voie au revêtement lisse, et je fais pareil.

Un panneau marron annonce Midas, c'est la direction de Gordion, aujourd'hui Polatli, où se trouve un tumulus abritant un tombeau qu'on dit être celui du légendaire roi Midas, dont j'ai parlé hier.

Un autre panneau marron à Akşehir (ville blanche, prononcer Akchéhir), qu'on appelait Philomelium en grec, annonce *Nasredine Hoca* (en turc, prononcer Hodja). C'est dans cette ville qu'aurait vécu et serait mort le célèbre conteur en 1284, connu des Balkans à l'Asie centrale, j'avais vu sa statue à Boukhara en 2019. Ce qu'indique ce panneau est le cénotaphe de l'intéressé, qui de ce fait ne contient aucun reste de sa dépouille mortelle. Mais tant que ça fait venir le touriste, pourquoi pas ?

Pour rallier Iconium, il y en a pour près de 320 kilomètres de voies rapides à chaussées séparées sur lesquelles se trouvent régulièrement des passages en forme de rond-point dans le terre-plein central. La vitesse est à chaque fois limitée à 50, mais absolument personne ne ralentit. Je fais pareil et croise à 110-120 comme tout le monde, restant cependant vigilant quant aux véhicules pouvant surgir des côtés ou qui déboîtent intempestivement – une spécialité des poids lourds, les rois de la route, qui imposent leur rythme qui est parfois très lent.

Il y aura une vingtaine de kilomètres à double sens de circulation, c'est en travaux. On a vite fait de l'oublier car il n'y a pas de séparateur central, c'est particulièrement dangereux.

Il y a régulièrement des panneaux annonçant la présence de gibier, figurant non pas des chevreuils comme chez nous, mais des sangliers. Ces bestiaux prolifèrent par ici, les champs de maïs et de tournesol leur assurent ce dont ils ont besoin, et ils n'ont aucun prédateur. Dont les hommes bien entendu, qui ne sauraient les chasser et en consommer. Je me suis renseigné, c'est quand même un petit peu du porc.

Je suis enfin à Iconium (Konya) à 13 h 30. La ville fait plus de deux millions d'habitants, c'est une grande métropole turque qui s'étale à perte de vue à mille mètres d'altitude sur le plateau anatolien.

Revenons à la première croisade. Après la victoire de Dorylée, la route de l'Anatolie est ouverte pour les croisés. Cette fois-ci, ils ne séparent pas leurs armées, ils sont passés pas loin de la catastrophe à Dorylée. Ils apprennent à respecter les Turcs et leurs capacités militaires.

La progression est difficile, on est en plein été, il fait chaud et soif, les chevaux meurent. Les croisés estiment que leurs guides grecs les enfument et leur mentent. Ça n'améliore pas l'amitié entre Latins et Grecs, déjà plombée par leur trahison lors de la reddition de Nicée.

L'armée fait face à quelques escarmouches sur la route, elles sont facilement repoussées, la troupe est disciplinée et compacte.

Aux environs de Philomelium (Akşehir), Raymond de Saint-Gilles tombe gravement malade, tandis que Godefroy de Bouillon est salement blessé par un ours lors d'une expédition de chasse. Tous les deux s'en remettent mais on a craint pour leur vie.

Les croisés arrivent vers le 15 août 1097 à Iconium désertée, capitale du sultanat seldjoukide de Roum à partir de 1097 et de la perte de Nicée. Konya est aujourd'hui à ce titre une ville historique de Turquie.

Les croisés ont mis un mois et demi depuis leur victoire de Dorylée pour parvenir ici, moi j'ai mis moins de quatre heures avec Bucéphale.

Iconium est la capitale des Galates, des Celtes hellénisés installés là au IIIe siècle avant notre ère. Ils ont été évangélisés par l'apôtre Paul en l'an 45, ils ont aussi eu droit à leur épître de Paul, comme les Colossiens et les Philippiens. Je vous avais bien dit à Constantinople que j'aurais l'occasion de recroiser leur route.

Déjà un an que les croisés sont partis d'Occident. Après une semaine de repos, ils mettent le cap sur Héraclée (Eregli), où les attend une armée turque qui a tôt fait de se replier quand elle se prend une charge de cavalerie lourde en bonne et due forme dans la face.

Les croisés ont maintenant devant eux la barrière montagneuse du Taurus, qui culmine à plus de 3 700 mètres plus à l'est, près de Césarée (Kayseri). Le chemin le plus court vers Antioche passe par les Portes de Cilicie qui débouchent à Tarse (Tarsus), mais cette voie se prête mal au passage d'une grande armée. La quatre-voies E90 d'aujourd'hui n'a pas encore été tracée pour franchir le col à près de 1 300 mètres d'altitude, il n'y a que des sentiers muletiers. Et la partie occidentale de la Cilicie se trouve aux mains des Turcs.

La solution raisonnable est de remonter vers le nord-est et Césarée, puis de prendre au sud vers Marach, Maraş en turc, ça se prononce pareil, dans la partie orientale de la Cilicie, puis

Antioche (Antakya). Maraş est devenue Kahramanmaraş, l'héroïque, suite aux combats contre l'occupation française en 1920, j'y reviendrai.

Mais Tancrède de Hauteville, le neveu de Bohémond de Tarente, et Baudouin de Boulogne, le frère de Godefroy de Bouillon, n'ont pas envie d'être raisonnables. Ils veulent croiser le fer et mener des opérations de conquête, ils sont jeunes et impétueux. Ils se dirigent directement depuis Héraclée vers Tarse et Adana, pour finalement retrouver leurs camarades à Marach, où ils sont bien accueillis par les Arméniens du cru, qui vivent en relative autonomie moyennant un tribut payé aux Turcs qui ont d'autres priorités.

Et moi, quelle route ai-je choisie ? Eh bien, une variante de celle de Tancrède et Baudouin – n'en tirez aucune conclusion hâtive sur mon caractère – car j'ai pris directement d'Iconium vers la Cilicie et la côte en traversant le Taurus sans aller jusqu'à Héraclée et aux Portes de Cilicie, une route qui a l'avantage d'être un peu plus courte, vers Séleucie, plus précisément Séleucie d'Isaurie (Silifke), pour la distinguer de la tripotée de Séleucie fondées en l'honneur de Séleucos, officier d'Alexandre le Grand.

Il m'aura fallu plus de trois quarts d'heure sur les impressionnants boulevards autoroutiers d'Iconium pour prendre ensuite en direction de Karaman, l'antique Larende, à une centaine de kilomètres. En limite de l'agglomération de Konya, des quartiers tout neufs d'immeubles identiques alignés au cordeau attendent leurs nouveaux occupants. La ville de Konya continue à s'étendre.

Un panneau marron indique *Çatal Höyük* (monticule de la fourche, prononcer Tchatal Heuyuk), site néolithique considéré comme l'un des plus anciens peuplements urbains du monde, daté de 7 000 ans avant notre ère, classé à l'UNESCO depuis 2012. Les fouilles des tells ont permis de dégager des habitations agglutinées auxquelles on accédait par le toit. Ce site n'est pas dans le périmètre du croissant fertile tel qu'on l'a initialement défini, puisque situé quelques centaines de kilomètres plus à l'ouest, cela témoigne de son extension.

Je fais une pause après Iconium après 380 kilomètres parcourus depuis ce matin, j'entame ma deuxième boîte de Pringles®, j'en suis à la moitié de mon deuxième pack de Carola. Il fait plus de trente degrés, mais il y a du vent. J'ai aussi l'occasion de tester mes premières toilettes à la turque, de ce fait il n'y a pas d'urinoirs.

Les champs de maïs et de tournesol reprennent avec les panneaux indiquant la présence de sangliers.

Le terre-plein central est régulièrement remplacé par un caniveau bétonné en forme de V aplati, surtout ne pas quitter la route sous peine de se retrouver sur le toit.

Les contrôles de police, *Polis*, ou de gendarmerie, *Jendarma*, sont réguliers et obligent à des ralentissements brutaux. Outre ces contrôles, il y a aussi beaucoup de voitures factices, elles ne trompent plus grand monde cependant, surtout lorsqu'elles sont décolorées par le soleil.

Après cette ville de Larende (Karaman) commence la barrière montagneuse, la quatre-voies serpente dans le relief du Taurus, nous franchissons un col à 1 650 mètres pour ensuite sillonner au flanc d'une vallée encaissée, la vue est magnifique. Il y en aura pour plus de 50 kilomètres de route panoramique sinueuse à quatre voies, parfois à deux voies. Viaducs et tunnels sont en travaux pour achever cet axe vers la côte méditerranéenne à travers le Taurus. Le thermomètre de mon tableau de bord culmine à 42 degrés.

Les Turcs roulent vite quand ça va tout droit, mais dans le sinueux y'a plus personne. Avec des appuis raisonnables, ça passe sans problème à 90 pour une limite à 50 sur la quatre-voies, l'occasion de faire l'extérieur à ces conducteurs du dimanche qui prennent la corde beaucoup trop tôt.

Je descends du Taurus par la vallée du Saleph, les oliveraies réapparaissent, signe que nous sommes de retour dans un environnement méditerranéen. Je note qu'olive se dit *zeytin* en turc, c'est directement emprunté à l'arabe.

Séleucie s'appelle aujourd'hui Silifke, elle est arrosée par un fleuve tumultueux prenant sa source dans le Taurus, le Saleph, qui a donné son nom turc à la ville. Mais le nom turc du Saleph est *Göksu*, prononcer gueuksou, qui signifie eau bleue, ils se sont pas foulés… Une citadelle bien conservée surmonte la ville moderne qui est à une quinzaine de kilomètres de la mer.

J'avais évoqué à Ratisbonne le départ pour la troisième croisade en 1189 de Frédéric Ier de Hohenstaufen, dit Frédéric Barberousse, qui a son buste au Walhalla, en indiquant que j'aurais l'occasion de recroiser sa route. Ce moment est arrivé.

Les troupes de la troisième croisade menées par Frédéric Barberousse ont emprunté l'itinéraire que j'ai choisi aujourd'hui, celui de la vallée du Saleph depuis Larende (Karaman).

Eh bien, le 10 juin 1190, l'empereur du Saint-Empire romain germanique, qui avait défié Saladin et venait de vaincre les Turcs de Kilij Arslan II à Iconium, s'est bêtement noyé dans le Saleph. Malaise, hydrocution, ou encore cheval qui s'est emballé faisant chuter l'empereur, entraîné au fond de l'eau par le poids de son armure, on ne sait pas trop ce qui s'est passé. Mais le résultat est là : l'empereur est mort !

Je me mets en quête du monument commémoratif qui se trouve à 9 kilomètres en amont de la ville de Silifke, au bord du Saleph, le fleuve *Göksu*. Aucune signalisation ni aucun panneau marron n'indique l'endroit, j'ai dû le chercher sur Google Earth, et par chance il figure aussi sur maps.me. La route est à quatre voies, elle surplombe le canyon du Saleph, il faut traverser le terre-plein, il y a un passage. Il est 17 h.

Je fais confiance à maps.me, car honnêtement rien ne signale la présence d'un monument. Eh bien, à l'endroit indiqué par la technologie, le voilà ! Entouré d'herbes folles et parsemé d'ordures, dissimulé depuis la route par la broussaille.

Décidément, après le tell de Dorylée, je suis le spécialiste des sites qui n'intéressent personne !

La stèle d'un mètre cinquante de haut présente une inscription en turc et en allemand, la voici :

Umweit dieser Stelle ertrank am 10. Juni 1190 der romisch-deutsche Kayser Friederich I. Barbarossa im Göksu an der Spitze seines Heeres auf dem Wege nach Palastina nachdem er mit dem seldschukischen Sultan Kiliçarslan II. den friedlichen Durchmarsch durch dessen Lande vereinbart hatte. (À cet endroit le 10 juin 1190 l'empereur romain germanique Frédéric Ier Barberousse se noya dans le Göksu à la tête de son armée sur le chemin de la Palestine après avoir convenu avec le sultan seldjoukide Kilij Arslan II d'un passage pacifique à travers ses terres)

Ben voilà, pauvre Fritz… Je me fais une pause à sa santé en dégustant une 1664 de ma réserve personnelle, un peu tiède, mais qui est la bienvenue. Le chant des cigales est assourdissant, voilà un fond sonore auquel l'Empereur n'était pas habitué.

La troisième croisade est surtout connue chez nous pour la rivalité entre Philippe Auguste et Richard Cœur de Lion. C'est plutôt en Allemagne qu'on a à l'esprit que c'est celle où Barberousse a trouvé une mort accidentelle stupide (pléonasme ?).

Il avait 68 ans et c'était avec le pape l'homme le plus important d'Occident. C'est ballot ! Et qu'est-ce qu'on fait du corps, chef ?

Le sort fait à la dépouille mortelle de Frédéric Barberousse mérite un chapitre à lui tout seul, accrochez-vous.

À l'époque, les techniques d'embaumement sont perdues depuis longtemps et ne seront redécouvertes qu'à la Renaissance. L'alambic n'existe pas encore en Occident, la conservation dans l'alcool est à exclure. Plutôt que de laisser Frédéric faisander au soleil, nous sommes en juin et il tape fort, on tente la conservation dans le vinaigre, comme un gros *Gurke* (cornichon). La tentative échoue lamentablement, comme on pouvait le prévoir. La décomposition du corps devient alarmante, il grouille de vermine.

Ne reste que le classique *Mos Teutonicus*, prisé par les Germains comme son nom l'indique ; c'est comme un pot-au-feu, mais sans légumes et avec le corps d'un défunt à la place du bœuf. Les entrailles, la partie la plus périssable, sont prélevées avant la cuisson et inhumées dans l'église de Tarse, la ville de Saint-Paul, la plus proche du lieu de la noyade. Les chairs détachées des os après cuisson le sont dans l'église Saint-Pierre d'Antioche où je serai demain, et les ossements qui restent peuvent poursuivre le voyage d'une manière pratique. Ils sont inhumés à Tyr faute de mieux, la troisième croisade n'a pas atteint Jérusalem.

En résumé, Frédéric Barberousse a eu droit à trois sépultures !

L'Église finira par interdire le *Mos teutonicus* au XVIe siècle, on se disait que ce n'était pas très chrétien de faire subir un traitement pareil à une dépouille mortelle. Bertrand du Guesclin y a encore eu droit chez nous en 1380. Il a également vu son cœur inhumé séparément, ça lui a fait quatre sépultures, un record !

Après ces instants de recueillement à la mémoire de Barberousse, je poursuis vers Séleucie où je ne fais que passer, je n'y ai pas trouvé d'hôtel. J'irai un peu plus loin à une trentaine de kilomètres, au bord de la mer, dans la plaine alluviale côtière, à ce qui était le port antique de la ville, Korykos, aujourd'hui Kizkalesi. Je suis à mon hôtel un peu après 18 h. C'est une station balnéaire, j'ai suivi le panneau *plaj,* beaucoup de mots turcs sont directement empruntés au français et écrits phonétiquement.

La première chose que je fais est d'aller à ladite *plaj* faire trempette dans une eau à trente degrés, c'est un endroit fréquenté par les touristes turcs. Plusieurs femmes sont tout habillées et voilées dans l'eau, ici on ne connaît pas le mot de *burkini* mais il existe depuis toujours. Je suis perplexe, quand elles sortiront de l'eau, elles auront méchamment les rideaux qui collent aux fenêtres, comment feront-elles ? Pas mon problème, après tout.

Revenons à ma propre route vers Jérusalem. Comme les croisés, je viens d'entrer en Cilicie, région historique au sud de la chaîne du Taurus. La géographie de l'Asie mineure peut se schématiser en un vaste plateau anatolien central, entouré au nord de la chaîne Pontique qui barre l'accès à la mer Noire, et au sud-est de la chaîne du Taurus qui fait de même vers la Méditerranée.

Cette géographie particulière a permis à la région d'accueillir au Xe siècle des Arméniens fuyant les invasions arabes puis seldjoukides. Tandis que l'Empire byzantin perd l'Anatolie après la défaite de Mantzikert en 1071, on l'a vu, la Cilicie reste byzantine à l'abri de la barrière du Taurus. Les seigneuries locales arméniennes vassales s'émancipent en restant fidèles à l'Empire, tout en négociant et discutant avec les Turcs, il faut être réaliste. Ils forment même, à partir de 1198, le royaume arménien de Cilicie, aussi appelé Petite Arménie, qui a reçu l'appui des principautés voisines fondées par les croisés, j'y reviendrai.

Kizkalesi signifie forteresse de la vierge, vous avez reconnu le *kale*. C'est le nom turc d'une forteresse byzantine puis de Petite Arménie qui existe toujours, elle se trouve sur un îlot à 200 mètres du rivage, elle est plutôt bien conservée. Il y a une autre forteresse à terre qui lui répond, elle est en partie effondrée, cependant. L'antique Korykos a aussi de beaux restes, il y a encore beaucoup de zones à fouiller, les fouilles sont accolées, oups.

L'accueil réservé par les Arméniens aux croisés est particulièrement chaleureux ; les voilà avec un troisième partenaire, en sus des Byzantins et des Turcs, avec lequel il va falloir composer en ménageant la chèvre et le chou, ce qu'ils savent faire, ils ont ça dans le sang. Dans l'autre sens, les croisés ont une très bonne opinion des Arméniens qu'ils jugent plus dignes de confiance que ces traîtres de Grecs qui sont toujours à magouiller dans votre dos.

Et puis, les Arméniens sont chrétiens également – sur ce sujet, il faut quand même rappeler que l'église autocéphale arménienne a un dogme monophysite qui s'est séparé de ceux de Rome et de Constantinople depuis bien longtemps, depuis le concile de Chalcédoine en 451, tout comme les Coptes, les Éthiopiens et d'autres églises orthodoxes d'Orient.

La raison de la séparation est la nature divine ou humaine de Jésus, la prééminence de l'une sur l'autre, ce qu'on a appelé le monophysisme (une seule nature) par rapport au diophysisme (deux natures), n'hésitez pas à vous référer au topo sur les églises d'Orient que j'ai fait dans *Au pays du Jourdain*, l'ouvrage qui m'a convaincu d'entreprendre ce périple vers Jérusalem. Si vous vous souvenez, c'est un peu sur le même sujet que le premier concile de Nicée en 325 a condamné l'hérésie arienne ; décidément, on n'en sort pas !

Les musulmans ont eu exactement le même questionnement, mais n'en ont pas tiré de querelles théologiques : le Prophète n'est qu'un homme, puisque Dieu est unique, point.

Le différend théologique avec les Arméniens sur la nature du Christ est fondamental pour les hommes d'Église, tant orthodoxes grecs que catholiques romains, mais manifestement les croisés n'en ont cure, ils cherchent des alliés fiables, c'est tout ce qui compte.

Ces particularismes religieux et géographiques de la Cilicie par rapport au reste de l'Asie Mineure lui ont valu une attribution à la zone d'influence de la France au lendemain de la

Première Guerre mondiale, j'aurai l'occasion de revenir sur le sujet.

En attendant, je ne boude pas mon plaisir en passant ma soirée en terrasse dans cette station balnéaire populaire turque, au bord de la *plaj*. Je déguste des beignets de *kalamar* servis avec une sauce au yaourt à l'aneth, après tout, je suis en vacances !

Il y a un groupe rock qui joue en *live* des standards internationaux en anglais, et aussi de la variété et du rock en turc. Ils ont une énergie communicative, je recharge mes batteries après cette longue journée de route.

Je boirai une Efes à la santé de ce cher Fritz Barberousse qui est allé se baigner moins de deux heures après avoir déjeuné, et l'a payé de sa vie.

Envoyé de mon iPad

De : Étienne Henry <etienne.henry@mon.adresse.mail>
À : undisclosed recipients
Envoyé : le 20/08/2022 08 : 49
Objet : Le dixième jour, de Séleucie à Tarse puis Antioche

Je discute avec le patron de l'hôtel ce matin, il parle bien anglais. Il est originaire d'un village près de Batman, à l'est de Diyarbakir, sur le Tigre. Je lui demande s'il est kurde, il confirme. Sa famille et lui ont dû fuir leur maison il y a 25 ans, la guérilla kurde et la répression de l'armée turque ne leur permettaient plus de vivre en sécurité. Il lui arrive de retourner à son village natal, beaucoup de maisons sont abandonnées, la sienne est maintenant envahie par la végétation. Curieusement, il reste très positif, il ne montre aucun ressentiment envers son pays qui utilise la manière forte pour mater les revendications d'autonomie de sa plus grande minorité. Il m'offre un café turc, sa conclusion sera *Life is not easy*, une sagesse tout orientale, c'est à méditer.

Avant de récupérer ma voiture, je me prends un Coca au restaurant de plage où j'ai passé la soirée hier, les estivants sont déjà nombreux à se baigner en face du château de la vierge (Kizkalesi). Il fait déjà plus de trente degrés, je me mets en route vers 10 h 45.

Mon trajet du jour ne fait que 320 kilomètres. Je prends la voie rapide côtière à quatre voies vers l'est, en direction de Mersin et Tarse (Tarsus), l'urbanisation galopante ne laisse que de rares espaces naturels. La route passe le long de ruines antiques non sécurisées. Si vous avez besoin de matériaux de construction gratuits, venez vous servir.

Je passerai une heure à parcourir seulement 50 kilomètres de cette voie rapide urbaine, avant de prendre l'autoroute O-51 vers Adana et Gaziantep. Elle serpente dans l'arrière-pays et permet des vitesses de croisière de l'ordre de 120-130, voilà qui va me changer de la quatre-voies côtière.

Je passe en vue de Mersin, aussi appelée Icel en turc (une altération de Cilicie), où je prendrai le bateau lundi pour Haïfa, et de Tarse. Cette dernière ville n'a plus grand intérêt aujourd'hui, populeuse et industrielle, elle s'est de surcroît éloignée de la mer depuis l'Antiquité du fait des alluvions déposées par les fleuves côtiers descendus du Taurus.

Tarse, c'est la ville natale de Saint-Paul, patricien juif né Saül de Tarse, citoyen romain qui persécute les premiers disciples de Jésus avant de voir la lumière sur le chemin de Damas comme le dit la tradition, ce qui en fait un ardent diffuseur du christianisme sous son nom romain de Paul. Voire, son influence a été décisive puisqu'il a eu la lucidité d'en finir avec ce qu'il y avait de juif dans le christianisme originel qui n'était finalement qu'une déviation du judaïsme, pour ouvrir la nouvelle religion au plus grand nombre. Exit la circoncision, les interdits alimentaires… Nous lui devons entre autres la charcuterie, les escalopes à la crème et les fruits de mer ; merci, Paulo !

Il consacre sa vie à la diffusion du christianisme, il adresse des lettres aux nouvelles communautés chrétiennes, les épîtres de Paul. C'est à dessein que j'ai cité les Philippiens, les Colossiens et les Galates le long de ma route, tous destinataires d'une épître. Si tout se passe bien, ma route croisera encore celle des Corinthiens, mais n'anticipons pas.

Les épîtres de Paul sont antérieures aux Évangiles, et représentent ainsi les plus anciens textes du christianisme. Elles nous présentent un Dieu bienveillant, un Dieu qui pardonne les brebis égarées, un Dieu qui est amour, et non plus un Dieu qui châtie et un Dieu qu'il faut craindre. C'est à méditer du côté de l'Ancien Testament et du Coran, mais ce n'est pas le sujet.

Avantage par rapport à l'Ancien Testament en VO hébraïque qui présente des difficultés de traduction et d'interprétation, notamment en raison d'un grand nombre d'hapax (j'adore ce mot), les épîtres de Paul sont rédigées en grec, le grec de la koinè, qui nous est bien connu, ce n'est plus le grec classique et pas encore le grec moderne. C'est la langue véhiculaire de l'époque avec le latin, de Rome jusqu'à Alexandrie.

Il ne reste presque rien à Tarse de la naissance de Saint-Paul et des premières communautés chrétiennes, je poursuis mon chemin.

Après Tarse et Saint-Paul, il me faut m'approvisionner en carburant, ce sera le sixième plein, celui de Cilicie, après ceux du Luxembourg, de Bavière, de Voïvodine, de Thrace qui n'en a pas laissé, et de Phrygie qui n'avait pas de bonnet.

Curieusement, le tarif est inférieur à ce que j'ai observé jusqu'ici, le sans plomb 95 est à 20,6 livres soit 1,15 euro, au lieu de 21,3 livres jusqu'à présent. Peut-être la conséquence des hydrocarbures acheminés par l'oléoduc en provenance de Bakou, le Bakou-Tbilissi-Ceyhan, tube de près de 1 800 kilomètres de long évitant le Kurdistan turc et permettant aux cousins azéris d'exporter leur pétrole vers la Méditerranée à Ceyhan, un peu plus loin vers l'est.

L'autoroute O-51 devient O-52 après Adana, je prends plein sud après Ceyhan sur la O-53 en direction du Hatay, on indique aussi en jaune *Halep* sur les panneaux, la métropole syrienne en guerre civile depuis 2011 est à moins de 150 kilomètres.

L'autoroute serpente plein sud entre un relief à gauche, et une plaine côtière à droite encombrée d'installations industrielles assez vilaines, cimenteries et raffineries de pétrole, l'urbanisation est dense. Sur la gauche, le relief permet de préserver des espaces naturels de forêts de résineux, peut-être des pins d'Alep ?

La ville portuaire d'Alexandrette (Iskenderun) n'échappe pas à la règle, grand centre urbain et industriel, de nombreux cargos attendent d'entrer dans le principal port de la région du Hatay.

La lumière du phare d'Alexandrette guide les navires, elle ne fait pas naufrager les papillons de ma jeunesse.

Comme son nom l'indique, il s'agit d'une ville fondée par Alexandre le Grand, on le devine dans Iskenderun (Turquie), et aussi Kandahar (Afghanistan) et bien entendu Alexandrie (Alexandra).

C'est la fin de l'autoroute, la quatre-voies indique maintenant la destination d'Antakya (Antioche) vers l'intérieur des terres sur les panneaux bleus, alors que l'autoroute n'indiquait que Hatay (le territoire dont la métropole est Antakya) sur les panneaux verts. Il y aura une dizaine de kilomètres d'ascension à travers une barrière montagneuse, avatar du Taurus, et autant de descente vers la plaine verdoyante de l'autre côté où il fait 36 degrés et où souffle un vent très fort.

Comme hier, la route de montagne est tourmentée, son revêtement est fraisé pour réduire l'orniérage, le rendant bruyant et générateur de vibrations dégradant la tenue de route. C'est encore l'occasion de faire l'extérieur aux tanches qui prennent la corde trop tôt.

Quelques indices apparaissent, laissant percevoir les tensions avec la Syrie voisine : un char d'assaut sur un semi-remorque, une caserne retranchée derrière de hauts murs surmontés de barbelés, avec un monument militaire aux libérateurs turcs du Hatay, un poste de garde à l'entrée d'Antioche (Antakya) avec des véhicules blindés sur pneus.

Mais pas de *check-point* comme ceux qui s'égrènent sur les routes du Kurdistan turc dans la région de Diyarbakir, que j'ai expérimentés en 2019, c'est plutôt une bonne nouvelle. Il faut dire que la *Pax turcorum* règne dans le nord de la Syrie, les

Kurdes syriens honteusement lâchés par l'allié US à l'automne 2019 se sont repliés, et l'ordre règne à la frontière turco-syrienne. Peu de protestations internationales dans cette affaire, il y a trop de Kurdes pour qu'en s'en mêle, oups.

Revenons à la première croisade. Comme je l'ai indiqué hier, l'armée des croisés s'est regroupée à Marach. Elle prend le départ le 16 octobre 1097 et arrive en vue d'Antioche quatre jours plus tard. L'accueil des Arméniens est toujours chaleureux le long du trajet.

Antioche est le siège du patriarcat éponyme, fondé par Saint-Pierre lui-même, alors que l'évangéliste Marc fondait le patriarcat d'Alexandrie, c'est vous dire si les origines chrétiennes de la ville sont anciennes.

L'Antioche qui nous intéresse est aussi appelée Antioche sur l'Oronte, pour la distinguer de la tripotée d'autres Antioche fondées par le général Séleucos de l'armée d'Alexandre en l'honneur de son défunt papa Antiochos. Oui, on parle bien du Séleucos qui a déjà fondé des Séleucie à son nom, ça reste dans la famille.

Cette Antioche sur l'Oronte, fondée par des Grecs puis développée par les Romains, est perdue par les Byzantins en 1084 au profit des Seldjoukides. Elle avait auparavant été prise par les Perses puis les Arabes au VIIe siècle, puis reprise par les Byzantins en 966.

C'était un temps la troisième ville de l'Empire romain après Rome et Constantinople, à la croisée des routes commerciales, et au débouché de la route de la Soie en provenance de Perse, d'Asie centrale et de Chine, relisez le topo figurant dans *Sur la route de Samarcande*. Elle a depuis lors largement décliné avec les invasions et le recul de l'Empire romain d'Orient.

Voilà l'armée des croisés qui arrive en vue d'Antioche, le 20 octobre 1097. Le pont sur l'Oronte vers la rive gauche, au sud, date de l'époque romaine. Il est dûment fortifié, on l'appelle le pont de fer. À noter que ce pont romain existe toujours aujourd'hui au cœur historique d'Antioche devenue Antakya en turc. Mais uniquement son nom, car il a été reconstruit en béton et dédoublé dans les années 60, les Turcs ont un respect pour les vieilles pierres qui est à géométrie variable. La mer est à une vingtaine de kilomètres en aval, l'Oronte se fraye un chemin dans le massif montagneux.

Antioche constitue un verrou stratégique pour l'armée des croisés sur sa route vers Jérusalem qui prévoit de cheminer vers le sud le long de la vallée de l'Oronte. Il va falloir se livrer à un siège en règle, les Turcs attendent les croisés de pied ferme. La population essentiellement grecque et arménienne de la ville n'a pas d'autre choix que de subir le siège.

Mais des chefs croisés sont allés se tailler des fiefs dans les environs, je l'ai déjà évoqué hier. Les impétueux Tancrède de Hauteville le Normand de Sicile, et Baudouin de Boulogne le Lorrain s'emparent de Tarse et de Mamistra, mais c'est sans lendemain.

L'ambitieux Baudouin de Boulogne poursuit vers l'Euphrate à l'est et s'empare de Ravendel (Kilis en turc) et de la forteresse de Turbessel (Tilbeşar en turc). Il sera ensuite appelé à Édesse (Urfa, plus récemment Şanliurfa, en turc) par l'Arménien Thoros, j'en parlerai demain une fois sur place.

Avec une armée qui n'est pas au complet, le siège d'Antioche commence dans des conditions médiocres en novembre 1097. C'est le premier siège qu'il faudra tenir sur la durée ; rappelez-vous que celui de Nicée s'est interrompu prématurément par la reddition de la ville négociée en secret entre Turcs et Byzantins, dans le dos des croisés. Il faut se procurer du matériel de siège, celui-ci est apporté par une flotte génoise à la mi-novembre. Car les Républiques italiennes de Gênes, Venise et Pise ont appris les premiers succès de la croisade à Nicée et Dorylée, et y apportent un concours logistique.

Mais l'hiver arrive, la famine aussi, le ravitaillement s'épuise malgré l'aide des Arméniens de Cilicie. Le Normand de Sicile

Bohémond de Tarente et le Lorrain Robert de Flandres traversent l'Oronte avec leurs troupes pour se procurer du ravitaillement le 28 décembre. Les Turcs en profitent pour faire une sortie face à des croisés aux effectifs réduits puisque certains sont partis faire les courses, le combat fait rage et cause des pertes importantes, sans résultat concluant.

De leur côté, Bohémond de Tarente et Robert de Flandres sont surpris le 31 décembre 1097 par une armée de secours venue de Damas. Ils frôlent la catastrophe et parviennent à lancer des charges décisives pour battre les Turcs. Ils subissent de lourdes pertes et doivent rentrer à Antioche sans le ravitaillement escompté.

Au camp, c'est la disette, il ne reste plus que 700 chevaux. Les chrétiens du cru fournissent des vivres, mais ils les vendent au prix fort. Le moral est au plus bas, certains sont tentés par la désertion et le chemin du retour. Il semblerait que ce soit le cas de Pierre l'Ermite, surpris en pleine fuite par Tancrède de Hauteville qui le ramène de force et lui fait promettre de rester jusqu'au bout, ce qu'il fera.

Si Pierre l'Ermite est intercepté, le grec Tatikios, commandant du contingent byzantin mis à disposition des croisés par Alexis Comnène, tourne les talons avec sa troupe en février 1098. La raison de ce départ surprise n'est pas claire. La nouvelle de cette désertion plombe un peu plus l'ambiance, et ce qu'il reste de confiance en les Grecs. D'autant qu'une nouvelle armée de secours turque en provenance d'Alep est annoncée !

Les croisés réussissent à attirer ces Turcs sur un terrain étroit le long de l'Oronte. Leur supériorité numérique est impuissante face aux charges de cavalerie lourde qui les mettent en déroute. Cette victoire remonte le moral des croisés, mais ça ne contribue pas à remplir les gamelles, toujours aussi vides.

Il faut poursuivre le siège et se procurer toujours plus de matériel pour resserrer l'étau sur Antioche. L'arrivée du printemps permet un meilleur ravitaillement des croisés, tandis que, inversement, les provisions des assiégés s'épuisent.

Mais une nouvelle armée de secours, encore plus nombreuse que les deux précédentes, dirigée par Kerbogha, l'*atabeg* (titre nobiliaire) de Mossoul, sur le Tigre, serait en route pour Antioche à partir de mai 1098.

Entretemps, les discussions des croisés, en mars 1098, avec les émissaires des Fatimides d'Égypte qui tiennent Jérusalem, Arabes chiites ennemis des Turcs sunnites, rappelez-vous, échouent bêtement, car la partition de la Syrie et de la Palestine qu'ils proposent laisse Jérusalem sous leur contrôle. Ils n'ont pas compris que c'est justement le but ultime des croisés, tout capote.

Le moral retombe, les défections reprennent, le Français Étienne de Blois et sa troupe s'en vont le 2 juin, il faut agir.

Bohémond de Tarente se souvient du siège de Nicée et négocie avec un chrétien d'Antioche, un certain Firouz, probablement arménien, qui leur ouvre les portes en trahissant les Turcs. Les croisés entrent ainsi dans la ville par la ruse, le 3 juin 1098.

Mais les voilà bientôt entre le marteau et l'enclume : les Turcs restent maîtres de la citadelle qui surplombe la ville basse le long de l'Oronte aux mains des croisés, tandis que l'armée de secours de Kerbogha est en vue. Ce dernier a tenté sur sa route de prendre Édesse, occupée par Baudouin de Boulogne, puis y a renoncé, perdant trois semaines mises à profit par les croisés pour prendre Antioche par la ruse.

Au même moment, Étienne de Blois et ses déserteurs tombent sur l'armée de secours d'Alexis Comnène et l'informent de la situation qu'ils noircissent à dessein en affirmant que l'immense armée de Kerbogha est en route et que tout est perdu à Antioche – ils ne vont pas avouer qu'ils ont déserté ! Et voilà que sur la base de ces informations, ce froussard de

Grec ne veut pas se mesurer à Kerbogha pour une cause qui lui paraît perdue ; il tourne les talons !

Cette décision a scellé le divorce entre les croisés et les Byzantins. La croisade n'a plus de compte à rendre au basileus qui s'est comporté lâchement.

Le 7 juin, le siège est mis sur Antioche par Kerbogha, d'assiégeants les croisés deviennent assiégés. Ils n'ont pas eu le temps d'emporter leur ravitaillement, les réserves de la ville sont vides, la famine fait rage. Il faut un miracle pour s'en sortir!

L'histoire est trop belle, mais le miracle se produit ! Un certain Pierre Barthélémy, pèlerin de l'armée des Provençaux, affirme, le 10 juin, que Saint-André lui est apparu là où d'autres entendaient des voix, et lui a dit que la Sainte Lance qui a percé le côté du Christ sur la croix se trouve dans l'église Saint-Pierre. La nouvelle se répand, d'autres mystiques en rajoutent sur leurs propres visions, un météore troue la nuit du 13 au 14 juin, c'est un signe de Dieu, il faut chercher la Sainte Lance ! *Deus lo volt* !

Le 15 juin, on se met à creuser le sol de l'église Saint-Pierre, on ne trouve rien jusqu'à ce que Pierre Barthélémy ne descende lui-même dans la fosse et en rapporte, comme par hasard, une pièce de fer rouillée : c'est la Sainte Lance mes frères, alléluia ! Beaucoup ne sont pas dupes et se disent que Pierre Barthélémy a dissimulé cette pièce de fer dans ses vêtements pour faire croire à sa découverte.

Mais l'immense majorité des pèlerins ne doute pas un instant de ce miracle et de l'authenticité de la relique, les voilà galvanisés comme jamais. Les sceptiques ne veulent pas gâcher la fête et se disent qu'il faut profiter des circonstances.

C'est finalement le courageux Bohémond de Tarente, descendant de Viking qu'il est, *badass* en plein, qui bat Kerbogha le 28 juin 1098. Ayant appris que l'armée adverse est nombreuse, mais hétéroclite, et que ses chefs ne s'entendent pas, il organise la sortie des armées croisées en six divisions. Il est gonflé à bloc et peut dérouler sa stratégie et lancer ses charges de cavalerie lourde comme il l'entend. Les Turcs n'y résistent pas et prennent la fuite. Ceux de la citadelle se rendent. Les pertes sont lourdes dans les deux camps.

Voilà, nous sommes fin juin 1098, Bohémond de Tarente et les croisés ont la maîtrise de la totalité d'Antioche, citadelle comprise, plus de sept mois après être arrivés devant ses murs en novembre 1097. Après Baudouin de Boulogne et son comté d'Édesse dont je vous parlerai demain quand je serai sur place, Bohémond de Tarente s'approprie la principauté d'Antioche, qui tiendra jusqu'en 1268 ; après tout c'est lui qui a été le stratège en chef de la victoire contre Kerbogha.

Mais le Provençal Raymond de Saint-Gilles est le seul à vouloir appliquer le serment prêté à Alexis Comnène, ce qui est paradoxal alors qu'il n'avait juré que de « respecter sa vie et son honneur ». Tous ses camarades considèrent que puisqu'Alexis a détalé au lieu de les secourir face à Kerbogha, ils sont déliés de leur serment : la croisade rompt avec Constantinople.

Bon, Raymond de Saint-Gilles n'a pas gain de cause et suit ses camarades. Il finit lui aussi par se tailler un fief en Terre sainte, le comté de Tripoli, au sud d'Antioche, aujourd'hui au Liban.

Du côté des Turcs, on se dit que les croisés constituent définitivement un adversaire redoutable. Arriver à faire preuve de pareilles capacités militaires après avoir parcouru près de 3 500 kilomètres, voilà qui mérite le respect. À noter qu'aucune croisade ultérieure n'a réussi le même exploit jusqu'au bout en passant par une route continentale.

Ma première visite en arrivant à Antioche, après avoir longé les quais de l'Oronte qui coule entre des berges de béton, est évidemment l'église Saint-Pierre, sur la rive gauche. J'y arrive vers 14 h 30. Elle se trouve au pied de la citadelle, légèrement en hauteur, offrant un magnifique point de vue sur la ville basse.

On distingue nettement le nouveau musée d'Antioche, magnifique réalisation contemporaine qui abrite les trouvailles des archéologues français durant la période mandataire. Elle abrite aussi foule de mosaïques et vestiges sauvés entre autres de l'antique Zeugma, ville grecque sur l'Euphrate, récemment ennoyée par un nouveau barrage sur le fleuve qui fait partie du projet pharaonique turc GAP, *Great Anatolian Project*, visant à la production d'électricité et à l'irrigation du Sud-est anatolien.

Les lacs de retenue se succèdent sur le Tigre et l'Euphrate, privant l'Irak et la Syrie - qui ne peuvent faire entendre leur voix depuis les guerres civiles de 2003 (Irak) et 2011 (Syrie) - d'une grande partie de l'eau de ces fleuves millénaires.

Alep est à peine à 90 kilomètres à l'est, de l'autre côté de l'Oronte qui fait la frontière avec la Syrie sur quelques dizaines de kilomètres, avant de poursuivre son cours plein sud ; sa source est proche de Baalbek au Liban.

La ville basse sur l'Oronte - *Asi* en turc, *Assi* en arabe - est surmontée à l'est par un massif montagneux sur lequel se trouve la citadelle aujourd'hui en ruines dont il ne reste que quelques pans de murs, rien de visible depuis la ville basse. Je tenterai d'y faire un tour en voiture demain. Je ne suis même pas sûr que ce soit possible, elle n'est mentionnée dans aucun guide touristique.

L'église Saint-Pierre, fondée par l'apôtre Pierre lui-même selon la tradition, est une grotte d'une dizaine de mètres de large et autant de profondeur, avec un autel très simple et sobre, aménagée par les croisés qui y auraient trouvé la Sainte Lance. Ils ont construit un portail maçonné qui clôt l'édifice et en augmente à peine la superficie.

C'est un endroit simple et émouvant, je me recueille quelques instants devant l'autel, il n'y a quasiment pas de touristes.

L'apôtre Simon est devenu Pierre, *et sur cette pierre je bâtirai mon église*, selon les paroles mêmes du Christ. Souvenir du mandat français, les panneaux touristiques marron indiquent *Saint-Pierre Church*.

Cette grotte serait ainsi l'une des toutes premières églises du christianisme, le mot latin *ecclesia* emprunté au grec signifie tout simplement assemblée. La tradition dit que c'est là que la première communauté s'est fait appeler *chrétiens*. Le classement à l'UNESCO date de 2011.

En contrebas de l'église, on lit dans les irrégularités du terrain la présence de murailles et bâtiments effondrés, il y a encore énormément de choses qui attendent d'être découvertes. Deux fosses ont été creusées, elles ont permis de mettre au jour des pans de mur et des tuiles, le tout est à l'air libre, je ne sais qui a pris l'initiative de ces fouilles curieuses, oups, qui n'ont pas l'air officielles, le site n'est même pas clôturé.

Après cette visite émouvante, je rejoins mon hôtel, le *Liwan Deluxe*, il se trouve dans une maison de maître ottomane du XIXe siècle en pierre de taille, avec un balcon ouvragé et des arcs sur colonnettes. Il dispose d'une terrasse sur le toit avec une vue magnifique sur la ville basse d'un côté, et sur les quartiers qui grimpent à l'assaut du massif de l'autre côté où se trouvent les ruines de la citadelle. J'y terminerai ma soirée avec une Efes. Mon auto est garée pile devant l'entrée, dans la rue. Le seul mot d'anglais du réceptionniste est *OK* mais on se débrouille.

Je vais me promener en direction du pont romain qui n'en a plus que le nom, les rues adjacentes sont couvertes et abritent le bazar de la ville. Les mosquées sont nombreuses, il y a aussi des églises, grecque et catholique, toujours en activité. Les femmes voilées sont largement minoritaires.

Je m'installe en terrasse et déguste deux *lahmacun*, prononcer lah-madjoun, une version un peu différente de celle de nos kebabs, puisqu'on en reste à la pâte mince garnie de hachis, de tomates et d'oignons, cuite dans un four brûlant. On peut y ajouter de la menthe et du persil, on le roule soi-même – je me contenterai de le plier, ça me fait penser à la tarte flambée, même épaisseur, même croustillant. Arrosés d'un Coca, j'en ai pour 37 livres, 3 euros, un record, signe qu'il n'y aucun touriste ici, personne ne parle anglais. Mais peut-être un bon tiers de la population parle arabe, et voici pourquoi.

La région d'Antioche porte le nom de province du Hatay, son principal port est Alexandrette. Souvenez-vous, c'est là qu'Indiana Jones et son paternel débarquent au Proche-Orient dans *Indiana Jones et la dernière croisade* !

Le sandjak ottoman d'Alexandrette correspondant à la province du Hatay a été attribué à la Syrie sous mandat français lors du démantèlement de l'Empire ottoman prévu par les accords Sykes-Picot en 1916 et le traité de Sèvres en 1920. La guerre menée et gagnée par Atatürk pour dénoncer ce diktat n'a rien changé sur ce point précis : le traité de Lausanne en 1923, fondateur de la Turquie moderne, a entériné le rattachement à la Syrie sous mandat français de la province du Hatay.

Elle abritait une population ethniquement diverse, Arabes, Turcs, Kurdes, Grecs, Arméniens… Ce n'est qu'en 1939 que la France a accepté de céder la province à la Turquie nationaliste qui la revendiquait depuis toujours, histoire de s'attirer la neutralité bienveillante de ce grand pays à la veille de la Deuxième Guerre mondiale. Antioche est devenue Antakya, Alexandrette est devenue Iskenderun.

Mais la Syrie, elle aussi nationaliste mais dans une version arabe, persiste à nier la légalité de cette annexion, et continue aujourd'hui à faire figurer le Hatay sur la carte de son territoire national. Ça ne mange pas de pain, et tant qu'on y est la Syrie fait de même avec le plateau du Golan qui figure toujours lui aussi sur les cartes syriennes malgré son annexion par Israël, une annexion plus récente il est vrai (1981) que celle du Hatay (1939), et sans base juridique valable au regard du droit international, celle-là.

On se souvient qu'en débarquant au Hatay à Alexandrette, Indiana Jones et son paternel sont en quête du Graal. Ils le trouveront dans un temple gardé par un croisé hors d'âge. Le temple en question dans le film est Pétra en Jordanie, à 800 kilomètres au sud, c'était un temps fort de notre escapade *Au Pays du Jourdain* en février 2020. Pour autant, vous ai-je parlé de Graal dans ce récit de la première croisade jusqu'à présent ?

Je vous ai parlé de la Sainte Tunique de Trèves, de la Vraie Croix de l'abbaye de Melk, de la Sainte Lance de l'église Saint-Pierre d'Antioche, mais pas de quête du Graal.

C'est tout simplement parce que la légende arthurienne du Graal, qui figure dans *Perceval ou le Conte du Graal*, de Chrétien de Troyes, n'est apparue qu'un siècle plus tard. Donc, aucun croisé ne s'est mis en quête du Graal. Le scénariste du troisième *opus* d'Indiana Jones a pris beaucoup de libertés avec l'Histoire, mais peut-on le lui reprocher, s'agissant d'une œuvre de fiction ? Vous pouvez chercher, les croisés ont ramené plein de reliques de Jérusalem et de Terre sainte. Mais pas de Graal.

Croyez bien que s'ils l'avaient cherché, ils l'auraient trouvé. Ils en auraient même trouvé plusieurs.

Envoyé de mon iPad

De : Étienne Henry <etienne.henry@mon.adresse.mail>
À : undisclosed recipients
Envoyé : le 21/08/2022 09 : 04
Objet : Le onzième jour, d'Antioche à Édesse

Au contraire d'hier où j'ai passé la nuit dans un quartier balnéaire où il n'y avait pas de mosquée, je suis aux premières loges ce matin à 4 h 45 pour la première prière de la journée. J'ai à nouveau une petite pensée pour ce cher Hubert Bonnisseur de la Bath dans *Le Caire, nid d'espions*. Je me dis aussi qu'aujourd'hui, les technologies permettent de considérablement amplifier un appel à la prière qui à l'origine était le seul chant d'un homme, mais est-ce vraiment *halal* ?

Avant de me mettre en route pour Édesse, je dois me rendre sur le site de la citadelle d'Antioche. Je l'ai trouvée sur l'appli Plans de mon iPhone, elle n'est pas sur maps.me. Il faut pour cela faire six kilomètres à l'est en direction d'Alep puis prendre à droite pour contourner la barrière montagneuse qui surplombe Antioche et revenir sur mes pas. Il n'y a pas de panneau marron indiquant la citadelle. Je tente quand même ma chance.

Qui me sourit, car après six kilomètres d'ascension, un panneau marron délavé *Antakya Kalesi* m'invite à emprunter une route non goudronnée qui poursuit vers la ligne de crête. J'évite une tortue et un gros lézard qui traversent la piste, et je finis par tomber après quelques kilomètres sur des pans de muraille byzantine et les restes d'une tour. Nous y voilà ! La muraille comporte encore ses merlons par endroits, le reste est très abîmé, on y reconnaît l'alternance de lits de briques et de pierres qui caractérise les murailles byzantines.

Après le tell de Dorylée et le monument à Frédéric Barberousse au bord du Saleph, c'est le troisième site de mon périple qui n'intéresse personne !

La route aboutit un peu plus loin à une station d'antennes relais, je la reconnais puisque je l'avais dans mon champ de vision depuis mon hôtel, elle est exactement à l'aplomb du pont romain et du centre d'Antioche. La vue est éblouissante, il y a plus de 500 mètres de dénivelé, l'Antakya moderne se déploie à perte de vue à mes pieds sur les rives de l'Oronte.

Jérusalem n'est qu'à un peu plus de 500 kilomètres plein sud à vol d'oiseau, mais comme je l'ai déjà laissé entendre, ce n'est pas ma direction du jour, je ferai environ 380 kilomètres vers le nord-est à destination d'Édesse. Car je vous rappelle que je m'efforce de refaire l'itinéraire de la première croisade et de Godefroy de Bouillon.

Je disais hier que depuis Antioche, Baudouin de Boulogne poursuit vers l'est, vers l'Euphrate, et s'empare de Ravendel, Kilis en turc, et de la forteresse de Turbessel, Tilbeşar en turc. Ce n'est déjà plus en Cilicie, c'est au-delà des monts Amanos - Nurdag en turc, monts de lumière - qui ferment la Cilicie à l'est.

Baudouin de Boulogne est appelé à Édesse, le nom grec de la ville nommée Urfa localement - devenue Şanliurfa ensuite - par l'Arménien Thoros pour lutter contre les Turcs. Ce dernier leur a pris la ville en 1095 - elle appartenait auparavant aux Omeyyades depuis le VIIe siècle -, et il est sur le point de se faire déborder. Thoros fait de Baudouin son fils adoptif et héritier, il semblerait aussi qu'il lui donne la main de sa fille (adoptive ?) Arda, chrétienne arménienne.

Bien qu'ethniquement arménien, Thoros a adopté le rite grec orthodoxe par carriérisme en tant que curopalate, haut dignitaire byzantin. Ce qui en fait un traître pour la plupart des habitants d'Édesse qui sont monophysites arméniens ou syriaques, souvenez-vous du topo théologique avant-hier à Séleucie. Sa situation est précaire, nous allons voir à quel point.

À Édesse, tout se déroule comme dans un rêve pour le Lorrain Baudouin de Boulogne. Thoros se fait renverser et dessouder le 9 mars 1098 par l'émeute, à peine quelques semaines après avoir accueilli Baudouin – qui a peut-être provoqué l'émeute –, lequel prend sa place, après tout c'est l'héritier, le mari de la fille (adoptive ou pas, peu importe) du prince défunt… Et le voilà calife à la place du calife, pardon, prince à la place du prince !

Baudouin de Boulogne fonde le comté d'Édesse, premier État latin d'Orient. En tant que benjamin de la fratrie, il n'a droit ni à l'héritage de son père (qui échoit à l'aîné Eustache III) ni à celui de sa mère (qui revient au frère cadet Godefroy). Voici une injustice maintenant réparée, il a son comté à lui !

Dans lequel il invitera ensuite son frère Godefroy en villégiature pour lui montrer son nouveau domaine, mais n'anticipons pas. Car en mars 1098, Godefroy et les autres croisés en sont encore au siège d'Antioche.

Ma route vers le nord et Édesse restera dans la plaine, je n'ai pas besoin de franchir la barrière des monts Amanos vers Alexandrette. C'est une voie rapide à quatre voies, elle traverse cependant des agglomérations. À peine ai-je quitté le Hatay, après environ 80 kilomètres parcourus, que je tombe sur mon premier *check-point* à Islahye. Il est gardé par des militaires armés jusqu'aux dents, je dois montrer mon passeport, on me laisse passer. Nous sommes dans une région sensible, frontalière de la Syrie en guerre civile, faut-il le rappeler ?

Vingt kilomètres plus loin, je prends l'autoroute O-52 en direction de Gaziantep. La moyenne jusque-là médiocre va pouvoir remonter. Eh bien non, l'autoroute est coupée après une cinquantaine de kilomètres au niveau de Gaziantep, tout le monde descend, c'est encore un *check-point* qu'il faut passer avant de reprendre l'autoroute. Cette fois-ci je l'évite en continuant par la quatre-voies.

Mauvais calcul, la ville suivante de Nizip sera l'occasion d'une bonne demi-heure de bouchons. Le ralenti de ma voiture donne des signes d'instabilité, le thermomètre frôle les 40 degrés, rien de grave cependant.

Nous sommes loin de Constantinople, c'est la campagne, beaucoup de gens ont conservé leurs vieilles autos, des Fiat 131 fabriquées localement, et aussi des Renault 12, appelées ici Toros (Taurus, en turc), voilà un point commun avec les Dacia 1210 de Roumanie. Il y a aussi des Renault et des Fiat construites ici, des modèles spécifiques inconnus chez nous, à destination du marché turc. La Fiat Aegea (Égée) a un logo symétrique qui exploite le palindrome constitué par ce mot.

En sortie de Nizip, je reprends l'autoroute. Je franchis l'Euphrate - *Firat* en turc -, il y a un barrage sur le fleuve à ma gauche. C'est précisément ce barrage qui a noyé la ville antique de Zeugma dont je vous ai parlé hier. Cette ville était le point de passage du fleuve pour les caravanes de la route de la Soie, j'en ai ainsi effectué un premier tronçon depuis mon départ d'Antioche ce matin en direction d'Édesse.

Avant de me rendre au centre d'Édesse, je vais un peu plus loin, à une quinzaine de kilomètres au nord-est, à *Göbekli Tepe,* qui signifie colline ventrue en turc. Comme le laisse entendre le *Tepe*, c'est un tell découvert dans les années 60, mais qui n'a été sérieusement fouillé qu'à partir de 1995, c'est donc très récent. De nombreux Turcs auxquels j'ai parlé de mon passage à Édesse jusqu'à présent m'ont chaudement recommandé de le visiter, ce site constitue manifestement une grande fierté nationale. Il est dûment signalé par des panneaux marron dès le centre d'Édesse.

À la sortie d'Édesse, vers le nord et *Göbekli Tepe,* les champs sont intensément irrigués. L'eau du lac Atatürk sur l'Euphrate arrive de la vallée voisine par des conduites souterraines traversant le massif montagneux, deux tunnels de 17 kilomètres de long, du gabarit d'un tunnel autoroutier. Et le résultat est spectaculaire, l'horizon vers le sud et la plaine d'Harran est d'un vert intense.

Je m'arrête pour observer de près les cultures, eh bien c'est du coton ! Comme en Ouzbékistan, on exploite l'eau d'un fleuve millénaire pour une culture gourmande en eau et réservée à l'exportation. C'est l'un des objectifs du GAP dont je vous ai parlé hier.

Une légère ascension, nous quittons les zones irriguées pour des collines pierreuses et arides. C'est une première depuis mon départ, j'ai droit à des ralentisseurs virils. Heureusement que je les ai vus à temps, j'ai pu éviter la faute qui aurait pu faire des dégâts à Bucéphale et compromettre la suite de mon périple.

Me voici à l'entrée du site vers 16 h, les tells sont bien perceptibles. Les aménagements sont récents et très bien conçus. Je m'acquitte de l'entrée et ai droit à une exposition pédagogique et à un petit film. Car cet endroit est véritablement exceptionnel, il remet en cause un certain nombre de certitudes antérieures. Je vous avais parlé avant-hier de *Çatal Höyük*, près d'Iconium, premier centre urbain de l'humanité à ce jour, datant du VIIe millénaire avant notre ère. Les populations néolithiques pratiquaient alors l'agriculture et se sont sédentarisées dans les premiers villages.

Les origines de *Göbekli Tepe* remontent au Xème millénaire avant notre ère, trois mille ans de mieux ! De surcroît, ce n'est pas un lieu qui était habité de manière permanente, on n'y a trouvé aucune trace d'activités domestiques. Les fouilles ont mis au jour des structures mégalithiques sculptées, probablement destinées à honorer des divinités, en forme de grandes stèles organisées en cercle, comme si les populations des environs, entre Taurus, Cilicie, plateau anatolien et

Mésopotamie, avaient établi ici un lieu où se regrouper pour leur rendre un culte et pratiquer divers rituels.

Le film de présentation laisse entendre que « la spiritualité est nécessaire à l'homme et constitue un préalable à l'organisation de sa subsistance matérielle », puis affirme en toute simplicité que « sept mille ans avant les pyramides, *nous* avons bâti *Göbekli Tepe* ». Houla ! Que le terrain est glissant !

Je ne ferai pas de commentaire sur la conclusion hasardeuse que l'on a tirée de la découverte d'un site mégalithique dédié à des divinités, qui précède de plusieurs millénaires les sites d'habitation. Je laisse chacun se forger son opinion.

Pour la deuxième affirmation, rappelons que nous sommes en plein dans le Croissant fertile, et que c'est simplement le hasard des frontières découlant du démantèlement de l'Empire ottoman qui a permis que ce site soit découvert en Turquie. Il aurait tout aussi bien pu l'être en Syrie ou en Irak, où d'autres sites similaires attendent peut-être d'être sérieusement fouillés.

Ce site est d'abord un patrimoine de l'humanité, classé à l'UNESCO depuis 2018. Il ne saurait être embrigadé au profit du nationalisme turc. Lesquels sont arrivés dans la région voici un peu plus de mille ans au demeurant.

Ne boudons pas notre plaisir, ce statut de trésor national turc fait que l'État a mis les moyens ici pour sécuriser et aménager le site, lequel est accessible à tous. Ce qui serait impensable en Syrie voisine, qui est à moins de cinquante kilomètres ! Il y a des cheminements piétonniers sécurisés en surplomb, les visiteurs ne piétinent pas le site et ne sont pas tentés d'emporter un souvenir. Les fosses sont dûment couvertes de structures assez réussies qui les mettent à l'abri des intempéries, et permettent aux visiteurs une vue plongeante et pédagogique depuis une coursive aménagée à cet effet. C'est vraiment une visite intéressante, instructive et agréable, qui vaut le déplacement ici où il n'y a cependant que des touristes turcs ou d'origine turque.

Après une bonne heure sur place, je regagne le centre d'Édesse, j'évite la faute aux ralentisseurs, et me présente à mon hôtel en plein centre piétonnier, j'ai laissé ma voiture à un parking (*Otopark*, ça se prononce comme ça s'écrit).

Il fait encore 35 degrés, la journée a été très chaude. La ville fait près de 500 000 habitants, le double d'Antioche.

Le centre historique d'Édesse et son bazar s'organisent au pied de sa citadelle, autour d'un jardin public comportant des mosquées très anciennes et des plans d'eau, dont le bassin d'Abraham ; c'est une promenade agréable appréciée des familles, il y a des restaurants et de l'animation.

Le roi Abgar d'Édesse se serait converti au christianisme dès 208, pour autant il n'a pas fait de son territoire un royaume chrétien comme l'a fait l'Arménie un siècle plus tard. Il n'en reste pas moins que les origines chrétiennes de la ville sont très anciennes. Syriaques, Arméniens, orthodoxes, toutes les communautés chrétiennes vivaient leur foi ici.

Elles ont ainsi fondé un certain nombre de croyances, de traditions sinon de légendes, appelez ça comme vous voulez, sur la base de la Genèse et de l'Ancien Testament, lesquelles ont été reprises par les musulmans ensuite. Ces derniers se disent aussi descendants d'Abraham, *via* Ismaël, le fils qu'il a eu avec la servante Agar, tandis que les Juifs disent descendre d'Ésaü et Jacob qu'il a eus ensuite avec Sarah, sa régulière. Comme quoi les amours ancillaires, ça date de l'aube de l'humanité.

Le principal centre d'intérêt de la ville est le bassin d'Abraham, où le roi Nemrod aurait jeté Abraham au feu, lequel feu se serait changé en lac à carpes. Une autre version dit que c'est là que serait né Abraham – la version dominante parle d'une naissance à Ur en Mésopotamie, tout ceci remonterait à deux mille ans avant notre ère. On dit aussi que Sarah serait enterrée ici.

Au-dessus, la citadelle où a vécu Baudouin de Boulogne, elle est passablement abîmée, mais existe toujours.

Édesse est aussi la ville du Mandylion, la version portrait aujourd'hui perdue du Saint Suaire de Turin. Suaire dont on est certain aujourd'hui, le carbone 14 ne saurait mentir, que le tissu date du XIe siècle. Il a néanmoins bien été fabriqué au Proche-Orient, la technique de fabrication, la matière et les pollens qu'il contient sont clairs. Je reviendrai sur le trafic de reliques quand je serai à Jérusalem, le terme de ce périple, je vous ai déjà parlé du Graal hier.

Bon, nous sommes en plein dans le Croissant fertile, entre Tigre et Euphrate, on nous parle d'Abraham, c'est le moment de parler de nos origines idéalisées. Selon la Genèse et le calendrier hébraïque, la création du monde date d'il y a environ 6 000 ans, nous sommes ainsi en 2022 dans l'année 5782 d'un calendrier qui commence à la Genèse, au commencement du monde : Adam et Ève au jardin d'Eden (j'oubliais, la tradition dit qu'ils ont séjourné ici, à Édesse), Ève qui offre à Adam le fruit défendu, il succombe à la tentation…

Le fruit défendu, sur lequel la Genèse ne donne aucune indication, est traditionnellement représenté par une pomme en Occident. Il est peu probable qu'il y ait eu des pommes au Proche-Orient à l'époque. C'était plutôt une grenade, selon d'autres versions. Perso, j'aurais bien vu un abricot, considérant que la région entre Caucase et Croissant fertile est l'origine des fruits à noyau (abricots, prunes, cerises…).

J'aime assez l'idée qu'Ève offre son abricot à Adam. Sinon, il y a la version plus classique de la figue, qui marche aussi. Oubliez le kiwi en revanche, qui vient de Chine (et non de Nouvelle-Zélande) !

Laissons là la mythologie judéo-chrétienne.

Le sud-est de la Turquie où je me trouve est dans la zone cédée à la France après les accords Sykes-Picot et le traité de Sèvres qui réduit la Turquie à la portion congrue, lui retirant un Kurdistan et une Arménie indépendants, et plaçant des zones sous contrôle britannique, italien et français, dont la Cilicie et le Sud-est anatolien. Atatürk ne pouvait le tolérer et lança une guerre de libération nationale contre ce diktat, principalement contre les Grecs qui furent battus, abandonnant la Turquie d'Europe et la région de Smyrne. Et les autres occupants aussi, Italiens, Britanniques et Français.

J'ai mentionné avant-hier que Maraş s'appelle maintenant Kahramanmaraş (l'héroïque), c'est pareil pour Édesse, qui est passée de Urfa à Şanliurfa (la glorieuse), et Antep devenue Gaziantep (la victorieuse). À quel conflit fait-on donc référence ?

Nous l'avons totalement oublié chez nous, mais la Première Guerre mondiale a joué les prolongations dans un certain nombre de régions du monde, par exemple en Russie ravagée par la guerre civile. C'est aussi le cas de la guerre de libération nationale menée par Atatürk à partir de 1918 en opposition au démantèlement de la Turquie par ces fameux accords Sykes-Picot et le traité de Sèvres. Ces accords ont également donné naissance à l'émirat de Transjordanie, je m'en suis expliqué dans *Au pays du Jourdain*.

En Cilicie, les Français étaient les alliés de la légion arménienne, mais mal commandés et moyennement motivés - pourquoi jouer les prolongations à plusieurs milliers de kilomètres de la maison ? -, le corps expéditionnaire a laissé tomber l'affaire et la France a renoncé à la Cilicie par l'accord d'Ankara en octobre 1921, fin de l'histoire. C'était encore moins drôle pour les Arméniens alliés aux Français, mais ces derniers ont fait de leur mieux pour les évacuer, c'est le cas des Arméniens d'Antioche.

Les derniers Français sont chassés de Cilicie en 1920 par les nationalistes turcs, les 300 derniers défenseurs de la citadelle d'Édesse (comme quoi une citadelle reste une citadelle…) ont capitulé et négocié une retraite honorable en Syrie mandataire le 11 avril. Ils se sont fait massacrer jusqu'au dernier au col de

Şebeke par des Kurdes qui disaient ne pas être au courant de leur sauf-conduit.

Antioche et Edesse furent longtemps dans l'actualité de la guerre civile en Syrie, s'agissant de villes où convergeaient les candidats au djihad s'apprêtant à franchir clandestinement la frontière. Il s'agit aussi d'une zone à fort peuplement kurde, peuple de langue iranienne dont la présence est millénaire ici et largement antérieure à celle des Turcs. J'avais fait un passage en 2019 à Diyarbakir, Amida à l'époque des croisades, la capitale du Kurdistan turc, lors de mon retour de Samarcande.

À Antioche et à Édesse, la présence de la police et de l'armée est encore pesante, mais reste néanmoins supportable, la *Pax Turcorum* règne au nord de la Syrie.

Après deux *lahmacun* dégustés avec un Coca au bord du bassin d'Abraham, au double du prix de celui d'hier (quatre euros au lieu de deux, j'ai fait une erreur de conversion hier en indiquant trois), je regagne mon hôtel pour y poursuivre la rédaction des présentes.

Il y a un spectacle musical traditionnel plus ou moins folklorique à destination de touristes exclusivement turcs, personne ne parle anglais. Je préférais nettement le groupe de rock de ma soirée d'avant-hier… mais au moins j'aurai ainsi fait un tour d'horizon complet de ce grand pays qu'est la Turquie, entre conservatisme et ouverture à la modernité.

Envoyé de mon iPad

De : Étienne Henry <etienne.henry@mon.adresse.mail>
À : undisclosed recipients
Envoyé : le 22/08/2022 08 : 45
Objet : Le douzième jour, d'Édesse à Mersin

Pour une fois, je ne peux pas utiliser le nom antique de ma ville de destination. Dans l'Antiquité grecque, le port de Mersin était connu sous le nom de Zéphyrium. La ville a été baptisée Hadrianopolis en grec en hommage à l'empereur Hadrien, mais j'ai déjà eu une Andrinople sur mon parcours (Edirne en turc). Je ne veux pas brouiller les pistes et n'ai d'autre choix que d'adopter le nom turc qui proviendrait d'une plante nommée myrsine, une sorte de myrte, qui est abondante dans la région. Admettons.

C'est à proximité de Mersin que se trouve la ville antique grecque de Soles, aujourd'hui Mezitli, dont les habitants avaient la réputation de parler grec comme des vaches espagnoles. Ils ont donné le terme de solécisme à notre langue, pour désigner une tournure de langage incorrecte, si j'aurais su j'aurais pas venu.

Mon petit déjeuner au *Nahrin Hotel* m'est servi sous forme de mezzés, une dizaine de petites assiettes de spécialités sucrées et salées, avec du thé, c'est très bon et original.

Au moment de prendre congé, on me dit chaleureusement *choukrane*, ici aussi une grande partie de la population parle arabe, sinon kurde, en plus du turc. On me demande ma destination, je leur parle de Mersin et de son *liman* (port, mot emprunté au grec) où j'embarquerai demain pour Jérusalem. Ils ne comprennent pas ce dernier mot, mais la version arabe en *Al Quds* (la Sainte) passe sans problème, ils ont les yeux qui brillent et sont pleins de respect pour le futur *Hadji* que je suis.

Je me mets en route vers 10 h 45. Nous sommes dimanche, la quasi-totalité des boutiques est fermée, le bazar aussi, la circulation est modeste. Je rejoins mon parking, je m'extrais rapidement du centre-ville pour prendre plein ouest, la quatre-voies puis l'autoroute O-52 en direction de Mersin, à environ 440 kilomètres. C'est donc une nouvelle fois un trajet vers l'ouest, la mauvaise direction, mais c'est pour la bonne cause !

Une fois sur l'autoroute, je dois me réapprovisionner en carburant. Je me rends compte que tout le trafic de l'autoroute est dévié sur l'aire d'autoroute où je fais étape, ce qui permet d'y installer un *check-point* facilement. Il n'y a personne audit *check-point*, mais moi je dois de toute façon m'arrêter pour faire le plein. Ce sera le septième plein, le plein de l'Euphrate, qui vous met un tigre dans le moteur, après ceux du Luxembourg, de Bavière, de Voïvodine, de Thrace qui n'en a pas laissé, de Phrygie qui n'avait pas de bonnet, et de Cilicie.

Au moment de payer, j'ai un doute sur le chiffre de 1 390 livres que j'ai validé sur le terminal de carte bancaire. Je vais vérifier sur la pompe, c'était 1 309 livres, une petite inversion de chiffres s'est produite, je le fais remarquer au pompiste qui me sourit gentiment et me rend le trop-payé, soit 80 livres. Je n'ose croire que c'était volontaire, d'ailleurs je lui avais donné un pourboire de 10 livres juste avant. Il n'avait pas de raison de me carotter comme ça, ça tombait sur le compte bancaire de la station et pas dans sa poche !

Je fais une pause, j'entame ma troisième boîte de Pringles® et mon troisième pack de Carola.

Je reprends ma route et franchis l'Euphrate qui aura donné son nom au septième plein de carburant de ce périple, il y a toujours un barrage sur le fleuve.

Les aires d'autoroute suivantes seront systématiquement l'occasion d'une sortie *check-point* obligatoire. Il y a parfois un blindé sur pneus et des policiers qui contrôlent aléatoirement l'un ou l'autre véhicule, mais dans la pratique la perte de temps est limitée.

Après environ 200 kilomètres parcourus, c'est la ville de Nurdagi, à l'entrée des monts de lumière (Nurdag en arabo-turc), les monts Amanos en grec, qui barrent l'entrée vers la Cilicie. L'autoroute, qui présente systématiquement trois voies dans chaque sens dans ce pays où l'on voit grand pour les infrastructures, entame une longue ascension, entre viaducs et tunnels de plusieurs kilomètres. Il y en aura pour un total de 40 kilomètres pour franchir le massif, en tenant le 120 sans problème. C'est du même niveau qu'en Suisse, voire mieux puisqu'ici la vitesse n'est pas réduite dans les tunnels.

Me voici de retour en Cilicie, la température devient de plus en plus accablante, il fait 37 degrés. Une station-service-*check-point* s'annonce, j'en profite pour faire une pause.

On peut imaginer que la température idéale pour apprécier l'Efes est de 37 degrés. On peut l'entendre ainsi, mais pour déguster l'Efes, la température idéale est plutôt de 7 degrés, c'est nettement plus frais. À défaut d'Efes tiède, ce sera une 1664 tiède de ma réserve personnelle.

À noter que les cafés et bars ne proposent jamais une rondelle de citron, pourtant la rondelle et l'Efes font bon ménage. Et que dire du Picon qui me donne le mal du pays ? Verser un peu d'amer dans l'Efes, voilà une belle expérience !

Arrêtons de parler d'Efes, revenons à ma route en Cilicie, les 220 kilomètres restants seront une formalité, comme les *check-points* à chaque station-service. Je n'ai pas été contrôlé, y compris à celui de la quatre-voies côtière en arrivant dans le centre de Mersin où je rejoins le *Nobel Hotel* vers 16 h, il s'est déjà vu décerner plusieurs prix.

Il s'agit d'un hôtel moderne pour hommes d'affaires, il n'y a rien de particulier à visiter ici, j'assume ce choix qui me permet de bénéficier d'une climatisation bien agréable. Rhâah que ça fait du bien après les chaleurs suffocantes de ces derniers jours ! J'y passe ma soirée au frais en dégustant des *kötfe* grillées, bien plus goûtues que nos *Fleischkaechle* alsaciennes, et bien entendu une Efes bien fraîche.

Il est temps de revenir à la première croisade. J'ai laissé derrière moi Baudouin de Boulogne qui s'est taillé un fief à Édesse, et n'a de ce fait pas participé à l'assaut final sur Antioche.

Entre la prise d'Antioche fin juin 1098 et la reprise de la route vers Jérusalem le 13 janvier 1099, les croisés ont glandouillé six mois dans la région, histoire de souffler un peu et de se refaire la cerise dans un premier temps, et aussi et surtout parce qu'ils n'arrivaient pas à se mettre d'accord entre eux sur la suite.

Déjà, Adhémar de Monteil, le légat du pape Urbain 2.0, est mort d'une des épidémies qui sévissaient alors, peste, typhoïde, choléra, chtouille, on ne sait pas trop. Il avait su jusqu'alors donner une relative cohésion à la croisade, il cherchait le compromis avec Alexis Comnène et les Grecs, il faisait l'intermédiaire entre les pèlerins et les chefs des armées croisées, il cherchait à dialoguer avec les représentants des églises locales. Toutes choses que les chefs croisés sont bien incapables de faire, dévorés qu'ils sont par leurs ambitions et leurs rivalités ; à sa mort, les tensions vont s'amplifier entre des chefs de guerres pas fichus de s'entendre. Et feront que la croisade va rester bien plus longtemps que nécessaire à Antioche.

Durant les premiers mois, il s'agit bien sûr de se ravitailler, de récupérer du matériel et des renforts débarqués par les flottes génoises. Les chefs croisés en profitent aussi pour piller les environs, ils iront jusqu'à Lattaquié. Ils renforcent également leurs positions en Cilicie où l'alliance avec les Arméniens se confirme.

Durant ces expéditions pour piller les environs, le siège de La Marre (Maarat al Nouman en arabe) en décembre 1098 aurait été le théâtre d'un massacre épouvantable et d'actes de cannibalisme, alors qu'on aurait, semble-t-il, promis la vie sauve aux assiégés. Ces actes sont évoqués par Amine Maalouf dans son ouvrage *La croisade vue par les Arabes, la Barbarie franque en Terre sainte*, sur la base de chroniques du temps, mais d'autres historiens le contestent aujourd'hui.

Car le principal chroniqueur qui l'a relaté, Raoul de Caen, a aussi parlé d'une statue de Mahomet dans le temple de Salomon de Jérusalem, ben voyons… Probablement les croisés ont-ils fait courir ce bruit pour dissuader les actes d'espionnage. Et puis la propagande, ça a toujours existé !

La tour des crânes à Nich existe bien en revanche, souvenez-vous.

À Antioche, Godefroy de Bouillon en a marre de voir Raymond de Saint-Gilles et Bohémond de Tarente se foutre sur la gueule sans cesse pour savoir ce qu'il convient de faire de la ville qui vient d'être prise. Raymond se veut fidèle à Alexis Comnène à qui il veut rendre la ville, alors qu'il n'a pas prêté serment, souvenez-vous ! Tandis que Bohémond de Tarente, qui a pris Antioche grâce à son sens de la stratégie et à son courage, la veut pour lui et lui seul.

Godefroy va prendre l'air chez son frère Baudouin de Boulogne à Édesse, qui lui montre son nouveau Sam'Suffit depuis la citadelle que j'ai vue hier, le temps que ça se calme.

Le Français Hugues de Vermandois prend le chemin du retour pour remettre à Alexis Comnène une lettre des croisés qui lui rendent compte de la situation et souhaitent entendre ses propositions pour la suite de l'aventure.

Bon, Antioche aura retenu devant ses murs nos croisés durant sept mois, de novembre 1097 à juin 1098, puis encore six mois avant qu'ils ne repartent en janvier 1099, soit plusieurs mois d'atermoiements (j'adore ce mot), avant que la masse des pèlerins n'exige que le pèlerinage aille jusqu'à son terme et qu'on arrête de perdre du temps à cause de chefs qui ne s'entendent pas et qui partent chacun de leur côté.

C'est finalement Raymond de Saint-Gilles qui part le premier, le 13 janvier 1099 ; il est à la tête de son armée et aussi avec l'essentiel des non-combattants pèlerins qui en ont ras la pèlerine, et veulent aller à Jérusalem qui n'est guère qu'à un peu plus de 500 kilomètres.

En prenant le départ le premier, il entend bien être reconnu comme le chef de la croisade dans sa marche finale vers Jérusalem. Après tout, c'est lui qui a la plus grande armée et le plus d'expérience.

Bohémond de Tarente reste évidemment à Antioche, et Baudouin de Boulogne fait de même à Édesse, chacun dans son nouveau domaine.

Tancrède de Hauteville et Robert de Normandie, les Normands réunis, rejoignent bien vite Raymond de Saint-Gilles et ses Provençaux. Et enfin les Lorrains Robert de Flandres et Godefroy de Bouillon se mettent en route pour Jérusalem, eux aussi.

Il leur reste un peu plus de 500 kilomètres à faire, ça fait maintenant presque deux ans et demi qu'ils sont partis d'Occident.

Je reprendrai demain la suite de leurs aventures, je dois d'abord m'occuper de mon itinéraire. Il me faut aviser pour la poursuite de ma route vers Jérusalem. Et vous expliquer pourquoi je suis revenu sur mes pas, ici, à Mersin où je suis déjà passé avant-hier.

Le transit terrestre en Syrie aurait pu s'envisager : le visa peut s'obtenir, les 160 kilomètres de côte entre le Hatay et la frontière libanaise, *via* Lattaquié, sont le fief des alaouites d'El Assad qui sont au pouvoir, ça pouvait le faire par la route, au besoin avec une escorte policière. En revanche, la vallée de l'Oronte m'aurait été fermée, je le crains, elle traverse des villes très conservatrices, telle Hama, qui sont loin d'être acquises aux alaouites, gentils alaouites…

L'entrée au Liban depuis la Syrie est possible, il faut un visa et un carnet de passage en douane pour la voiture, toutes démarches que j'ai déjà pratiquées et qui ne sont pas non plus insurmontables.

Mais c'est après Beyrouth que ça se gâte. Le Sud-Liban est tenu par le Hezbollah, la frontière avec Israël est fermée depuis la guerre de l'été 2006 qui n'a toujours pas donné lieu à un armistice ni *a fortiori* à un traité de paix. Juridiquement, les deux pays sont toujours en guerre, même si c'est le cessez-le-feu !

La seule solution est de faire le détour par Damas puis la Jordanie.

À Damas, ma sécurité ne peut être assurée, je suis lucide. Même si à partir de la frontière jordanienne, je pense que l'affaire est dans le sac, je dois renoncer à un transit par voie terrestre du fait de ce deuxième passage obligé en Syrie par Damas. Il est des fois où il est prudent de renoncer.

C'est pourquoi depuis Édesse, après l'avoir fait depuis Strasbourg une première fois en direction de Bouillon, je dois une deuxième fois prendre plein ouest vers Mersin, avant de prendre plein sud et le bateau, joli zeugma, je sais, je l'ai déjà fait. Car je ne peux plus poursuivre ma route au volant de mon auto.

Je n'irai pas par quatre chemins, je vais prendre le bateau vers Haïfa en Galilée, le nord d'Israël, qu'on appelait Caïffa ou Caïfe en français à l'époque de la croisade. C'est un mot hébreu, la graphie française médiévale utilisait un C comme substitut au H guttural hébraïque qui n'existe pas chez nous.

À noter que Haïfa est la destination du *Speedol Star*, le pétrolier sur lequel embarque Tintin dans la première version de *Tintin au pays de l'or noir*, dont l'action se situe en Palestine mandataire. La version actuelle de 1971 est plus neutre et se passe au Khemed, émirat sorti de l'imagination du grand Hergé.

J'avais dans un premier temps envisagé un transit par Chypre, un itinéraire qui prend tout son sens quand on se souvient que, tandis que ce pauvre Frédéric Barberousse avait choisi la route continentale pour la troisième croisade et s'était bêtement noyé dans le Saleph, Richard Cœur de Lion, parti de Marseille, débarquait à Chypre après une escale à Messine en Sicile. Il s'empara alors de l'île de Chypre qui revint finalement à Guy de Lusignan, roi de Jérusalem à l'époque en 1191. Nous sommes donc en plein dans le sujet de la croisade !

Mieux, après la chute de Saint-Jean d'Acre en 1291, les Hospitaliers se réfugient à Chypre, puis s'installent à Rhodes. Chypre est restée aux mains des Lusignan jusqu'à 1489 avant de passer sous domination vénitienne, comme la Crète qui l'était déjà depuis 1204 et la quatrième croisade, et Corfou, qui l'était depuis 1387.

Ces possessions maritimes vénitiennes étaient autant d'abcès de fixation pour les Ottomans qui ne cherchaient qu'à en prendre possession. En particulier Chypre, qui est littéralement sous leurs fenêtres, regardez sur une carte de la Méditerranée orientale. Ils lancent l'invasion en 1570, Nicosie la capitale est rapidement prise, mais à l'est, le siège de Famagouste s'éternise.

L'ultimatum au chef de la place forte, Marc-Antoine Bragadin, a été rejeté, il refuse de se rendre. Les Ottomans lui envoient alors en guise de mise en garde la tête faisandée de son collègue commandant Nicosie, histoire de mettre l'ambiance. Ça ne fait pas changer d'avis Bragadin qui se contente de donner une sépulture digne aux restes de son ami.

Le général ottoman Lala Mustafa Pacha est sur les dents, il ne s'est pas encore remis de l'échec qu'il a subi lors du Grand Siège de Malte en 1565. Les chevaliers de Saint-Jean de Jérusalem qui tenaient l'île lui ont résisté héroïquement sous le commandement du Français Jean de la Valette, qui donna son nom à la capitale. Un nouvel échec à Famagouste serait mauvais pour sa carrière, c'est sûr.

Vous vous souvenez de la tour des crânes à Nich. Eh bien, lors de la prise de Famagouste, les Ottomans vont battre tous les records dans l'horreur, accrochez-vous !

Au terme de près d'un an de siège, début août 1571, les assiégés n'en peuvent plus, c'est la reddition. On leur promet la vie sauve et même une évacuation vers la Crète. Évidemment, les promesses n'engagent que ceux qui y croient, le général ottoman laisse libre cours au pillage par sa troupe en furie, fait pendre les commandants de la place, et réserve à leur chef Bragadin un sort épouvantable.

Ce dernier est torturé puis écorché vif, on équarrit son corps, ses membres sont distribués en trophées à la troupe, sa peau est remplie de paille pour reconstituer un mannequin qu'on revêt de ses attributs militaires et qu'on fait défiler dans les rues de Famagouste, juché sur un âne. Le trophée macabre est ramené à Constantinople avec les têtes des commandants de la place. L'horreur absolue, je vous avais prévenus.

La tirade que j'ai faite à Nich s'applique également ici : après ça, étonnez-vous que toute réconciliation soit impossible !

Petite consolation pour Bragadin, sa peau a pu être volée à Constantinople par un esclave vénitien en 1580, elle est conservée dans le monument qui lui est dédié dans la basilique des Saints-Jean-et-Paul à Venise, où sont inhumés foule de hauts personnages de la Sérénissime, doges et nobles.

Grande consolation pour la chrétienté, le siège de Famagouste et ses atrocités ont entraîné un sursaut de l'Occident, qui s'est coalisé dès octobre 1571 pour donner un coup d'arrêt définitif aux ambitions ottomanes en Méditerranée à la bataille de Lépantes.

Chypre, c'est encore aujourd'hui en 2022 une zone de conflit entre la Turquie et la Grèce. Bien sûr, on n'en est pas à couper des têtes et à faire des mannequins en peau humaine, mais tout de même !

Chypre est devenue protectorat britannique en 1878, mauvaise année pour l'Empire ottoman qui perdait également des territoires dans les Balkans, j'en ai parlé à Belgrade et à Philippopolis. À peine les Britanniques partis en 1960 et l'indépendance de Chypre acquise, les tensions ont repris entre les communautés grecque et turque de l'île.

Le régime des Colonels en Grèce arrivé au pouvoir sur un coup d'État en 1967 revendique en 1974 le rattachement de Chypre à la mère patrie, la Turquie intervient dans la foulée pour protéger la minorité turque du nord de l'île. Elle en occupe depuis lors 30 % du territoire. Évidemment, elle y favorise l'installation de colons venus d'Anatolie.

La République de Chypre est membre de l'Union européenne depuis 2004. Elle a toujours 30 % de son territoire illégalement occupé au regard du droit international. La République turque de Chypre du Nord n'est reconnue que par la Turquie. Bientôt 50 ans que ça dure. Et aucune solution n'est en vue.

J'envisage de débarquer à Chypre Nord depuis Mersin, les liaisons sont rapides et bon marché puisque Chypre Nord est un peu la Corse de la Cilicie, si je puis utiliser cette image. La frontière entre les deux parties de l'île étant ouverte bien que sous haute surveillance, je prévois de la franchir avec mon auto et d'embarquer sur un autre ferry à destination de Haïfa depuis Limassol à Chypre Sud, en République de Chypre souveraine.

Mon interlocuteur de la compagnie de ferry chypriote que j'ai eu au téléphone m'a mis charitablement en garde, pour m'éviter une grave déconvenue : l'exportation d'une voiture entrée à Chypre Nord est impossible depuis la République de Chypre, puisqu'elle y est entrée frauduleusement, sur un territoire contrôlé dans la pratique par une puissance étrangère, mais juridiquement chypriote. Je dois donc définitivement écarter cette option.

Les liaisons de ferry avec des passagers depuis la Grèce ou la Turquie vers Israël ont été durablement suspendues en raison de la crise sanitaire début 2020. Le pays y a vu l'occasion de verrouiller davantage ses frontières pour mettre en œuvre une politique vaccinale ambitieuse et originale, on le sait, à l'échelle réelle d'un pays de 10 millions d'habitants. Dès décembre 2021, je me suis mis en quête de leur réouverture, hélas sans succès. J'ai dû chercher une autre solution, celle des liaisons réservées au fret.

Et me voilà prêt à embarquer demain sur un cargo roulier *roll-in/roll-off*, ou *roro*, un bateau réservé au fret de véhicules, de la compagnie turque Palfreight, voguant vers Haïfa en Galilée le long de la côte du Levant, à destination de la baie de Saint-Jean d'Acre. Il y a quelques cabines pour des passagers, je vais avoir la chance de bénéficier de l'une d'entre elles pour un trajet d'environ 15 heures – c'est ce qu'on m'a indiqué, sans certitude aucune. Généralement ce type de navire est prévu pour embarquer des poids lourds, lesquels sont récupérés par d'autres chauffeurs à leur port de destination ; il n'est donc pas pourvu de cabines pour les passagers.

Je suis tout à l'heure passé devant le port de Mersin, il y en avait en toute simplicité pour 3 kilomètres. Je devrai trouver mon chemin dans ce dédale demain pour identifier le quai où va accoster le cargo roulier *Altay*, immatriculé au Panama, mis à l'eau en 1983, qui fait la rotation hebdomadaire exploitée par Palfreight entre Mersin et Haïfa chaque lundi.

Cargo roulier qui nous emmènera Bucéphale et moi en Terre sainte. *Deus lo volt !*

Envoyé de mon iPad

De : Étienne Henry <etienne.henry@mon.adresse.mail>
À : undisclosed recipients
Envoyé : le 23/08/2022 07 : 49
Objet : Le treizième jour, de Mersin vers Haïfa

Je prévois une journée passée en démarches d'embarquement et formalités douanières avant d'embarquer pour Haïfa. Je quitte la Turquie aujourd'hui.

J'ai conscience qu'en empruntant un cargo roulier, les formalités risquent d'être longues, et que les horaires et temps de parcours qu'on m'a indiqués ne sont qu'indicatifs. La suite de la journée le confirmera largement.

Je reçois vers 9 h, durant mon petit déjeuner, un *e-mail* d'Erman Ilter, qui travaille chez Catoni, le transitaire en douane qui s'occupe de mes démarches pour le compte de Palfreight. Il m'indique que le navire arrivera avec du retard aujourd'hui, et que je dois me présenter au port à 13 h 30 et non plus à 10 h 30. Je peux attendre confortablement dans le *lobby* de mon hôtel et bénéficier de la climatisation, tout en travaillant à la rédaction des présentes et en relisant la narration de mes journées précédentes.

À cet égard, je me rends compte d'un lapsus, j'ai sauté une génération avant-hier en parlant d'Ésaü et Jacob comme des fils d'Abraham, c'est bien sûr d'Isaac que je voulais parler. J'espère que vous l'avez relevé, bande de mécréants !

Isaac, c'est le fils unique d'Abraham qu'il a eu avec Sarah, sa régulière. Il s'apprête à l'offrir en sacrifice pour obéir à Dieu quand celui-ci l'interrompt et lui demande un bélier à la place.

C'est l'origine de la fête du mouton des musulmans, l'Aïd el-Kebir, où la gent ovine vit chaque année une période difficile.

Accessoirement, vous noterez le décalage entre le Dieu de l'Ancien Testament qui demande un sacrifice humain, même s'il se ravise, et le Dieu du Nouveau Testament qui n'est qu'amour et bienveillance.

J'en reviens à mes démarches du jour et demande à Erman un plan précis du lieu de rendez-vous, ce qu'il fait. Mais précise ensuite qu'il faut d'abord que je me rende à leurs bureaux, il m'envoie l'adresse. Je m'y trouve pour l'heure prévue, c'est à deux pas du port, mais le jeu des sens uniques m'a obligé à un grand détour.

C'est au neuvième étage, l'accueil est très cordial par Erman et son collègue qui ne parle que turc, la climatisation est agréable, on m'offre un thé. On prend ma carte grise, mon passeport, dans lequel on s'étonne de ne pas trouver de tampon d'entrée en Turquie. Je leur explique que cela ne se fait plus, je l'ai demandé expressément à Kapikule en entrant dans ce pays.

Tout se présente bien, et on exige alors de moi sans prévenir 100 dollars de *custom fee*. Je leur indique avoir déjà réglé 150 dollars de *custom assistance* à Palfreight. « Oui, mais ça, c'est le transporteur, nous on est Catoni, le transitaire, le chef ne vous l'a pas dit ? » qu'on me répond. D'accord, mais dans ce cas à quoi correspondent les 150 dollars déjà payés ? « C'est pour les frais de Palfreight à Haïfa, c'est pas nous, nous c'est cent dollars ». Je leur explique que non, j'ai eu au téléphone Uri Behrisch, le correspondant de Palfreight à Haïfa, qui m'a dit que les éventuels frais à Haïfa seraient à régler sur place, je leur montre le numéro dans mon carnet d'adresses, ils le connaissent.

Mais le collègue d'Erman insiste, c'est cent dollars ou je dois me trouver un autre transitaire. Je paie la somme en liquide et en euros et demande un reçu ou une facture, et là je comprends clairement que je n'en aurai pas ; tout ceci est une gentille extorsion d'un bakchich. Je sens que l'ambiance se tend avec le collègue d'Erman qui ne peut rien pour moi, on en reste là, tout va bien. Dommage, c'est une petite fausse note dans ce pays où les autorités comme mes interlocuteurs ont toujours été d'une honnêteté sans faille jusqu'ici.

Nous nous rendons au port en voiture tous les trois pour 14 h, ces messieurs me font ouvrir le portail de la zone sous douane où je gare la voiture. Ils gardent la clé et la carte grise, je dois revenir pour 17 h. Apparemment, le navire a plus de retard que prévu. Plutôt 17 h 30, en fait.

Je tue le temps sur un banc à l'ombre à lire mes guides touristiques sur Israël et à relire mes notes, j'ai pris un Coca, on m'a répondu *choukrane* lorsque j'ai payé. À l'heure dite, ces messieurs me rejoignent sur le banc où je me suis installé. Ils me disent qu'il faut attendre jusqu'à 18 h pour être reçus par l'officier des douanes.

Erman et moi papotons, il parle correctement anglais. Il ne connaît pas Jérusalem et les lieux saints des chrétiens. Je lui explique, il comprend enfin que je fais mon *Hadj*. Je lui demande s'il connaît un peu le christianisme, il me dit que non, et qu'il ne connaît pas vraiment l'islam non plus. Quand il tape à ma demande *Holy Shrine* sur Google, c'est une photo du dôme du Rocher qui apparaît, c'est pas gagné. Il ne connaît ni Jérusalem ni *Al Quds*, la troisième ville sainte de l'Islam. Il me dit que pour lui, l'humanité est plus importante que la religion. Quelle sagesse ! Je lui dis que connaître la religion de l'autre est utile pour résoudre les conflits et trouver des compromis.

Le collègue auquel Erman a tout traduit me demande combien me coûte mon *Hadj*. Délicate question que je traite par une pirouette dialectique dite « la tactique du rabbin » (répondre à une question par une autre question) et lui demande combien coûte le vrai *Hadj* à La Mecque. 10 000 dollars, me répond-il tout de suite. Ça fait beaucoup d'argent ! lui dis-je. Il rigole un grand coup et Erman me traduit sa réponse : « Moi je suis prêt à y aller *si on me paye* seulement la moitié de cette somme ! ». C'est de l'humour laïc turc, j'apprécie ! Et je peux répondre que mon *Hadj* me coûtera la moitié d'un vrai *Hadj* à La Mecque.

Mon cas sera traité à 18 h 15 par l'officier de la douane. Tout va bien, mais il y a un os, Erman me dit que j'ai une amende routière à payer. Pour excès de vitesse peut-être, il y a beaucoup de radars dans ce pays ? Non, pour des péages autoroutiers. Il y a… 11 livres à payer, 60 centimes, apparemment le total de mes passages aux portiques électroniques a légèrement dépassé le crédit de 500 livres payé à la frontière.

Je vais pour m'acquitter de ces quelques piécettes, et le gars qui m'a extorqué 100 euros dit qu'il le fera pour moi, c'est trop gentil.

Il quitte la pièce pour aller montrer la voiture et son contenu à l'officier des douanes. Pendant ce temps, Erman et moi restons seuls, sous le portrait officiel d'Atatürk. Je lui dis que j'ai vu sa maison natale à Salonique il y a quelques années.

Erman me dit que c'était un grand homme, qu'il a fait de la Turquie un pays moderne. Je suis bien d'accord, je lui rappelle qu'il parlait couramment français et s'est inspiré de la Révolution française pour ses réformes. Erman me dit que la Turquie se compare avantageusement à l'Iran et à l'Irak, où règnent respectivement une théocratie rigide et le chaos. Oui, je lui confirme que c'était un grand homme disparu trop tôt, à 57 ans, mon âge aujourd'hui.

Je lui dis aussi que j'ai été heureux de voir que dans ce pays, chacun paraît libre de pratiquer la religion ou pas, de même que les femmes peuvent s'habiller comme elles l'entendent. Je ne lui dirai pas que j'ai vu deux filles en couple se tenir ostensiblement la main façon *gaypride* tout à l'heure devant mon hôtel, j'ai été impressionné de l'indifférence générale que ce geste provoquait.

Le passage en douane est terminé à 18 h 45, je dois patienter jusqu'à 21 h 30 pour l'embarquement et la police aux frontières. Ces messieurs reviendront pour m'accompagner. Ma voiture sera directement chargée sur le navire par un marin, je leur ai bien expliqué la procédure de démarrage presse-bouton.

Je pourrai alors rejoindre ma cabine, le navire doit appareiller vers 1 ou 2 h du matin (techniquement, nous serons mardi !) pour arriver à Haïfa douze heures plus tard, toujours sans certitude.

On m'indique en réponse à ma question que nous ne serons que *deux* passagers sur le navire, un chauffeur de poids lourds et moi. Ça va être intime !

Mon attente se prolonge, le navire attendu ne sera là qu'à minuit, je patiente encore. Vers 22 h 30, on vient à ma rencontre, c'est le *head of operations* du port de Mersin. Il voit que je patiente depuis de longues heures, il m'offre un thé et me fait la conversation, il parle bien anglais. Au contraire d'Erman, il connaît bien les religions du Livre, leur histoire et leurs points communs. Ses ancêtres sont Grecs pontiques, convertis à l'islam. Lui ne le pratique pas du tout, il mange même du porc – il me dit qu'il y a des communautés chrétiennes ici et qu'on peut en trouver facilement ! Il est très critique à l'égard du président Erdogan et se revendique ouvertement comme laïc, voire athée. Je m'étonne qu'il s'en ouvre si facilement à un étranger.

C'est finalement à minuit passé qu'Erman vient me chercher, il me fait passer la police des frontières qui appose un tampon de sortie daté du 23 août dans mon passeport, avec le pictogramme d'un bateau. Il me conduit ensuite avec son auto le long de plusieurs kilomètres de quai jusqu'à l'*Altay* à bord duquel je peux embarquer vers une heure du matin et y retrouver ma cabine. Ambiance *Cargo de nuit* assurée, spéciale dédicace à Axel Bauer, je vous en parlerai davantage demain.

Je quitte la région de la Cilicie, qui a abrité le royaume de Petite Arménie à partir de 1198, lequel a noué de fructueuses relations avec les croisés, on l'a vu. Les croisés ont soutenu ce royaume voisin du comté d'Édesse et de la principauté d'Antioche qu'ils avaient fondés, jusqu'à la veille de leur départ de Terre sainte, vers 1250.

La Petite Arménie a réussi à garder ensuite une certaine autonomie en acceptant d'être vassale de l'empire de Gengis Khan, avant de rentrer dans le rang avec la victoire des Mamelouks vers 1375. Beaucoup d'Arméniens émigrèrent alors à Chypre encore sous le contrôle des Lusignan, j'en ai parlé hier.

Il est néanmoins toujours resté une communauté arménienne qui a dû, hélas, souffrir de persécutions. Ceux de Cilicie, avant le grand clap de fin de 1915 et le Génocide, ont ainsi dû subir des massacres en avril 1909, les Arméniens étaient des adversaires du sultan Abdülhamid II déchu l'année précédente et qui tentait un retour au pouvoir. Un pogrom bref et violent faisant jusqu'à 30 000 morts pour les estimations les plus pessimistes. La routine entre Turcs et Arméniens, quoi.

Je voudrais profiter de ce dernier jour en Turquie pour faire une précision ethnologique sur les Turcs. Juste pour vous rappeler que les Turcs, les Seldjoukides du XIe siècle comme les Ottomans du XIIIe au XVe siècle, sont des Asiatiques. Ils ont migré d'Asie centrale, ils ont les yeux bridés et des traits mongoloïdes, le visage ovale, le nez aplati. OSS 117 parlerait de *face de citron*, souvenez-vous.

C'est juste un rappel, en aucune manière un jugement. Les innombrables miniatures persanes dépeignant les Seldjoukides les montrent sans doute aucun avec des yeux bridés. Si vous voulez voir aujourd'hui un Turc ressemblant aux Seldjoukides ou aux Ottomans des origines, allez faire un tour au Kazakhstan oriental, sinon au Kirghizistan, territoires situés à proximité de l'Altaï, où les Turcs revendiquent leurs origines.

Altay, c'est d'ailleurs le nom du vaisseau sur lequel j'embarque ce soir, ce n'est pas un hasard.

Des yeux bridés que n'ont plus les Turcs d'aujourd'hui, dans leur grande majorité, mais que s'est-il passé ? La réponse tient en mot, l'assimilation, ou plus précisément la turquisation. Les populations indigènes sous domination turque ont progressivement pris la langue et la religion du nouvel arrivant. Donc, les Turcs modernes descendent majoritairement des populations grecques (j'en ai eu un exemple tout à l'heure !), arméniennes, arabes, kurdes ou balkaniques qui vivaient là avant. C'est juste un rappel, pour remettre l'église au milieu du village (pardon, la mosquée).

Mais ne le rappelez pas trop fort à un nationaliste turc qui estime ne rien devoir à personne, ou plutôt si, qui estime qu'il descend de cavaliers seldjoukides. C'est comme si les Français descendaient des Gaulois, ça se saurait.

Tout ça pour en arriver à la conclusion que le nationalisme, c'est vraiment une idéologie navrante. Nous sommes tous le produit de brassages de populations. Vouloir se définir par rapport à des origines idéalisées pour exclure les autres et jouer la confrontation, ça n'a pas de sens. « Le patriotisme, c'est l'amour des siens. Le nationalisme, c'est la haine des autres », c'est de Romain Gary.

Plus proche de nous, il y a l'avertissement solennel « le nationalisme, c'est la guerre ! », les derniers mots de François Mitterrand en janvier 1995 au Parlement européen de Strasbourg, en forme de testament politique. Il mourra l'année suivante.

Malheureusement, le nationalisme est encore une valeur très cotée en Hongrie, en Turquie, en Russie ou ailleurs. À noter que les croisés n'avaient aucune arrière-pensée en la matière et qu'ils épousaient volontiers des princesses indigènes, l'important était qu'elles soient chrétiennes et du même niveau de noblesse, peu importait la couleur de peau. On l'oublie un peu trop souvent lorsqu'on dépeint la croisade comme une expédition coloniale pour laquelle il faut faire repentance, j'aurai l'occasion de revenir sur ce sujet.

Revenons à la première croisade, justement. Je vous disais hier qu'Antioche aura retenu devant ses murs nos croisés durant sept mois, de novembre 1097 à juin 1098, plus encore six mois pour souffler un coup, faire des provisions, s'égayer dans les environs, soit plus d'un an en tout avant d'envisager de reprendre la route.

C'est enfin chose faite le 13 janvier 1099, sous la direction de Raymond de Saint-Gilles. Mais Bohémond de Tarente reste à Antioche dans la principauté qu'il s'est taillée de haute lutte, de même que Baudouin de Boulogne reste dans le comté d'Édesse qu'il a récupéré comme un fruit mûr sur un mariage opportuniste. Hugues de Vermandois est retourné en ambassade à Constantinople après la prise d'Antioche, pour entendre Alexis Comnène sur la suite de l'aventure.

Les armées croisées remontent l'Oronte sans honte. Elles arrivent à Hama, ville célèbre chez nous pour ses norias sur l'Oronte. La ville a connu une insurrection menée par les Frères musulmans en 1982, le dictateur Haffez El Assad, le papa de Bachir, ne pouvait tolérer que des barbus se mêlent d'un pouvoir entre les mains du parti nationaliste arabe Baas, le même que celui de Saddam Hussein en Irak d'ailleurs. Peste ou choléra, il faut choisir entre la dictature socialiste et nationaliste arabe, et la république islamique. Choisissez votre camp. Moi, je préfère encore les moustachus en treillis aux barbus en djellaba.

Après Hama, les croisés arrivent à Homs, puis ils rejoignent la côte à Tartous. En chemin, Raymond de Saint-Gilles et ses hommes prennent ce qui n'est pas encore le Krak des Chevaliers, alors modeste forteresse arabo-musulmane tenue par des Kurdes, pour l'abandonner aussitôt.

Il faut poursuivre le long de la côte jusqu'à Jaffa, aujourd'hui quartier de Tel-Aviv. Ils rentrent dans les terres jusqu'à Bethléem, lieu de la Nativité, le 6 juin, puis mettent le siège devant Jérusalem le 7 juin 1099. Entretemps, les croisés ont essayé de prendre Arqa, près de Tripoli, pour se tailler un fief, sans véritable succès.

Si vous observez les éléments de calendrier, vous constaterez que les croisés ont mis cinq mois pour faire environ 500 kilomètres, dans des contrées qui leur sont pourtant favorables puisque l'élément turc n'y est pas présent. Ça nous fait une moyenne pas terrible, un peu plus de trois kilomètres par jour, ils les auraient faits plus vite à reculons !

La progression en terre arabe se fait pourtant sans trop de problèmes, les seigneurs locaux préfèrent transiger avec les croisés en les approvisionnant et en payant un tribut, tandis que les sunnites préfèrent encore des chrétiens à des Fatimides chiites.

Mais alors qu'ils approchent du but, les chefs croisés sont tiraillés par leurs vieux démons, ils veulent se tailler des fiefs comme Bohémond de Tarente et Baudouin de Boulogne, ce que tentera Raymond de Saint-Gilles à Tyr. Il s'essayera aussi à reprendre le Krak des Chevaliers qu'il a abandonné trop vite.

Les chefs croisés ne s'entendent plus entre eux, c'est le chacun pour soi.

Il n'y a plus de chef religieux, le légat Adhémar de Monteil est mort à Antioche. Le moine Pierre Barthélémy, celui qui a trouvé la Sainte Lance encore toute chaude à Antioche, est de plus en plus mystique. Un autre moine, Arnoulf de Rœux, le défie dans un jugement de Dieu auquel Pierre ne survivra pas. Traverser un immense brasier pieds nus et en sortir sans brûlure aucune, vous voyez l'idée, c'est le principe de l'ordalie, ou jugement de Dieu. Dès le début, Arnoulf n'a pas cru à l'authenticité du bout de fer rouillé trouvé à Antioche, mais s'est dit que si ça pouvait galvaniser les troupes, il ne fallait pas s'en priver.

Toutes les villes du Levant, Édesse, Alep, Tripoli, Tyr… sont des cités-États indépendantes, mais reconnaissant l'autorité du sultan seldjoukide, un peu comme le Saint-Empire romain germanique fédère des principautés et des villes libres : lorsque les croisés en assiègent une, les autres ne bougent pas trop. Et donc, ça fait autant de petits royaumes que les croisés peuvent s'approprier après la conquête.

Jérusalem n'est plus aux mains des Seldjoukides, mais des Fatimides qui l'ont reprise en 1098, ces derniers attendant une armée de secours d'Égypte. Paradoxe, les croisés venus libérer le tombeau du Christ s'apprêtent à affronter des Fatimides qui n'ont jamais restreint l'accès au tombeau en question. Et les Turcs sunnites n'ont aucune envie d'aller prêter main-forte à des Fatimides chiites.

On ne peut pas rêver plus belle conjoncture, c'est inespéré. La croisade est sur le point de réussir, je vous raconterai demain l'assaut final sur Jérusalem.

Je vous disais au début de ce récit que les Turcs et Arabes appelaient les chrétiens indistinctement les *roumis*. C'est le terme de *franj* en turc et en arabe qui était utilisé de manière tout aussi indistincte pour désigner les croisés qui se disaient francs et descendants de Charlemagne, il me semble avoir déjà utilisé ce terme dans ce récit. En plus, ils parlaient tous le vieux françois de l'époque entre eux, sauf éventuellement une partie des Lorrains de Godefroy de Bouillon, pour lesquels le qualificatif de *Franj* doit être pris dans son sens premier, celui de la tribu germanique des Francs.

On peut en conclure que si tous les *franj* sont des *roumis*, tous les *roumis* ne sont pas des *franj*, ce sera ma conclusion de cette journée passée en formalités d'embarquement.

Mon dîner sera composé exclusivement de mes provisions de bouche, *cookies* de chez Granola et Pringles®, arrosés de Carola, sur un banc devant les bureaux de la douane.

Dans ce genre de périple, il faut savoir alterner les journées d'une grande intensité et les journées un peu merdiques, ça fait partie de l'expérience !

Et demain je serai en principe récompensé de mes efforts en débarquant à Haïfa, où j'espère simplement que les formalités de police et de douane seront plus rapides.

Envoyé de mon iPad

De : Étienne Henry <etienne.henry@mon.adresse.mail>
À : undisclosed recipients
Envoyé : le 24/08/2022 14 : 24
Objet : Le quatorzième jour, en mer vers Haïfa

Je vous ai parlé hier de l'ambiance *Cargo de nuit* qui règne à bord de l'*Altay*, je vais tâcher d'être un peu plus précis.

Je suis monté à bord du roulier cette nuit par le plan incliné de la poupe qui donne accès à un immense parking à ciel ouvert où seront arrimés des remorques de semi-remorques (inutile de convoyer le tracteur comme le chauffeur, d'autres prendront le relais à destination), et des véhicules neufs produits en Turquie et exportés en Israël. Ainsi que ma voiture. Il y a une odeur moite de fioul, de caoutchouc, de crasse et de transpiration, la brise marine ne vient qu'en dernier.

J'ai papoté avec le *captain* qui me dit que le navire devrait appareiller vers midi aujourd'hui mardi, pour arriver demain mercredi midi à Haïfa. Donc 24 heures de trajet et non pas 12 ou 15 comme on me l'avait laissé entendre. Soit une arrivée un jour plus tard que je ne l'avais prévu.

Je parle de ma voiture au *captain*, il est au courant que je suis le seul passager avec une voiture particulière, celle-ci sera embarquée en dernier pour pouvoir sortir la première, *last in first out.*

Le *captain* est en bermuda, claquettes et teeshirt, l'habit fait un peu le moine, surtout dans la marine, espérons qu'il revête une tenue un peu plus crédible par la suite !

Justement, il y a un dicton qui dit que dans la marine militaire, on salue tout ce qui bouge, et on repeint tout ce qui ne bouge pas. Eh bien j'ai l'impression que dans la marine marchande turque, à bord de l'*Altay*, on ne fait ni l'un ni l'autre.

J'accède au château avant qui surmonte la soute à véhicules par des échelles très raides, il n'y a pas d'escaliers, puis des coursives étroites entre canots de sauvetage et locaux techniques, le tout très fatigué avec des traces de rouille, des hublots mal fermés. Ce n'est pas un bateau épave, c'est simplement un bateau turc de près de 40 ans resté dans son jus, battant pavillon panaméen.

Dans le château avant, les cabines de l'équipage me font penser à un terrain de camping en dur, les serviettes éponges sont à sécher dans la coursive, et les claquettes des occupants sont sur le pas de la porte. On garde l'odeur générale du bâtiment, fioul et crasse, avec peut-être un peu plus d'aisselles mal ventilées et d'orteils sales.

On me montre une cabine, la lumière ne fonctionne pas, on me donne celle d'à côté. C'est une cabine d'une dizaine de mètres carrés, avec deux fois deux lits superposés, un hublot ouvert qui donne sur une coursive à bâbord. Murs, sol et plafond suintent la crasse, un plafonnier est manquant et laisse voir l'isolant derrière, le placard ne ferme pas, il manque le flexible de la douche, il n'y a pas de miroir dans le cabinet de toilette, les toilettes n'ont jamais été détartrées, le lit superposé de droite est branlant comme un dortoir de collégiens. La porte d'entrée ne ferme pas, le pêne est sorti et on ne retrouve pas la clé. Il y a néanmoins un dispositif qui permet de la maintenir entrebâillée à défaut de pouvoir la fermer.

Je choisis le lit en bas à gauche, je demande à ce qu'on sécurise trois vis qui dépassent du fond du lit d'au-dessus et sont autant d'occasions de me blesser à la tête, on bricole un fil de fer pour garder la porte du placard fermée. Mais on ne m'apporte pas de flexible de douche, je ressayerai demain.

Dois-je préciser qu'il n'y a pas le WiFi ni l'air conditionné ? Vous l'aviez deviné, j'espère !

Bon, me voilà exactement à la même enseigne qu'un marin turc, on dirait bien… Ou alors ai-je le privilège d'avoir une cabine pour moi tout seul lorsqu'eux doivent la partager ?

Tout n'est pas tout noir, mon matelas est neuf, il est déballé en direct de son emballage en polyane, et on me donne des draps et un oreiller sortant de la blanchisserie. Je n'ai pas demandé mon reste et me suis effondré de sommeil dans ce lit plutôt douillet, dans cette cabine du tiers-monde, le corps a ses nécessités.

Eh bien, je peux vous dire que je suis heureux de cette expérience ! Pourquoi me plaindrais-je de devoir passer 36 heures et deux nuits dans cet environnement, alors que c'est le quotidien de milliers de marins dans le monde ? Je suis le seul étranger, mon camarade passager chauffeur de poids lourd s'est présenté à moi, il parle quelques mots d'anglais.

Vous connaissez l'expression maintenant un peu galvaudée « sortir de sa zone de confort » ? Eh bien c'est exactement ça, au sens propre. Une belle leçon d'humilité et aussi d'humanité.

Le petit déjeuner est servi au carré à 8 h, le déjeuner à 12 h, le dîner à 17 h, la cambuse est juste à côté. Il règne une ambiance plutôt courtoise, aucun éclat de voix, il n'y a bien sûr aucun alcool à bord, les marins ont d'abord un travail à faire.

Le déjeuner est constitué de haricots mange-tout servis avec du boulgour, c'est simple et savoureux. Le dîner est un peu amélioré, il s'agit d'aubergines confites farcies à la tomate et au hachis, servies avec un riz blanc et une sauce au yaourt, c'est vraiment très bon.

Cela me laisse le temps de travailler à mon journal, et d'organiser l'intendance pour pouvoir faire face à ce décalage d'un jour de mon arrivée en Israël, tant que nous sommes à quai et que j'ai encore du réseau.

Le bateau a finalement appareillé après avoir terminé son chargement à 14 h 30 aujourd'hui après le déjeuner. Je suis allé voir le *captain* au poste de commandement dans la passerelle, il n'est finalement pas en uniforme, au moins n'a-t-il plus de claquettes, et me confirme une arrivée en Israël vers midi ou treize heures à Haïfa demain mercredi, jour pendant lequel j'avais prévu d'aller à Jérusalem avec mon auto avant de la réexpédier vers la Grèce.

Je dois donc renoncer à récupérer et dédouaner ma voiture dans ce pays, je la ferai immédiatement réexpédier pour Lavrio près d'Athènes. Petite frustration pour moi, mais Bucéphale aura réalisé l'essentiel du trajet, et aura bien posé les pneus en Terre sainte cependant !

À ce sujet, l'Histoire n'aura pas retenu le nom du cheval de Godefroy de Bouillon, ni d'aucun autre croisé d'ailleurs. Cherchez bien, il n'y a guère de chevaux qui aient laissé leur nom au panthéon des équidés, Bucéphale est une exception. Je trouve extraordinaire qu'on ait conservé la mémoire d'un cheval qui a vécu voici plus de 2 300 ans.

Je demande à Palfreight de modifier la déclaration douanière de Bucéphale en conséquence, pour en faire une déclaration de transit. J'appelle ensuite Rosenfeld shipping *(Rosenfeld, vous êtes juif ?)* pour leur expliquer qu'ils doivent prendre en charge la voiture en transit dans l'enceinte du port. Ça devrait le faire, je suivrai ça de près demain.

Comme je n'aurai finalement pas ma voiture dans ce pays, je demande à y accéder pour récupérer quelques affaires et en déposer d'autres, car je repartirai en avion vers Athènes vendredi avec uniquement un bagage cabine. C'est l'occasion de descendre dans la soute avec deux marins, le second leur a donné des instructions en russe, j'ai tout de suite entendu qu'il parlait de ma стара машина (vieille voiture) !

Je demande au second en montrant les marins en question *Rouski ?*, il me répond *Georgian*. L'un d'eux est celui qui m'a remis à niveau ma chambre hier, je lui demande *Sakartvelo ?* Il jubile du fait que je connaisse le nom de son pays dans sa langue. Je lui sors mon russe de survie, il me dit qu'ils sont six Géorgiens sur 19 membres d'équipage. Me voilà rassuré sur cette langue inconnue qu'il m'avait semblé entendre et qu'ils utilisent entre eux. Je lui rappelle aussi que j'attends toujours un flexible de douche, il s'en occupe tout de suite.

Nous voilà dans le parking supérieur, sur le pont. Plusieurs remorques sont frigorifiques, leur moteur auxiliaire tourne en permanence pour assurer la réfrigération. Il y a aussi des bus tout neufs aux couleurs d'une ville israélienne que je n'ai pas pu identifier, c'était en hébreu. Nous descendons au niveau inférieur, et en effet mon auto est bien là, entrée la dernière. Les premiers seront les derniers, les derniers seront les premiers…

Me voilà en vue de la Galilée où je débarquerai demain. Il n'y aucun réseau téléphonique ni Internet, je suis coupé du monde depuis que nous avons appareillé.

Dans les jours qui ont précédé mon départ, il y a eu à nouveau des tirs de roquettes du Djihad islamique en provenance de Gaza auxquels Tsahal a apporté une réponse ferme, comme d'habitude. Notez que ce n'est même plus du Hamas qu'il s'agit, mais bien du Djihad islamique, une organisation terroriste encore plus radicale que le Hamas.

Nous sommes bien loin de la cause palestinienne des origines, essayez de vous imaginer Yasser Arafat en djihadiste. Qu'ils sont loin les accords d'Oslo en 1993, signés une petite cinquantaine d'années après la naissance dans la violence d'un État juif au Proche-Orient, dans des circonstances que j'ai déjà présentées dans *Au pays du Jourdain* et sur lesquelles je ne reviendrai pas.

Je dirai simplement qu'aujourd'hui en 2022, les forces palestiniennes se sont radicalisées dans un terrorisme assumé, auquel l'État démocratique d'Israël n'a pas d'autre choix que de répondre par la répression et la fermeté. Et tant pis s'il y a des victimes innocentes. C'est cynique, mais c'est, hélas, la triste réalité.

Les Palestiniens les plus radicaux persistent à vouloir rejeter à la mer l'État d'Israël, est-ce bien raisonnable quand on parle d'un pays de 10 millions d'habitants ?

Je ne vois pas aujourd'hui comment en sortir. Les deux parties conservent le culte de leurs martyrs, par exemple à Hébron, où se trouve d'ailleurs un tombeau d'Abraham du même niveau d'authenticité que son bassin à Édesse. Dans ces conditions, une réconciliation n'est pas envisageable, et il n'y aura jamais de solution viable et équitable au conflit israélo-palestinien. C'est mon avis, et je le partage.

Voici plus de 900 ans, ce conflit-là n'existait pas encore, mais il y en avait d'autres dans ce Proche-Orient compliqué, ça ne date pas d'hier.

J'en étais resté hier à nos amis croisés arrivés devant les murs de Jérusalem, le 7 juin 1099. Ils n'ont jamais été aussi proches du but. Mais il s'en faudra encore de plus d'un mois, la chute s'est fait attendre jusqu'au 15 juillet 1099. Ils étaient partis le 15 août 1096, ça fait 35 mois d'aventure pour le Christ, presque trois ans !

Ils n'étaient plus que 2 000 chevaliers et 12 000 à 20 000 fantassins, sur peut-être 50 à 100 000 au départ (admirez l'amplitude des estimations, on croirait une manif chez nous, les chiffres selon la police ou selon les organisateurs…).

Ils connaissent des problèmes d'approvisionnement, alors que les assiégés fatimides sont bien nourris, disposent de réserves d'eau et de nourriture, et ont évacué les bouches inutiles chrétiennes. Les Fatimides ont en outre réparé et renforcé les fortifications de la ville qu'ils ont prise l'année précédente, tandis qu'une armée venue d'Égypte est en route pour les secourir.

Mais les croisés arrivés jusqu'ici ont déjà derrière eux bientôt trois ans de campagne et de privations, ils sont endurcis et galvanisés par la foi. Ils ont déjà bénéficié du miracle de l'apparition de la Sainte Lance lors de la prise d'Antioche, ils comptent bien en vivre un deuxième si nécessaire !

Les croisés n'ont pas le temps ni les moyens pour un siège qui s'éternisera plusieurs mois, comme à Antioche. Il faut aller vite, il faut en finir, le temps presse !

Les croisés normands de Tancrède de Hauteville et Robert Courteheuse, ainsi que les Lorrains de Godefroy de Bouillon, se concentrent au nord de la ville, les croisés provençaux de Raymond de Saint-Gilles au sud.

Avant toute chose, les croisés font une procession au Mont des Oliviers où un ermite leur dit contre toute évidence qu'ils doivent sans tarder prendre la ville, alors qu'ils n'ont pas de matériel de siège, *Deus lo volt !* Art de la guerre et mysticisme sont intimement mêlés.

Un premier assaut a lieu le 12 juin, c'est un échec, la foi seule, ça ne marche pas à tous les coups. Les croisés passent les premières défenses sur le mur nord, mais butent sur le mur principal faute de matériel approprié, échelles et passerelles. Des navires chrétiens accostent à Jaffa désertée par ses défenseurs venus au secours de Jérusalem, et apportent de quoi monter des tours de siège.

Pendant ce temps, les croisés cherchent à mettre toutes les chances de leur côté en matière spirituelle : des prêtres mystiques recommandent un jeûne puis une procession pieds nus autour de la ville, ce qui fut fait le 8 juillet, sous le regard goguenard des défenseurs de la place.

Ces derniers n'ont qu'à bien se tenir, deux tours de siège sont achevées le 10 juillet, l'une sur le mur nord avec les armées de Godefroy de Bouillon et des Normands, l'autre au sud avec celle de Raymond de Saint-Gilles.

La garnison fatimide qui tient Jérusalem n'est pas très nombreuse, il n'y a que 2 000 soldats. Elle a refusé la capitulation sans condition qui lui était proposée, s'exposant ainsi à de graves conséquences, selon les lois de la guerre : en gros, pas de quartier !

Son gouverneur a essayé de proposer le *statu quo ante bellum* en laissant l'accès libre aux lieux saints tout en gardant la maîtrise de la ville, comme avant l'arrivée des Seldjoukides, car il est convaincu de résister assez longtemps pour attendre l'armée de secours venue d'Égypte qui dispersera les assiégeants. Proposition inacceptable pour les croisés.

C'est l'assaut. Nous sommes le 15 juillet 1099, c'est un vendredi, jour de la passion du Christ, rien n'est laissé au hasard, *Deus lo volt !* Les premiers à pénétrer *intra-muros* au nord sont les chevaliers flamands Letold et Gilbert de Tournai, suivis de près par Godefroy et son frère aîné Eustache III – oui, le voilà qui entre dans Jérusalem, on avait presque oublié sa présence, on ne parle pas beaucoup de lui dans les chroniques du temps.

Tancrède de Hauteville arrive derrière eux, il se dirige vers le mont du Temple. Le gouverneur fatimide de Jérusalem résiste côté sud aux hommes de Raymond de Saint-Gilles, il se replie dans la citadelle, la tour de David. Il apprend que les carottes sont cuites sur le mur nord et négocie avec Raymond de Toulouse qui le laisse partir sous escorte vers Ascalon en échange de la totalité de son trésor, la bourse ou la vie.

Ce gouverneur fatimide aura la chance de survivre à la prise de Jérusalem. Car les croisés, ivres de joie à l'idée d'avoir atteint leur but après presque trois ans d'efforts et la mort de tant des leurs, massacrent complètement la population musulmane et juive de la ville, rappelez-vous que les bouches inutiles chrétiennes ont été évacuées par les Fatimides. Elles pourront revenir une fois que tous les corps auront été évacués, à partir du 17 juillet.

Bon, l'excitation de la prise de la ville n'explique pas tout, les massacres et pillages se sont poursuivis le lendemain 16 juillet.

Le bilan chiffré de ce siège est invérifiable, gonflé par des chroniqueurs musulmans écrivant plusieurs dizaines d'années après les faits et diabolisant des hordes d'infidèles gorgées de sang, et dont les textes ont permis à Amine Maalouf d'écrire son ouvrage, *La croisade vue par les Arabes, la Barbarie franque en Terre sainte,* que j'ai déjà cité.

Les chroniqueurs croisés ont probablement aussi amplifié l'étendue des carnages à des fins de propagande. On se souvient de la phrase-choc *on marchait dans les rues avec du sang jusqu'aux chevilles* du chroniqueur de l'époque Raymond d'Aguilers, chapelain de Raymond de Toulouse, témoin oculaire direct. Quels gueux, ces chroniqueurs, oups !

Réfléchissez, pour avoir 5 centimètres de sang par mètre carré, il faut 50 litres de sang, soit 10-12 personnes à saigner méticuleusement. Par mètre carré. Et qu'est-ce qu'on fait des corps correspondants ? Faites la multiplication, Jérusalem *intra-muros* occupe plusieurs dizaines d'hectares à l'époque, ce n'est pas possible. En revanche, je veux bien croire qu'on se soit taché les chevilles avec du sang en déambulant après la bataille dans des rues jonchées de cadavres.

Probablement la prise de Jérusalem était-elle ni plus ni moins sanglante que les autres prises de villes fortifiées à l'époque, lorsque les assaillants ne faisaient pas de quartier – souvenez-vous que la reddition a été déclinée par les Fatimides. Le sujet est évidemment sensible, et je ne prendrai pas parti. Actuellement on table sur un chiffre de l'ordre de 10 000 morts. Plus du double des morts de Zemlin sur un malentendu, on s'en souvient. Inversement, seulement la moitié des croisés populaires massacrés sans états d'âme devant Nicée par les Turcs.

À la fin du XIe siècle, Jérusalem n'est qu'une ville moyenne, ses murailles ont un périmètre inférieur à la moitié de celles d'Antioche par exemple.

Ce n'est pas encore la troisième ville sainte de l'Islam, *Al Quds* en arabe (la Sainte). Le Coran n'en parle pas explicitement. Ce n'est qu'à des fins de propagande et afin de justifier sa reconquête sur les croisés que Saladin et ses prédécesseurs immédiats, Zenghi et Noradin, proclament que Jérusalem est sacrée et qu'il faut en chasser les infidèles, unissant tous les musulmans, turcs, arabes, kurdes sous leur commandement. Un discours exactement symétrique à celui d'Urbain II en 1095, si vous vous en souvenez.

Ainsi, la prise de Jérusalem par les Fatimides d'Égypte chiites l'année précédente en 1098, et avant cela de 969 à 1073, des infidèles pires que les chrétiens aux yeux des sunnites, n'a pas provoqué d'émotion particulière chez ces derniers.

Tout ceci permet de dire que la prise de Jérusalem par les chrétiens n'entraîne pas de réaction spectaculaire au Proche-Orient à l'époque des faits en cette toute fin du XIe siècle, si ce n'est l'armée de secours fatimide qui est en route.

Le 12 août, moins d'un mois après la prise de Jérusalem, les croisés battent ladite armée fatimide à Ascalon, c'était la première fois que cette dernière avait affaire aux charges en bon ordre de la cavalerie lourde des croisés. Vous imaginez bien que ça n'a pas fait un pli, les Fatimides n'ont pu tenir leurs lignes et se sont débandés.

Voilà, maintenant que la dernière menace est écartée, les croisés installent le royaume latin de Jérusalem, le troisième et dernier État directement issu de la première croisade après le comté d'Édesse et la principauté d'Antioche. Quelques années plus tard, le comté de Tripoli fera la jonction entre la principauté d'Antioche et le royaume de Jérusalem.

Jérusalem est prise, il faut aviser et élire un roi de Jérusalem.

Robert de Normandie souhaite rentrer pour récupérer le trône d'Angleterre dont il est l'héritier. Raymond de Saint-Gilles est trop vieux et s'est attiré beaucoup d'inimitiés avec sa fidélité à Alexis Comnène et ses ambitions de chef de la croisade. Tancrède de Hauteville est trop jeune.

Reste Godefroy de Bouillon, reconnu par ses pairs comme le plus pieux et le plus brave des croisés. Il refuse d'être ce roi de Jérusalem, *ne voulant ceindre une couronne d'or là où le Christ avait une couronne d'épines* selon la formule consacrée. Il accepte d'être *Avoué du Saint Sépulcre* le 22 juillet 1099. Avoué est une ancienne forme du mot avocat, le titre exact serait donc *Défenseur du Saint Sépulcre.*

Bon, il meurt un an plus tard après avoir mangé un citron pas frais, un citron à l'évidence empoisonné, on parle aussi d'un cédrat, un agrume un peu rustique qui est l'ancêtre du pomelo de Jaffa.

Et *illico* son frère Baudouin de Boulogne lâche son comté d'Édesse et sa femme arménienne Arda qu'il répudie pour devenir roi de Jérusalem, il y a des priorités dans la vie ! À noter que Baudouin, lui, a assumé le titre de roi que son frère rejetait.

Arnoulf de Rœux, le tombeur de Pierre Barthélémy, découvre la relique de la Vraie Croix le 5 août 1099 (il y en avait déjà une à l'abbaye de Melk si vous vous en souvenez) : il a demandé où elle était, la décrivant précisément, les gens du coin ont vu qu'il était prêt à payer un max pour l'acheter, ils lui ont donné ce qu'il cherchait !

Pareil plus tard pour le Saint Suaire (de Turin), la vraie couronne d'Épines (de la Sainte-Chapelle), le voile de Marie (de la cathédrale de Chartres) et tant d'autres.

Les Occidentaux pleins aux as se sont fait escroquer comme des enfants de chœur, c'est le cas de le dire, par des Orientaux qui n'ont fait que leur trouver ce qu'ils cherchaient et étaient prêts à payer fort cher, après tout !

Et il y a même eu le saint prépuce, il y en a au moins cinq, avec ça, la capote de Jésus lui allait comme un gant.

Et donc vous imaginez bien que si les croisés avaient demandé le Graal, en en faisant une description précise et en étant prêts à y mettre le prix, les Orientaux l'auraient forcément trouvé, ils en auraient même trouvé plusieurs.

En l'an 33, lorsque Jésus a été mis à mort, c'était pour les Romains un agitateur et un fauteur de troubles, et pour les religieux juifs un faux prophète affirmant être le Messie qu'ils attendent toujours aujourd'hui. Ce n'est que plusieurs décennies plus tard avec Saint-Paul et les Évangiles que la religion chrétienne s'est diffusée.

Et vous imaginez que dans ces conditions, quelqu'un aurait eu à chaud la présence d'esprit de récupérer des reliques du Christ ? De surcroît, celles en matière organique (tissu, bois, épines…) avaient-elles des chances de traverser les siècles dans de bonnes conditions ? Certainement pas. Faites des recherches, les premières reliques du Christ apparaissent au IVe siècle chez les Byzantins lorsque Constantin se convertit, et bien plus tard en Occident.

Une relique d'un saint, c'est autre chose : celles de l'évangéliste Marc, volées à Alexandrie par les Vénitiens au VIIIe siècle pour fonder leur ville et la basilique Saint Marc, sont probablement les vrais restes humains de l'évangéliste qui est mort au cœur d'une communauté chrétienne naissante. Les reliques d'un saint, c'est un excellent fonds de commerce pour attirer les pèlerins, c'est finalement ça qui compte. Mais des reliques du Christ, c'est encore mieux.

Et puis, remettre en cause l'authenticité d'une relique n'enlève pas le caractère sacré qu'on peut lui donner en tant qu'objet de culte et de dévotion, voilà bien l'essentiel.

Je débarque demain en Terre sainte, aujourd'hui il n'y a plus de vendeurs de reliques. Mais il reste beaucoup de marchands du temple.

Envoyé de mon iPad

De : Étienne Henry <etienne.henry@mon.adresse.mail>
À : undisclosed recipients
Envoyé : le 25/08/2022 08 : 47
Objet : Le quinzième jour, de Haïfa à Jérusalem

Ma deuxième nuit à bord de l'*Altay* a été récupératrice, il faut dire que ma journée d'hier n'a pas été très agitée puisqu'elle s'est limitée aux trajets entre ma cabine, le carré, la cambuse, la passerelle du *captain* et la coursive bâbord. Le roulis était nettement perceptible, tout déplacement à bord devait se faire avec une certaine prudence. Bon, c'est pas les quarantièmes rugissants, mais la mer était un peu creusée cette nuit et ce matin, conséquence d'un vent très fort.

Le déjeuner est constitué d'une fricassée de foies et de cœurs de volailles, servis avec du riz et l'inévitable yaourt salé, sur lequel je fais l'impasse. C'est ma foi bon, mais je finis par laisser les cœurs de côté, trop coriaces, pour leur préférer les foies.

Je monte à la passerelle vers 13 h, la côte de la Terre sainte est en vue ! Le *captain* me dit qu'il y en a pour deux heures avant d'arriver au port, puis le temps de l'autorisation d'accoster qui devrait être obtenue rapidement, et celui de l'accostage proprement dit. Les conditions météo de la nuit nous ont fait perdre du temps sur l'horaire prévu. Mais vu son caractère indicatif, ce que je constate depuis Mersin et le départ lundi, ce n'est un problème pour personne. .

Sauf peut-être pour moi qui dois régler le sujet du transit et de la réexpédition de mon auto vers Athènes.

Les réseaux de téléphone et de 4G étaient inexistants en mer, ils reviennent vers 14 h, je peux passer quelques coups de fil rassurants et régler des questions d'intendance.

Nous arrivons au port vers 16 h, un remorqueur nous prend en charge. L'accostage est terminé à 17 h. Je rassemble mes affaires et descends au niveau de la rampe. Je pourrai débarquer mon auto une fois qu'elle sera libérée de ses attaches de sécurité – nous sommes à bord d'un roulier et non d'un ferry, toute la charge doit être arrimée.

Je débarque moi-même Bucéphale en Terre sainte à 17 h 30, après 5 040 kilomètres parcourus au compteur depuis mon départ de Strasbourg. Grand moment d'émotion !

Il fait grand beau, la température est agréable, le drapeau israélien flotte au vent, la ville de Haïfa se présente devant moi, entre le front de mer et le relief.

Pour fêter ça, je me déguste une 1664 de ma réserve personnelle, je l'ai vraiment méritée après tous ces efforts pour arriver jusqu'ici, en particulier les trois derniers jours de procédures d'embarquement et de mer.

C'est Christo Vakopoulos, de Palfreight Haïfa, qui sera mon chaperon pour les formalités. Citoyen israélien, il est grec d'origine comme son nom l'indique, ses grands-parents ont dû fuir Constantinople et ses émeutes dirigées contre leur communauté, en particulier le pogrom de septembre 1955. Les services secrets turcs avaient fait exploser une bombe contre la maison natale d'Atatürk à Salonique devenue consulat de Turquie, et avaient accusé les Grecs de cet attentat monté de toutes pièces, provoquant des émeutes violentes planifiées à dessein et conduisant à l'exil les Grecs de Constantinople.

Je confirme à Christo que je ne dédouanerai pas mon auto, et que je dois m'occuper de sa réexpédition vers Lavrio près d'Athènes. Je lui montre son démarrage presse-bouton, il s'occupera de la faire embarquer demain par ses confrères de chez Rosenfeld.

Il m'emmène à la police des frontières à 18 h. *Shalom*, on me demande le motif de mon voyage, ainsi que de justifier de mon billet de retour, ce que je fais sans problème en montrant mon billet El Al vers Athènes pour vendredi matin. On me rend mes papiers d'identité avec un petit reçu vert qu'il faut précieusement conserver avec le passeport dans lequel Israël n'appose pas de tampon, pour éviter à ses visiteurs des difficultés s'ils devaient poursuivre leur voyage vers des pays en mauvais termes avec l'État hébreu.

Après la police, c'est la douane, Christo m'emmène dans un chapiteau climatisé où se trouvent les machines à rayons X dans lesquelles je passe mon bagage qui ne sera pas ouvert. *Shalom*, on me demande si j'ai des armes à feu et des couteaux, je crois que la réponse est assez claire…

Me voilà libéré et vers 18 h 30, Christo me conduit chez Rosenfeld Shipping, où c'est Rasheed Mashal qui me reçoit, je l'ai eu de nombreuses fois en ligne en amont. Rasheed (graphie anglaise de Rachid) est arabe israélien, il est très cordial, je lui produis toutes les pièces qu'il demande, m'acquitte du prix correspondant qui est élevé, comme celui du trajet en provenance de Mersin. Il faut vraiment être motivé pour faire ce que je fais…

J'en ai terminé vers 18 h 50, et mon chauffeur Saheer passe me prendre dans la foulée. Vu l'horaire, il me fallait une solution rapide pour rejoindre Jérusalem qui est à près de 155 kilomètres.

Il m'a été recommandé par un ami lecteur de ce récit au quotidien, citoyen du monde, polyglotte, homme d'affaires et bourlingueur, qu'il en soit remercié.

Haïfa, c'est une grande ville de Galilée, le deuxième port du pays après Ashdod, en face de Saint-Jean d'Acre (*Ako* en hébreu, *Akr* en arabe) située à l'autre extrémité de la baie, dernier réduit des croisés qu'ils ont évacué en 1291.

Le monument qui retient l'attention ici est ce qu'on appelle les jardins baha'is sur le mont Carmel, un ensemble de jardins à la française en terrasses en haut duquel se tient le dôme du mausolée du Bab (Porte, en français), alias Mirza Ali Muhammed, qui est tout simplement le fondateur de la dernière religion révélée en ce bas monde ! Personne ne le sait, mais la foi baha'ie, pourtant née au cœur de l'Islam, se veut la synthèse des religions du Livre, le Bab succédant ainsi à Abraham, Moïse, Jésus, Mohamed, jusque-là ça va, et puis aussi Krishna, le Bouddha et Zarathoustra tant qu'on y est.

Bon, le Bab a commencé ses prédications en Perse, qui n'était pas encore l'Iran, en 1844. Eh bien figurez-vous qu'il lui arrivé la même chose qu'à Jésus, il a été exécuté comme fauteur de trouble en 1850 par les autorités civiles, et comme faux prophète par les autorités religieuses. Rappelez-vous que Mohamed a failli subir le même sort, mais il a pu fuir à Médine durant l'Hégire.

Vous savez que les Juifs attendent toujours leur Messie : je vous le dis, il faudra qu'il soit courageux pour pouvoir leur dire à la face du monde « Je suis votre messie ! », il aura beaucoup de mauvais coups à prendre…

Le principal disciple du Bab, le Promis Mirza Hussein Baha'Allah, a dû s'exiler dans l'Empire ottoman, ici à Haïfa, où il a pu travailler sans être inquiété sur le dogme de la foi baha'ie, dernière religion révélée, comme s'il n'y en avait pas déjà assez dans ce pays. Ses disciples ont ensuite fait rapatrier la dépouille du Bab depuis la Perse, le mausolée qui lui est consacré a été achevé en 1953, et les jardins en 2001.

L'Eurométropole de Strasbourg a pris l'initiative en 2021 d'offrir à ses concitoyens un calendrier des religions, se disant que connaître la religion du voisin peut aider à surmonter les conflits, ce sur quoi je suis assez d'accord, je l'ai déjà dit.

Figurent dans ce calendrier les dates des principales fêtes de huit religions, dans l'ordre d'ancienneté, l'hindouisme, le judaïsme, le bouddhisme, le christianisme catholique et orthodoxe, l'islam, le protestantisme et… la foi baha'ie ! Alors qu'il n'y a que cinq millions de fidèles dans le monde pour ce mouvement qui ne fait aucun prosélytisme.

Depuis mon passage en Iran en 2019, de retour de Samarcande, j'avais entendu parler du Bab et de la foi baha'ie, j'avais classé l'affaire comme une sorte de *Vie de Brian* dans le monde réel, avec une fin triste. Eh bien je vois que l'Eurométropole de Strasbourg la met parmi les religions ayant pignon sur son calendrier 2021 !

Pourquoi pas s'agissant de la dernière religion révélée, mais je déplorais l'absence de l'islam chiite dans ce calendrier 2021. L'oubli a été réparé dans l'édition 2022 qui compte neuf religions, cette fois.

Je me rends à Jérusalem en voiture, c'est le but ultime, c'est mon challenge pour cette année 2022. Ce sera finalement avec mon auto fétiche, ma BMW 525i Touring de 1992, alias Bucéphale, jusqu'au port de Haïfa, soit 5 040 kilomètres, et avec la Skoda Octavia de Saheer pour les 155 derniers. Le challenge est respecté, du moins je le considère comme respecté, je n'ai pas pris l'avion.

Nous empruntons l'autoroute A6, axe nord-sud du pays, qui file de Galilée jusqu'à Eilat. Saheer est arabe israélien, originaire d'*Akr*, il est ravi de m'emmener à *Al Quds Al Sharif* (la Sainte et Noble), le nom complet de Jérusalem en arabe.

Il ne connaît pas la chanson de Sheila, je fredonne intérieurement *Comme les rois mages, en Galilée, suivaient des yeux l'étoile du berger…*

L'autoroute passe à proximité de Tulkarem puis de Qalqilya en Cisjordanie. Saheer me montre avec tristesse le mur de la honte (version arabe) ou la barrière de sécurité (version israélienne), qui suivent peu ou prou la ligne verte à gauche de l'autoroute. Il me parle de Palestine, de Djénine, Naplouse et

Ramallah, situées en zone A contrôlée par l'autorité palestinienne, il faut un passeport pour s'y rendre, tandis que la zone C contrôlée par l'État hébreu fait l'objet d'une colonisation intense. Rien de nouveau sous le soleil.

Je lui rappelle que le découpage en trois zones de la Cisjordanie date des accords d'Oslo en 1993, pour une durée transitoire de cinq ans qui dure toujours aujourd'hui. Il me dit que dans les deux camps, il y a des gens qui veulent la poursuite du conflit, ce qui l'attriste profondément. Je ne lui dirai pas que je pense qu'il n'y aura pas de solution équitable à ce conflit de notre vivant à tous les deux, lui a 47 ans.

Saheer, en qualité de citoyen israélien, et au contraire des Arabes de Cisjordanie, bénéficie d'un niveau de vie très élevé, du niveau occidental. C'est frappant dans les rues, sur les routes, dans la qualité des infrastructures et des immeubles. On se croirait dans le sud de la France, avec l'hébreu en plus, et même quelques ordures sauvages en moins. Un véritable miracle de développement en quelques décennies.

À compter de la sortie vers Tel-Aviv, nous prenons l'A1 vers Jérusalem, l'urbanisation est ininterrompue. Nous entamons l'ascension vers la ville trois fois sainte qui est à 700 mètres d'altitude.

Nous nous dirigeons vers la vieille ville, il y a du relief, nous atteignons la muraille au niveau de la porte de Jaffa, puis la suivons côté nord. En passant devant la porte de Damas, que Saheer appelle *Bab Al Amoud*, il me dit qu'à cet endroit, il y a régulièrement des affrontements violents et que ça fait l'actualité. En effet, je reconnais l'endroit vu tant de fois au Jité. Nous poursuivons sur le boulevard du Sultan Soliman (en français on ajoute le Magnifique), pour tourner à gauche dans une petite rue perpendiculaire.

Je descends au *Holy Land Hotel*, ça ne s'invente pas, il est à côté des jardins Rockefeller, une centaine de mètres au nord de la vieille ville. C'est au niveau du quartier musulman, au nord de ses remparts reconstruits par Soliman le Magnifique au XVIe siècle lors de la conquête ottomane de la Palestine, c'était déjà son architecte favori Sinan qui était à la manœuvre.

En arrivant dans le *lobby* de mon hôtel, j'ai l'impression de tomber en plein congrès de djihadistes, il y a des barbus basanés en djellaba et des femmes en *niqab*, pas un chrétien à l'horizon ! Bon, *Al Quds* est aussi ville de pèlerinage pour les musulmans, voilà l'explication. Mais comprenez que je sois déstabilisé !

Je remercie chaleureusement Saheer après lui avoir réglé sa course, et vais me reposer après cette longue journée, il est 21 h 30.

Je dispose d'une journée entière demain jeudi pour déambuler dans la vieille ville et ses alentours, et visiter les lieux saints des religions du Livre.

Et dès vendredi matin, avant le shabbat où tout s'arrête, je prendrai le chemin du retour vers mon foyer, une fois mon pèlerinage accompli.

Eh bien, c'est exactement ce qu'ont fait la plupart des croisés une fois leur pèlerinage accompli : rentrer en Occident et reprendre le cours de leur vie, couverts de gloire et auréolés de leur statut de libérateur du tombeau du Christ.

Car la croisade, malgré tous ses préparatifs, n'avait pas prévu ce qu'il adviendrait des territoires libérés de l'emprise des Turcs. On ne peut donc rétrospectivement parler d'une opération de colonisation, puisque peu de croisés s'implantèrent en Terre sainte.

Les plus mystiques croyaient que la prise de la Jérusalem terrestre se comparait à la lutte contre l'antéchrist, qu'elle annonçait le retour du Christ, l'arrivée de la Jérusalem céleste et la fin des temps… Pourquoi dans ces conditions prévoir l'après puisqu'on ira tous au paradis ?

Le pape Urbain II meurt le 29 juillet 1099, a-t-il seulement appris la nouvelle de la prise de Jérusalem avant de clamser ? Certainement pas, considérant les délais de communication.

Il ne restait que quelques centaines de chevaliers pour tenir le pays et les quatre principautés, comtés ou royaumes d'Antioche, d'Édesse, de Tripoli et de Jérusalem. Mais puisqu'il y avait beaucoup de religieux, on s'est dit qu'on pourrait en faire des guerriers, et on a créé les ordres chevaliers, celui des Templiers en particulier par Bernard de Clervaux en 1118. Les Hospitaliers les ont précédés en 1113.

Qu'est-il advenu de nos valeureux chefs des armées de la première croisade ?

On a vu que Godefroy de Bouillon est mort à peine un an après avoir été élu avoué du Saint-Sépulcre. C'est son frère Baudouin de Boulogne qui lui a succédé, avec le titre de roi. Je vous avais dit qu'il avait répudié pour cela sa première femme arménienne, Arda, qui lui a permis d'être comte d'Édesse.

Sa nouvelle femme, Adélaïde de Savone, a tout pour plaire à un roi de Jérusalem, c'est la veuve du comte de Sicile. Baudouin récupère une dot considérable et le soutien de la flotte sicilienne. Mais l'Église ne reconnaît pas son divorce d'avec Arda, il est donc bigame. Il se dépêche de dépenser sa dot avant de se séparer d'Adélaïde et de mourir en 1118.

Les deux frères sont enterrés au Saint Sépulcre, la classe, mais depuis l'incendie de 1808 et les travaux qui ont suivi, les tombeaux ont été détruits. À noter que leur aîné Eustache III rentre chez lui s'occuper de son domaine, puisque c'est lui l'héritier.

Hugues de Vermandois fait partie de ceux qui sont retournés en ambassade à Constantinople, après la prise d'Antioche, pour entendre Alexis Comnène sur la suite des opérations, avant que Bohémond de Tarente ne s'approprie la principauté. Il tente de revenir en Terre sainte ensuite durant une croisade de secours, et trouve la mort en 1101 sur la route de Tarse dans un combat contre les Turcs.

Bohémond de Tarente, prince d'Antioche, continue à guerroyer avec les Turcs pour défendre sa principauté. Il sera trois ans captif de l'émir de Sivas (Sébaste à l'époque des croisés) en Cappadoce. Une croisade de secours tente de le délivrer en 1101, ce sera un échec cuisant. Finalement libéré, il rentre sur ses terres dans les Pouilles en 1104 et ne reverra plus sa principauté d'Antioche sur laquelle il doit reconnaître l'autorité de Byzance en 1108. Il ne s'en remet pas et meurt en 1111. Tancrède de Hauteville était resté à assurer la régence d'Antioche en l'absence de son oncle Bohémond, il y meurt en 1112.

Raymond de Saint-Gilles, chef des Provençaux, participe lui aussi à une croisade de secours qui sera un échec, mais il réussit à sauver sa peau. Il cherche ensuite à conquérir l'émirat de Tripoli pour avoir sa principauté à lui. Il est proche d'y arriver, mais il est blessé d'une flèche durant le siège de la ville et meurt dans la foulée en 1105.

Robert Courteheuse, le duc de Normandie, fils aîné de Guillaume le Conquérant, revient en Normandie en 1100 après la prise de Jérusalem, couvert de gloire, mais quelques mois trop tard pour revendiquer le trône d'Angleterre qui échoit à son frère, Henri Beauclerc, qui succède à leur troisième frère, Guillaume II Le Roux, mort bêtement dans un accident de chasse, qui va à la chasse perd sa place. Robert Courteheuse contestera le trône de son frère, puis passera le reste de sa vie en captivité après avoir échoué à le reprendre en 1106 ; il meurt en 1134. C'est le seul des chefs croisés à être mort vieux, dans une captivité objectivement honorable sinon confortable.

Sinon, Courteheuse signifie courte botte, une référence à sa petite taille. En français d'aujourd'hui, Robert Courteheuse est moins explicite que Robert Le Nabot qui veut dire exactement la même chose, je sais, ça casse un peu le mythe.

Après les Barons, n'oublions pas notre ami Pierre l'Ermite, rescapé des croisades populaires, grand prédicateur qui a mobilisé des foules de pécores. Comme je l'ai laissé entendre, après avoir voulu déserter à Antioche, il est arrivé à Jérusalem, on sait qu'il a prêché sur le Mont des Oliviers et participé à la procession du 8 juillet pieds nus autour des murailles de la ville. Ensuite, on perd sa trace. Un moine déclarant être Pierre l'Ermite réapparaît à Huy près de Liège, en Basse-Lotharingie, il y fonde le monastère de Neufmoustier où il meurt en 1115. Nous n'avons aucune certitude sur son identité, mais il a vendu à tous un CV de libérateur du tombeau du Christ.

J'ai parlé hier des conditions épouvantables de la prise de Jérusalem le 15 juilet 1099. Ce massacre aura des conséquences durables pour la présence croisée en Orient. Déjà, les cités voisines comme Tripoli qui auraient pu se rallier aux croisés se ravisent, car elles redoutent de subir le même sort.

Plus que les massacres perpétrés lors de la prise de Maarat al Nouman (La Marre) lorsque l'armée croisée était coincée à Antioche, ceux de la prise de Jérusalem resteront longtemps dans la mémoire des musulmans, et seront amplifiés quelques décennies plus tard pour motiver la reprise aux infidèles d'une ville devenue entretemps et à cette fin la troisième ville sainte de l'Islam.

Il s'agissait aussi de mettre fin à un expansionnisme des croisés s'essayant à la conquête de territoires qui n'avaient plus rien à voir avec la Terre sainte, comme les tentatives devant Alep et Damas en 1124 et 1126 par Baudouin II de Jérusalem, ou qui s'attaquaient aux routes caravanières.

Les massacres ont toujours des conséquences durables. Voyez en Alsace ceux commis par les Lorrains lors de la guerre des Rustauds en 1525. Ceux des Suédois durant la guerre de Trente Ans.

Au Proche-Orient comme ailleurs, les massacres sont des choses qui arrivent. La reprise d'Édesse par Zenghi, le nouvel homme fort turc, en deux temps, en 1144 et 1146, aurait fait, selon les chroniqueurs chrétiens, un total de 30 000 morts et 15 000 esclaves, en grande majorité arméniens, on l'a vu. Déjà un massacre d'Arméniens par des Turcs, décidément !

La nouvelle de cette reprise d'Édesse provoque la deuxième croisade en 1147, qui est un échec.

La troisième croisade démarre après la déroute d'Hattin en 1187 face à Saladin qui a lancé sa Guerre Sainte fédérant tous les musulmans pour la reprise de la troisième ville de l'Islam. Elle échoua à reprendre Jérusalem malgré le casting prestigieux, Philippe Auguste, Richard Cœur de Lion et notre ami Frédéric Barberousse qui a fini bouilli dans un chaudron.

La quatrième croisade, j'en ai déjà parlé, c'était une histoire d'argent, il y en avait vingt tonnes – du moins, il *devait* y en avoir vingt tonnes.

Il y a eu l'exception de la sixième croisade, qui a réussi à négocier une trêve de dix ans et l'accès aux lieux saints des chrétiens, j'y reviendrai.

Et pour les suivantes, notre Louis IX a participé à deux d'entre elles, la septième et la huitième, il est bêtement mort de la dysenterie à Tunis. Et donc il a eu droit à son *mos teutonicus,* lui aussi !

Le tout jusqu'à la fin des haricots et l'évacuation de Saint-Jean d'Acre, en 1291.

Outre les coalitions de musulmans menant leur Guerre Sainte auxquelles ils devaient face face, les croisés n'ont pu se maintenir en Terre sainte parce qu'ils avaient rompu avec Byzance qui soutenait indirectement les musulmans contre les Latins d'Orient, les ennemis de mes ennemis sont mes amis.

Du côté des Byzantins, s'ils avaient un peu joué la solidarité chrétienne avec les Latins, ils n'auraient probablement pas chuté définitivement face aux Ottomans ensuite, et une grande partie de l'Anatolie serait peut-être encore grecque. Mais on ne peut pas refaire l'Histoire.

Et les Juifs et chrétiens d'Orient, qui étaient jusqu'alors relativement tranquilles en tant que religion du Livre, sont devenus des infidèles à la faveur de la Guerre Sainte des musulmans, et se sont trouvés en grande difficulté lorsque les croisés les ont abandonnés à leur sort.

Tout ceci s'est passé il y a plus de 800 ans. Je verrai demain ce qu'il en reste aujourd'hui.

Envoyé de mon iPad

De : Étienne Henry <etienne.henry@mon.adresse.mail>
À : undisclosed recipients
Envoyé : le 26/08/2022 11 : 52
Objet : Le seizième jour, Jérusalem

Le *Holy Land Hotel* est situé à jet de pierre de la porte d'Hérode, pardon pour l'évocation malheureuse des Intifadas, qui donne accès au quartier musulman de Jérusalem. J'ai été réveillé dès 4 h 30 par le chant du muezzin, et comme si cela ne suffisait pas, un des congressistes barbus d'hier soir est passé dans les étages frapper aux portes, dont la mienne, en répétant le message !

J'ai pu le constater au petit déjeuner, la clientèle et le personnel de l'hôtel sont quasi exclusivement musulmans, voilà l'explication. Il en est de même pour le quartier alentour, les gens dans la rue et les enseignes qui sont exclusivement en arabe, pas une kippa en vue.

J'ai pris soin de réserver une navette qui me conduira à l'aéroport demain à l'aube pour mon vol vers Athènes. Je dois la payer en espèces, j'en retire à un distributeur.

Le temps de régler une dernière formalité pour mon auto – une déclaration de valeur douanière que je fais sur papier libre en anglais mentionnant l'immatriculation et le numéro de châssis de la voiture dont j'envoie la photo par *e-mail* – et je me mets en route pour une visite à pied de la ville trois fois sainte.

L'ensemble de la vieille ville de Jérusalem est classé à l'UNESCO à ce titre depuis 1981, c'est bien la moindre des choses.

Je commence évidemment par le côté chrétien, puisque c'est ma religion, ma culture, mes racines et mon identité.

Je rejoins la porte d'Hérode et suis l'extérieur de la muraille vers la gauche, passe la tour des cigognes qui fait l'angle, il y a des cimetières musulmans tout près côté est, face au mont des Oliviers. Selon la tradition juive, reprise par les autres religions du Livre, c'est là que se produiront la résurrection des morts et le jugement dernier. Les personnes enterrées ici seront les premières ressuscitées, les places sont chères !

Je suis un peu surpris par l'excellent état et la hauteur modeste de la muraille, qui ne fait pas plus de cinq ou six mètres avec les créneaux. À mon avis, cette muraille un peu trop neuve de la deuxième moitié du XVIe siècle n'avait plus vraiment de vocation défensive. Elle était surtout destinée à impressionner les visiteurs de la ville sainte, tout en chantant la gloire de son commanditaire Soliman le Magnifique, nouveau maître des lieux.

Me voilà donc face au mont des Oliviers, c'est un ensemble de jardins publics et de cimetières arborés (d'oliviers, forcément !) sur des collines qui ondulent jusqu'à l'horizon. On y distingue le tombeau attribué à la Vierge Marie, l'église de Marie-Madeleine, et plus loin les dômes dorés de l'église orthodoxe russe de l'Ascension.

J'entre dans la ville par la porte des Lions, l'unique porte de la façade Est de la muraille, il y a un *check-point* très léger, c'est le quartier musulman. Tout de suite après, sur la droite, se trouve l'église Sainte-Anne, territoire français de Jérusalem, offert par le Sultan ottoman Abdul Madjid à la France en 1856 en remerciement de son engagement dans la guerre de Crimée à ses côtés contre la Russie. La tradition dit que c'est l'emplacement de la maison des parents de la Vierge Marie, Anne et Joachim, et donc sa maison natale. Une belle église romane qui existe toujours y a été bâtie par les croisés au début du XIIe siècle.

C'est là que Chirac a lancé son *What do you want ? Do you want me to go back to my plane and go back to France ?* et Macron son *In this place, everybody knows the rules. I don't like what you did in front of me* plus récemment, en réaction au zèle des services de sécurité israéliens en territoire français.

Et moi aussi, je me plie au jeu de l'extraterritorialité en entrant dans l'enceinte, me voici en territoire français à Jérusalem !

L'axe devient rapidement ce qu'on appelle la *Via Dolorosa*, son itinéraire a été modifié à plusieurs reprises et ne saurait reposer sur des fondements historiques. Il reprend les 14 stations du chemin de Croix, on indique le monastère de Sion où Jésus aurait été emprisonné.

Déjà les marchands du temple, une enseigne indique en allemand *Wir haben echte russischen Ikonen* (nous avons d'authentiques icônes russes).

Le parcours est interrompu par un *check-point*, qui ne contrôle que les musulmans sur un pur délit de faciès. Ça reste calme et courtois.

La *Via Dolorosa* est un véritable livre de catéchisme à ciel ouvert, je vois la station où Simon de Cyrène aurait soulagé Jésus de sa croix.

Le parcours de la *Via Dolorosa* s'achève au Saint-Sépulcre, dans le quartier chrétien, site supposé de la crucifixion, de l'ensevelissement et de la résurrection de Jésus. L'endroit se trouvait alors forcément hors les murs, le périmètre antique de Jérusalem était différent, et réduit côté nord. Les preuves archéologiques sont rares de toute façon, la ville est un mille-feuille de strates successives, et y faire des fouilles soulève l'hostilité des religieux qui voient là une occasion de s'unir face à un ennemi commun.

Le Saint Sépulcre a été bâti par l'empereur Constantin au IVe siècle, détruit en 1009 par le calife El Hakim qui était de mauvaise humeur, puis reconstruit en 1048 par les Byzantins, et enfin consolidé et agrandi par les croisés du royaume de Jérusalem au XIIe siècle.

L'entrée est libre, le bâtiment actuel a été profondément remanié après un incendie en 1808 et un tremblement de terre en 1927, sa restauration à grands frais s'est achevée en 2016. On y trouve à l'entrée une pierre d'onction où le corps du Christ aurait été lavé, que les visiteurs touchent en se recueillant, je fais de même.

Sous le dôme central, un édicule abrite le Saint des Saints des chrétiens, la tombe du Christ, vide évidemment, puisqu'il est ressuscité. Il y a des chapelles latérales, l'une dédiée à Adam, où serait enterré son crâne, l'autre à Sainte-Hélène, la mère de Constantin, qui aurait découvert à cet endroit, dans une ancienne citerne, la relique de la Vraie Croix. Soit presque 700 ans avant celle qu'Arnoulf de Rœux a payée à prix d'or en août 1099 ; l'une des deux est forcément fausse, non ? Sinon, pour celle de Sainte-Hélène, vous imaginez du bois après trois cents ans dans une citerne vide et humide ? La réalité est cruelle et les faits sont têtus.

Le site est sous la responsabilité de six églises distinctes, dont les Coptes, Arméniens et Éthiopiens, tous à longue barbe et portant moult tiares et breloques, qui défendent jalousement chacun leurs prérogatives en cet endroit, parfois de manière conflictuelle. Dieu est amour, mes frères !

Pas d'anticléricalisme primaire, l'endroit est empreint d'une grande solennité, mais il y a peut-être un peu trop de monde pour un vrai recueillement. Je me pose dans un coin et ai une pensée pour ceux que j'aime et tous ceux qui nous ont quittés. Je forme aussi un vœu pour la paix au Proche-Orient, sur un malentendu, ça peut le faire.

Je reprends mon parcours et croise un grand nombre de popes orthodoxes grecs qui se rendent au Saint Sépulcre. Je rejoins la rue de David en direction du Mur occidental, traduction de *Western Wall*. En français chrétien, on dira plutôt

Mur des Lamentations, car les Juifs y pleurent la destruction de leur temple, le premier par Nabuchodonosor en 586 avant notre ère, le deuxième par les Romains en l'an 70. Les Juifs diront plutôt Mur occidental, sinon *kotel*, la version hébraïque.

À droite, c'est le quartier arménien, le plus petit des quatre. La densité de kippas augmente (le pluriel hébreu est *kippot* mais je suis les recommandations de l'Académie française) à mesure que je pénètre dans le quartier juif. Je dois m'en procurer une, ça me fera un souvenir, et elle est nécessaire pour approcher le mur des Lamentations. Je souhaite aussi obtenir un échantillon des pièces de monnaie en shekels (*shekalim* au pluriel en hébreu, et sicles en bon français, mais plus personne n'utilise ce mot).

La discussion avec le boutiquier-marchand du temple est vrai sketch, aucun prix n'est indiqué, il a des prétentions astronomiques, nous finissons par tomber d'accord sur la moitié du prix initial, et c'est encore beaucoup trop cher à mon avis. Mais je pense qu'à Jérusalem *intra-muros*, tout est forcément au double du prix normal.

J'emprunte la rue de la chaîne, et me voilà à l'esplanade qui fait face au mur des Lamentations. Cet espace a été dégagé puis excavé au bulldozer en juin 1967 immédiatement après la conquête de Jérusalem-Est durant la guerre des Six Jours, en rasant les maisons des Arabes qui habitaient là et n'ont eu que quelques heures pour quitter les lieux. C'était le quartier maghrébin de la ville, aujourd'hui disparu.

Je passe sans encombre le filtre de sécurité, il faut déposer ses affaires sur un appareil à rayons X. Aucune tension apparente, mais chacun fait son travail avec application.

Ici, le yiddish est encore une langue vivante, belle continuité depuis son berceau rhénan à Mayence où je suis passé voici déjà deux semaines.

Malgré les trente degrés à l'ombre, les Juifs orthodoxes portent redingote et chapeau noir.

J'ai couvert ma tête avec ma kippa, j'ai un beau panorama sur cette place qui donne sur le Mur occidental qui soutient l'ancien Mont du Temple, aujourd'hui esplanade des Mosquées. Le mur date de l'époque d'Hérode, au premier siècle, la partie supérieure de l'époque islamique, au VIIe siècle. L'endroit est à la fois festif - on y célèbre des bar mitsva - et plein de recueillement, les fidèles prient devant le mur et y glissent de petits papiers avec leurs vœux. Hommes et femmes restent néanmoins séparés, comme dans une synagogue de plein air.

Je me plie moi aussi à l'exercice en m'approchant du Mur et en le touchant de la main, et réitère mes pensées formulées au Saint Sépulcre, en insistant tout particulièrement sur la paix au Proche-Orient.

Voilà, il me reste encore un troisième lieu saint à voir, celui des musulmans. L'accès à l'esplanade des Mosquées se fait exclusivement par la porte des Maures, mais je ne vois pas trop où c'est. Je me dirige vers le nord, il y a un accès fermé, je tente ma chance plus loin, c'est le souk des cotonniers, *souk* est la version arabe du *bazar* turco-persan.

Il y a un accès au bout, un soldat me dit *Only for Muslims.* Cette fois-ci, c'est moi qui ai droit au délit de faciès, alors comme ça, j'ai pas l'air d'un musulman ? Il faut dire que j'ai une barbe de six semaines et des cheveux grisonnants à l'avenant, histoire de me faire une tête christique…

Je n'insiste pas, mais j'ai pu avoir un aperçu sur le dôme du Rocher. J'en ai profité pour me faire expliquer où se trouve la porte des Maures, en fait elle est au mur des Lamentations, perchée à près de dix mètres de haut, témoin de l'ancien niveau du sol avant qu'on n'excave l'esplanade qui a pris la place du quartier maghrébin devant le mur des Lamentations. Il y a une passerelle de bois pour y accéder sur la droite.

Un seul accès pour les non-musulmans, des créneaux horaires stricts, le matin jusqu'à 11 h, puis de 13 h 30 à 14 h 30, c'est le prix à payer pour un fragile équilibre entre les communautés qui ne demande qu'à voler en éclats.

J'ai une heure à tuer jusqu'à l'ouverture, je me pose à un restaurant dans une cave voûtée du quartier musulman, il n'y a pas de place pour des terrasses dans ces rues étroites, Jérusalem *intra-muros* fait moins d'un kilomètre carré. Je prends un *shawarma*, une fine pâte à pain moelleuse enroulée autour de diverses garnitures, j'ai choisi houmous, ratatouille et boulettes d'agneau, avec de la sauce blanche. Les prix ne sont pas indiqués, il faut refaire le sketch du marchandage, c'est fatigant à la fin, je leur dis que je veux payer en euros et leur demande de m'en mettre pour 20 euros pour mon shawarma Coca. Oui je sais, c'est le double du prix du libanais en bas de chez vous, mais on est à Jérusalem *intra-muros* !

C'est bon, mais terriblement salé, je demande qu'on m'apporte de l'eau en plus pour étancher ma soif. Et puis c'est excessivement bourratif, je dirais même étouffe-chrétien, c'est de circonstance !

Au fait, je me dis que maintenant je suis officiellement un *Hadji*, j'ai fait mon pèlerinage au Saint Sépulcre à Jérusalem ! Saheer me disait hier soir que son grand-père maternel avait fait le sien en 1927, 1 200 kilomètres à pied jusqu'à La Mecque, il en a gardé le titre de *Hadji* dans son patronyme.

C'est l'heure, je vais à l'esplanade des Mosquées, le *Haram Al-Sharif* (noble sanctuaire), je fais la queue pour le filtre de sécurité qui mène à la passerelle de bois vers la porte des Maures. L'un des policiers est un falasha, issu des Juifs d'Éthiopie rapatriés en Terre promise dans les années quatre-vingt, leur judéité avait fait débat entre les docteurs de la synagogue.

Il y a la photo de deux jeunes militaires, assassinés là par un terroriste palestinien en 2017, le désespoir pousse à des gestes insensés, cruels et stériles.

Coïncidence, un SMS de Bouygues Telecom me souhaite la bienvenue en Palestine. C'est l'occasion de rappeler que la totalité de la vieille ville de Jérusalem se trouve à Jérusalem-Est, en Palestine, la réunification de Jérusalem décidée par la Knesset en 1980 ne respecte pas le droit international. Comment dit-on « Le chien aboie, la caravane passe » en hébreu ?

J'entre par la porte des Maures, les hommes en pantalons courts se font prêter des jupes longues pour dissimuler leurs mollets, c'est assez croustillant de voir ces messieurs ainsi fagotés. Moi j'ai prévu le coup, je porte le seul pantalon long de mes bagages.

À droite, c'est la mosquée Al Aqsa, qui signifie « la plus lointaine », le lieu le plus éloigné où le Prophète se serait rendu durant ses voyages nocturnes. Elle date pour l'essentiel du XIe siècle dans son état actuel, elle est devenue sous les croisés le siège de l'ordre des Templiers, qui tire son nom du mont du Temple. Je vais pour me déchausser et m'y recueillir, on me dit *Only for Muslims*, encore un délit de faciès, décidément. Le jeune homme qui m'a gentiment interpellé a pourtant un air gaulois, je pense qu'il passerait sans problème les filtres inverses de la *Via Dolorosa.*

Je me dirige ensuite vers le dôme du Rocher, bâti à l'emplacement du second Temple détruit par les Romains en 70. Le rocher en question serait très précisément à l'emplacement de son Saint des Saints, abritant l'Arche d'alliance et les Tables de la Loi données à Moïse sur le mont Sinaï. L'endroit a été retenu parce qu'il serait le rocher du mont Moriah de la Genèse, sur lequel Dieu a ordonné à Abraham de sacrifier son fils Isaac.

En entendant ça, on peut comprendre que les Juifs se lamentent de la destruction de leur Temple et de ne plus y avoir accès.

Cet emplacement est aujourd'hui occupé par le dôme du Rocher, une splendeur de l'architecture islamique de la toute fin du VIIe siècle, aux proportions merveilleuses et dans un excellent état. C'est plutôt un lieu de pèlerinage qu'une mosquée, il recouvre la pierre d'où le Prophète serait selon la tradition monté aux cieux sur son cheval ailé Al Bourak, avec l'ange Gabriel (Djibril). Il fut transformé un temps en église par les croisés, qui n'ont pas touché aux calligraphies islamiques qu'ils ne savaient pas déchiffrer.

Le dôme du Rocher est parfois appelé à tort la mosquée d'Omar, celle-ci se trouve face au Saint Sépulcre dans le quartier chrétien – eh oui, les lieux de culte des religions du Livre sont dispersés un peu au hasard dans cette ville, il y a des églises dans le quartier musulman, Sainte-Anne par exemple, et des mosquées dans le quartier chrétien comme la mosquée d'Omar. Rien n'est simple.

À noter que les Ottomans ont souhaité restaurer les faïences du dôme du Rocher au XVIIe siècle, ce qui a été fait avec des faïences de Nicée (Iznik) qu'on a transportées jusqu'ici, les mêmes qu'à la Mosquée Bleue de Constantinople.

On m'interpelle gentiment pour me faire la conversation en anglais, j'accepte la visite guidée qu'on me propose, c'est amical, mais relativement mécanique. Mon interlocuteur apprécie le fait que j'aie mis deux semaines pour venir ici sans prendre l'avion, et le respect que je porte aux lieux saints. Au moment de nous quitter, je lui demande son nom, il me dit Joseph (et non Youssouf), je lui demande s'il est chrétien, en effet c'est le cas, ses grands-parents ont fui l'Arménie soviétique. Chrétien ou pas, il n'oublie pas de me demander un petit billet, c'est un marchand du temple de plus, finalement.

Je reste seul un instant, l'esplanade fait 15 hectares, presque un sixième des 86 hectares de la ville *intra-muros*, la place ne manque pas, et je réitère mes pensées pour ceux qui me sont chers et ceux qui nous ont quittés.

Pour la paix au Proche-Orient, j'y vais soft ; l'endroit où je me trouve a été le théâtre d'innombrables émeutes durant les deux Intifadas, suite à des provocations de l'un ou l'autre camp. Il est facile d'ici de jeter des cailloux sur les Juifs qui prient en contrebas de l'esplanade côté ouest au Mur occidental. Inversement, il est facile aux autorités israéliennes de restreindre l'accès à la prière du vendredi sur l'esplanade, où affluent les croyants de toute la ville et en particulier des Territoires occupés.

Toute prière ostensible non musulmane est proscrite sur l'esplanade, de même que toute manifestation ou acte de revendication. Aujourd'hui tout est calme, mais il y a régulièrement des affrontements violents, voire des morts.

Je redescends de l'esplanade et me mets en direction de la porte de Damas, *Bab Al Amoud* (porte de la colonne) où se produisent régulièrement des émeutes.

Aujourd'hui tout est calme, les Juifs, musulmans, chrétiens, touristes ou du cru, se côtoient et se croisent sans se parler, ils font chacun leur business. La ville *intra-muros* est un immense bazar entrecoupé de lieux de culte des trois religions du Livre et de toutes leurs sensibilités, que parcourent des groupes de touristes et de pèlerins du monde entier.

Chacun gagne sa vie sur terre, et espère bien gagner sa vie dans l'au-delà. L'argent est roi, pas de sentiments, on tond le touriste pèlerin mouton qui est trop heureux d'être dans la ville sainte, en espérant que la reprise des violences ne gâche pas les affaires.

Ça me fait penser à une histoire juive, vous savez comment on devient millionnaire en Israël ? Il suffit d'arriver milliardaire.

Sinon, j'ai oublié de vous dire : je ne crois pas en Dieu. J'ai beau essayer, je n'y arrive pas. J'ai pourtant été enfant de chœur, et je dois préciser que Monsieur le Curé s'est toujours bien comporté avec moi, alors que j'étais un enfant blond aux yeux bleus, mignon comme tout.

Je suis baptisé catholique, j'ai fait ma petite communion, ma grande communion, ma confirmation. Je me suis marié devant un pasteur avec ma douce qui est de confession luthérienne, sans la présence d'un prêtre. Nos enfants ont fait leur confirmation à l'église Saint-Thomas à Strasbourg. Je me souviens que le pasteur m'avait mis en garde, me disant que si je ne demandais pas de dispense canonique à mon évêque, je risquais de perdre la qualité de bon catholique, et qu'un prêtre zélé pourrait refuser de procéder à mes obsèques religieuses.

Vous parlez d'une menace… J'ai alors appris à mieux connaître les pratiques luthériennes et l'église réformée en général, son attachement aux textes du Nouveau Testament, sa parcimonie dans l'eucharistie, l'absence de culte marial, de statues de saints et de représentations de Jésus et de Dieu.

Je vis depuis bientôt trente ans à deux pas de la grande synagogue de Strasbourg, avec le calendrier des fêtes juives qui s'enchaînent à chaque automne, Nouvel An, grand pardon et cabanes. Je ne peux que constater que l'Ancien Testament des chrétiens est la Torah des Juifs, et que les fêtes chrétiennes répliquent celles des Juifs : noël-hanoukah, carnaval-pourim, pâques-pessah, pentecôte-shavouot…

Et que dire de l'islam ? Il est délicat d'en parler, mais n'est-il pas flagrant que le ramadan soit repris quasiment à l'identique du carême que les chrétiens ne pratiquent plus ? Que le pèlerinage à La Mecque réplique le pèlerinage à Jérusalem que les chrétiens pratiquaient aux premiers siècles du Christianisme ? J'ai conscience en écrivant ces lignes de risquer une *fatwah*, je vous prie de m'en excuser.

En résumé, je suis de culture chrétienne, c'est indéniable, je connais probablement mieux l'histoire des religions du Livre que beaucoup de chrétiens, Juifs ou musulmans pratiquants. Mais je n'arrive pas à croire en Dieu, je n'ai pas la foi. Je suis content pour celles et ceux qui l'ont et qui y trouvent bonheur et sérénité. Mais moi je n'y arrive pas, malgré mes tentatives, en particulier en 2010, année où ma douce et moi avons perdu chacun un parent et un beau-parent à quelques mois d'intervalle. Nous avons assisté à plusieurs cultes, nous y avons trouvé un peu de réconfort, mais ça n'est pas allé plus loin.

Dieu n'est qu'une hypothèse, c'est un fait. Dieu n'existe pas, c'est une opinion.

Je suis heureux d'habiter dans un pays, la France, où je peux dire et écrire ceci sans passer pour un apostat et risquer le pire.

Je ne crois pas en Dieu, mais le christianisme fait partie de ma culture, de mes racines et de mon identité. C'est pour cela que j'ai voulu faire ce voyage à Jérusalem. Que cela soit dit et écrit.

Je quitterai Israël et la Terre sainte demain matin vendredi. Dès l'après-midi commencent les préparatifs du shabbat, qui ne s'achèvera que samedi soir. Dans l'État juif, le shabbat n'est pas un sujet de plaisanterie, en particulier à Jérusalem. Tout est fermé, les voitures ne circulent pas, les transports en commun sont rares. Le shabbat est consacré à Dieu, et comme moi je ne crois pas en Dieu, ça me paraît juste du temps perdu. Tous les commerces sont fermés, même pas moyen de manger un morceau ou de boire un coup.

En plus, à Jérusalem le vendredi est particulièrement sensible puisque c'est le jour de la prière à la grande mosquée Al Aqsa du mont du Temple, au *Haram Al Sharif*.

Bon, le dimanche des chrétiens est un peu plus calme je l'espère.

Mais bon, sachant qu'à Jérusalem, trois jours sur sept sont consacrés aux monothéismes, ça ne laisse pas beaucoup de temps pour la laïcité.

Envoyé de mon iPad

De : Étienne Henry <etienne.henry@mon.adresse.mail>
À : undisclosed recipients
Envoyé : le 27/08/2022 09 : 08
Objet : Le dix-septième jour, de Jérusalem à Athènes

Comme hier, un barbu déguisé en djihadiste est passé frapper à ma porte dès l'aube à 4 h 20, dans la foulée de l'appel à la première prière de la journée, comme si je ne l'avais pas entendu tout seul.

Cette fois, ça me sera utile, puisque j'ai ma navette qui m'attend à 5 h pour m'emmener à l'aéroport Ben Gourion de Tel-Aviv. Je me hâte de quitter le pays avant le shabbat. Mon vol El Al décolle à 9 h du terminal 3 pour atterrir à Athènes un peu moins de deux heures plus tard.

Les inscriptions dans l'hôtel sont uniquement en anglais et en arabe, pas de trace d'hébreu. Le réceptionniste me confirme que la clientèle est essentiellement composée de musulmans, comme le personnel au sein duquel on compte aussi quelques Arabes chrétiens.

En attendant ma navette, je me fais la réflexion que les forces de sécurité israéliennes dans la vieille ville hier étaient exclusivement composées d'appelés du service militaire, qui est une institution dans ce pays et un des ciments de la société israélienne.

Je me souviens aussi que Christo à Haïfa m'avait demandé des nouvelles de Sainte-Sophie, sa famille est originaire de Constantinople. Je n'ai pu que lui confirmer ce qu'il sait déjà, une transformation en mosquée que nous voulons croire non définitive.

Je serai le seul passager d'un Mercedes Viano conduit par un Arabe israélien plutôt âgé. À cette heure, et de surcroît un vendredi, la route est déserte. Il faut compter une bonne cinquantaine de kilomètres jusqu'à l'aéroport, nous y sommes à 5 h 35. Il y a un premier filtre routier pour accéder à la zone aéroportuaire, chacun doit montrer sa pièce d'identité.

Mon vol est au terminal 3, le plus récemment construit, mais il n'y a pas de terminal 2, seulement le terminal historique 1. Ruse de Sioux pour tromper l'ennemi arabe, sur la suggestion unanime du Mossad comme du Shin Beth ?

L'*e-mail* d'El Al me recommandait d'arriver quatre heures avant mon vol, on m'a dit à mon hôtel que trois heures suffisaient largement, ce qui se vérifiera.

Me voilà dans la file pour l'enregistrement, le contrôle préliminaire de mon bagage à main se limite à quelques questions classiques : l'avez-vous préparé vous-même ? Est-il resté pardevers vous ? etc. Et c'est tout.

L'enregistrement proprement dit prendra quelques instants, j'ai même droit à quelques mots de français, c'est fait à 6 h. J'entre dans la zone des départs internationaux, c'est le contrôle des bagages. Je m'attends à passer au grill, considérant la réputation de la sécurité israélienne. Eh bien non, c'est comme dans n'importe quel aéroport du monde, on n'ouvre pas mon bagage, pas de question.

Ah si, on me fait un compliment sur ma montre, *nice watch*, l'agent a même reconnu la manufacture de Neuchâtel qui l'a assemblée. C'est la première fois qu'on remarque ma montre jusqu'ici.

Après les bagages, c'est la police des frontières, il faut scanner son passeport soi-même et sourire à la caméra, mais ça ne fonctionne pas pour moi, peut-être ma barbe alors que je suis glabre sur la photo de mon passeport ? On m'envoie au guichet où un agent fera le nécessaire, là aussi avec quelques mots de français.

Finalement, personne ne m'aura demandé de justifier de ma vaccination contre le Covid 19 dans ce pays, je suis presque déçu. Pourtant, l'*e-mail* d'El Al me recommandait de porter un masque durant tout le vol, comme de nombreuses personnes le font encore aujourd'hui.

Me voilà dans la zone internationale, je vais faire un tour au *duty free*, sans grande conviction cependant. Et j'ai vu juste, le paquet de Marlboro est à 5,50 euros, ce qui se compare avantageusement au coût de la vie dans ce pays, qui est très élevé. En Turquie c'était 1,65 euro taxes comprises.

Finalement, tout s'est passé comme dans n'importe quel aéroport du monde. J'imaginais, avec mon profil excentrique, entré sur le territoire en bateau, resté moins de 48 heures sur place, faire l'objet d'un examen approfondi. Eh bien non, je suis presque déçu. Tout fout le camp.

J'ai une bonne heure et demie à tuer avant l'embarquement prévu à 8 h 05. Je profite du WiFi de l'aéroport, celui de mon hôtel ne fonctionnait pas, c'est peut-être l'inconvénient d'avoir choisi un hôtel dans un quartier arabe ? J'ai enfin eu la confirmation formelle que mon auto a bien été chargée sur le cargo *Akritas* de Rosenfeld Shipping à destination de Lavrio, à proximité d'Athènes.

J'embarque à 8 h 15, je note qu'il n'y a pas de *mezouzah* à la porte de notre gros porteur Boeing 787, sans doute cela ralentirait-il trop l'évacuation des passagers en cas d'urgence.

Nous décollons à l'heure, on nous sert une collation, un sandwich ratatouille-fromage. J'ai envie juste pour la vanne de demander un jambon beurre, mais c'est doublement pas kasher, beurre et viande, et viande de porc, je n'en aurai pas le courage.

Le système de *onboard entertainment* propose des films, des séries, la télévision israélienne, et… des prêches de rabbins illustres, en hébreu ou en anglais, il en faut pour tous les goûts et pour tous les publics.

C'est l'atterrissage, le *captain* nous souhaite *Shabbat shalom*, et annonce qu'il est possible de faire une donation pour les enfants nécessiteux d'Israël, je passe mon tour.

Atterrissage à 10 h 55, applaudissements nourris – j'ai toujours trouvé ça *cool* de se faire applaudir juste pour faire son travail, moi on ne m'applaudit jamais.

Nous devons patienter 20 minutes pour que notre passerelle de débarquement soit libérée, le vol précédent s'est un peu éternisé. Débarquant en Grèce avec mon passeport français et un bagage à main, les formalités sont excessivement réduites.

Je suis dans mon taxi à 11 h 45, il y a un forfait de 40 euros pour le centre-ville, comme aux aéroports parisiens. Il y en aura pour trois quarts d'heure avec Kostas, avec lequel j'ai eu des échanges très intéressants. Il se propose de m'emmener à Lavrio dimanche matin pour récupérer mon auto débarquée de l'*Akritas*, il me donne son numéro.

L'hôtel *Nefeli* est dans le quartier de Plaka, au pied de l'Acropole. Je dépose mes affaires et m'empresse de faire un tour à pied dans les environs. À la place Syntagma tout d'abord (place de la constitution), on y trouve le parlement grec, l'ancien palais royal, c'est là que se sont déroulées entre autres les grandes manifestations contre l'austérité imposée à la Grèce en faillite en 2011. Je reconnais la façade du bâtiment néoclassique et sa colonnade sur la place, qu'on voit lorsque les journalistes font un reportage depuis Athènes.

Je me promène ensuite dans les rues piétonnes de Plaka, c'est un quartier très touristique. Il suffit cependant de s'éloigner un peu et de prendre des ruelles adjacentes pour trouver des endroits plus calmes et tout aussi accueillants. Je me pose à une terrasse au pied de l'Acropole que je visiterai demain, au bout de la rue Thespidos.

J'en ai terminé de mon voyage à Jérusalem sur la route de la première croisade, dans les pas de Godefroy de Bouillon, je suis sur la route du retour. Pourtant, je n'en ai pas encore terminé avec les croisades, dont la Grèce a directement subi les conséquences dans son histoire nationale, ainsi que celles de l'arrivée des Ottomans, exactement comme la Terre sainte.

Athènes et le sud de la Grèce faisaient partie de l'Empire latin instauré en 1204, après la quatrième croisade qui a conduit au sac de Constantinople pour une histoire d'argent. Toute la région est restée sous l'autorité des Latins, Vénitiens, Catalans, Florentins, jusqu'à l'arrivée des Ottomans en 1456 dans la foulée de la prise de Constantinople. Les Vénitiens ont néanmoins conservé quelques îles grecques, je vous ai déjà parlé de Chypre, la Crète sera conservée jusqu'à 1669.

Le mouvement d'émancipation grecque de la tutelle ottomane n'a démarré qu'en 1821 sous l'impulsion de l'Église orthodoxe, il s'est achevé en 1830 par la souveraineté d'un royaume de Grèce réduit au Péloponnèse et à une petite partie de la péninsule égéenne.

Le premier roi grec en 1832 était Othon Ier, fils du roi Louis Ier de Bavière, sans doute faut-il y voir l'origine du Walhalla à Ratisbonne, pastiche du Parthénon qui est juste à côté à l'heure où j'écris ces lignes. La Grèce était à la mode, et le fiston était roi de Grèce.

On peut s'étonner du parachutage d'un Bavarois sur le trône grec nouvellement créé : à l'époque c'était une pratique courante. Les grandes puissances, Russie, France, Angleterre, qui avaient fait pression sur l'Empire ottoman pour la souveraineté du royaume de Grèce, s'occupaient aussi de mettre un roi sur le trône, après un casting de têtes couronnables. Une année auparavant, en 1831, c'est Léopold de Saxe-Cobourg et

Gotha qu'on a installé sur le même principe sur le trône d'une Belgique souveraine depuis l'année précédente.

Les neuf ans de la guerre de libération grecque ont été émaillés d'actes d'une violence et d'une cruauté inouïes. Et pas que du fait des Ottomans assoiffés de sang, comme les décrit l'historiographie grecque.

Le siège de Tripolizza, au centre du Péloponnèse, aujourd'hui Tripoli, entre mai et octobre 1821, au début du mouvement, s'est achevé par le massacre de 8 000 civils et prisonniers ottomans par des Grecs ivres de sang et de vengeance à la reddition de la ville. C'est presque le nombre de morts de la prise de Jérusalem d'ailleurs, et pour Tripolizza le chiffre est plutôt fiable.

Le massacre de Tripolizza a entraîné un cycle de représailles absolument épouvantable. Le soulèvement grec de l'île de Chios l'année suivante a été réprimé avec la plus extrême cruauté, plus de 25 000 personnes ont été assassinées, et 45 000 réduites en esclavage. L'extermination des Chiotes (avec un seul T, attention !) a ému l'Occident et lancé le mouvement philhellène. Delacroix a peint son tableau du Louvre *Scènes des massacres de Scio : familles grecques attendant la mort ou l'esclavage* en 1824.

Vous noterez que là le nombre des victimes est de plus du double de celui de la prise de Jérusalem, par des bachi-bouzouks (je savais que j'arriverais à le placer une deuxième fois !) qui avaient des instructions pour massacrer toute la population qui n'était pas susceptible d'être vendue comme esclave : hommes de plus de 12 ans, femmes de plus de 40 ans et enfants de moins de 2 ans.

Devant ces abominations, Russie, France et Angleterre sont entrées dans la danse pour faire pression sur l'Empire ottoman, et la Grèce a obtenu sa souveraineté en 1830.

Le pays a ensuite cherché à reconstituer son territoire national, au gré des reculs de l'Empire ottoman, en particulier durant les guerres balkaniques en 1912-1913. Le traité de Sèvres en 1920 a été une consécration, hélas salement remise en cause par le traité de Lausanne en 1923 après la victoire d'Atatürk et la défaite des Grecs, traité prévoyant des échanges de populations massifs entre Grecs pontiques et anatoliens, et Turcs de Grèce.

L'entre-deux-guerres a été chahuté, et l'après-guerre fut dramatique, car la Grèce, contre le cours de l'Histoire, a été rattachée à Yalta au bloc occidental, alors que la guérilla communiste avait fait l'essentiel du boulot contre les forces de l'Axe. La guerre civile entre 1946 et 1949 a laissé le pays à genoux. L'après-guerre fut tout aussi chahuté, avec l'épisode de la dictature des colonels en 1967.

Après la faillite du pays en 2011, qui ne pouvait honorer sa dette extérieure, en particulier celle des Jeux olympiques de 2004, malgré une intégration à l'Union européenne dès 1982, la politique d'austérité a été difficile. Mais elle vient d'être levée cet été 2022, la Grèce a réintégré les pays économiquement fréquentables ! Je veux croire que ce pays la Grèce, berceau de la démocratie, est maintenant sur la bonne voie. Zone euro, espace Schengen, les conditions sont réunies pour un développement économique harmonieux, ce qui est une exception dans les Balkans.

Je dégusterai un calamar grillé arrosé d'un excellent vin blanc sur ma terrasse à Plaka, puis une saucisse paysanne grillée, toutes choses dont j'ai été sevré depuis mon arrivée en Turquie puis en Israël. Je compte bien me rattraper également sur le porc, ce sera pour demain, journée que je passerai à visiter l'Acropole et le centre historique d'Athènes, la capitale de la Grèce moderne.

Pour être tout à fait honnête, je dois cependant reconnaître que le reste de la carte est composé de spécialités strictement identiques à celles qui prévalent en Turquie, c'est l'héritage de plusieurs siècles d'un destin commun dans l'Empire ottoman. Mais il ne faut pas le dire trop fort par ici !

Envoyé de mon iPad

De : Étienne Henry <etienne.henry@mon.adresse.mail>
À : undisclosed recipients
Envoyé : le 28/08/2022 21 : 21
Objet : Le dix-huitième jour, Athènes

L'ascenseur de mon hôtel comporte encore une paroi lisse, apparemment c'est encore toléré ici malgré les risques que cela présente. Dans le même ordre d'idées, les conducteurs de scooters, et même de gros cubes, se dispensent souvent de casque.

Athènes concentre le tiers de la population de ce pays, les banlieues s'étalent à perte de vue autour de l'Acropole, qui surmonte la ville basse de plus de cent mètres, et constitue ma visite du jour.

Je me rends au restaurant où j'ai dîné hier au bout de la rue Thespidos, il se trouve le long de l'enceinte grillagée du site. Je prends dans le sens des aiguilles d'une montre, vers le sud, je finirai bien par trouver l'entrée. Dans l'enceinte, des centaines de blocs de marbre antiques sont méticuleusement rangés et numérotés, peut-être un jour trouveront-ils leur place dans ce gigantesque puzzle. Des blocs neufs sont rangés juste à côté, soigneusement équarris et d'un blanc étincelant, ils viendront remplacer les pierres d'origine disparues.

Voilà l'entrée, il y a une queue assez modeste, beaucoup ont acheté leur billet en ligne. Le classement à l'UNESCO date de 1987. Un panneau *European Heritage Label* rappelle que « l'Acropole et l'Athènes antique sont l'endroit où les aspects les plus essentiels de l'identité européenne ont émergé : démocratie, philosophie, théâtre, sciences, arts. Ils figurent sur la liste de l'Héritage européen en raison du rôle prépondérant qu'ils ont joué dans l'histoire et la culture de l'Europe. L'Europe commence ici ! »

C'est ma foi très bien senti, la solennité de ce panneau est tempérée par une feuille A4 qu'on a scotchée dessus, on y a griffonné l'existence d'un deuxième guichet à l'arrière du premier. C'est un beau résumé de ce pays, je trouve.

Une fois l'entrée passée, on accède à un parc archéologique. Depuis 2 500 ans que ce site existe, beaucoup de bouleversements se sont produits. De nombreux blocs ont été prélevés pour en faire des matériaux de construction de remploi, sinon pour être calcinés dans des fours à chaux. Car le marbre, c'est une variété de calcaire.

Le théâtre de Dionysos est très abîmé, sa forme générale est encore nettement perceptible, mais ses gradins ne sont plus utilisables. Un peu plus loin, celui d'Hérode Atticus a été restauré, il est plus vaste et son mur de scène a été rétabli, il sert pour des spectacles.

Le sentier s'élève vers l'extrémité ouest de la plate-forme rocheuse qui constitue l'Acropole, à une altitude de 150 mètres. Me voilà aux Propylées, l'escalier monumental qui y donne accès. À droite, en surplomb, le temple d'Athéna Niké (victorieuse), une célèbre marque de *sportswear* lui a emprunté son nom. À gauche, l'Érechthéion et ses cariatides. Et au milieu, dans toute sa grandeur, le Parthénon ! Enfin, on voit surtout les échafaudages qui enserrent la façade occidentale.

Ces monuments datent pour l'essentiel du Ve siècle avant notre ère, du siècle d'or de Périclès. Ils ont été beaucoup chahutés durant plus de deux millénaires. Le cas du Parthénon en est un bon exemple, il porte encore les stigmates des guerres contre les Ottomans, qui ont marqué ce pays de leur empreinte.

La transformation en église byzantine sous Justinien a conservé un usage religieux à ce temple dédié à Athéna, on y a néanmoins ajouté un clocher disparu aujourd'hui, et on a inversé son orientation, pour mettre l'entrée du côté occidental, comme dans toute église qui se respecte.

À partir de 1204 et de l'arrivée des Latins qui ont pris Constantinople, l'église est devenue catholique.

Puis mosquée à partir de 1457 et de l'arrivée des Ottomans, nouveaux maîtres des lieux jusqu'à 1830.

Mais le plus sérieux coup porté à sa structure date de 1687, les Vénitiens cherchaient à reprendre la ville aux Ottomans durant la guerre de Morée, ils ont d'ailleurs eu le contrôle du Péloponnèse durant une vingtaine d'années. L'Empire ottoman était sur le reculoir après l'échec du siège de Vienne en 1683, les Vénitiens voulaient leur revanche après la perte de la Crète en 1669, après plus de vingt ans de siège de Candie, aujourd'hui Héraklion.

Les Ottomans se sont retranchés sur l'Acropole, qui a aussi toutes les caractéristiques d'une citadelle. Ils ont entreposé leur stock de poudre dans le Parthénon et, pas de chance, un boulet vénitien a provoqué une gigantesque explosion qui a détruit le toit, les murs intérieurs et plusieurs colonnes sur le côté sud.

C'est à cet événement que l'on doit l'état du Parthénon aujourd'hui. Le jeune royaume de Grèce a immédiatement entrepris sa restauration dès 1833, avec plein de bonne volonté, et aussi beaucoup de maladresse : utilisation d'agrafes de fer dont l'oxydation fait éclater le marbre, anastyloses (j'adore ce mot) hasardeuses, emploi de matériaux non appropriés.

Les restaurateurs du site sont confrontés aujourd'hui à un chantier sans fin qui se déroule sous les yeux de milliers de visiteurs chaque jour, avec grue de chantier, entreposage de blocs antiques qui seront peut-être remis en place un jour, taille de blocs neufs.

Vous avez certainement entendu parler de la polémique sur la restitution des marbres du Parthénon actuellement exposés au *British Museum*. Ceux-ci ont été achetés en toute légalité en

1802 auprès de l'autorité ottomane d'alors par Lord Elgin, ambassadeur britannique auprès de la Sublime Porte, qui les a revendus de manière tout aussi légale ensuite au *British Museum*. Bon, le contexte de l'époque faisait que les Ottomans n'avaient rien à refuser aux Britanniques, il est vrai. Cela n'enlève rien à la légalité de la transaction, il n'y a pas eu de vice du consentement, selon la terminologie de notre code civil qui date de cette époque.

Sur un plan juridique, la position du *British Museum*, possesseur de bonne foi des frises, est rigoureusement inattaquable. Elle est cependant plus difficilement défendable sur un plan moral. Le problème est qu'une cour de justice ne peut traiter que du droit, et pas de la morale.

Mon avis sur ce sujet ? L'essentiel est que les œuvres soient en sécurité et exposées dans de bonnes conditions au public, ce qui est le cas à Londres. Ici à Athènes, ce sont des copies qui sont exposées. Est-ce si grave finalement ?

Les trésors de Mésopotamie, de Babylone, de Sumer, d'Ur et d'Akkad, exposés au musée de Bagdad, ont été pillés à la chute de Saddam Hussein en 2003. Ceux du musée de Mossoul ont été pillés et détruits par Daesh en 2014.

Les œuvres des royaumes grecs de Bactriane, fondés par les successeurs d'Alexandre le Grand, étaient un temps conservées au musée de Kaboul. Vous croyez vraiment que les Talibans en ont fait une priorité ? Au mieux, elles ont été vendues pour financer l'effort de guerre, au pire, elles ont été détruites. Et même si elles existaient toujours, qui irait à Kaboul pour les admirer aujourd'hui ? Pareil pour le musée de Bagdad qui n'a toujours pas rouvert.

Lors des printemps arabes, le musée du Caire a fait l'objet d'intrusions et de tentatives de pillage, à la faveur des émeutes et de la carence des autorités publiques.

Durant la guerre d'indépendance grecque, durant les guerres balkaniques, les deux guerres mondiales et la guerre civile qui a suivi, les trésors du Parthénon n'auraient pas été en sécurité et auraient certainement servi à alimenter divers trafics.

La détention d'œuvres relevant du patrimoine mondial est une grande responsabilité, qui n'est pas à la portée d'un État plongé dans le chaos, ou qui n'a tout simplement pas les moyens d'en prendre soin en toute sécurité.

Ce qui n'est plus le cas de la Grèce aujourd'hui. C'est pourquoi je pense qu'un jour le nouveau musée de l'Acropole d'Athènes, inauguré en 2009, et le *British Museum,* qu'on ne présente plus, devront échanger leurs œuvres, les originaux ici, les copies là-bas, les visiteurs ne verront pas la différence et la morale sera rétablie.

Bon, personne ne m'a consulté sur ce sujet, considérez que c'est juste mon avis.

J'achève la visite du Parthénon en descendant les Propylées, je prends à droite et continue mon tour dans le sens des aiguilles d'une montre, longeant cette fois la face nord de l'Acropole jusqu'à Plaka.

Je vous disais hier que j'avais un déficit de viande de porc à rattraper, je m'installe en terrasse pour un *gyros* au porc et une Mythos, la bière nationale grecque. C'est bon, mais je suis un peu déçu, la viande est un peu sèche, elle a été coupée trop longtemps à l'avance. Mais je ne boude pas mon plaisir.

Je veux aussi donner une chance à l'apéritif national de ce pays, l'ouzo, le pastis hellénique, oups, version locale de l'arak du Proche-Orient et du raki turc, le mot est une altération d'arak d'ailleurs. Je vous ai déjà parlé de mon peu d'intérêt pour les trucs à l'anis, oups.

Eh bien c'est moins mauvais que je ne l'aurais pensé, j'arrive à terminer mon verre. La grande différence entre ouzo, raki et arak, et notre pastis, est que ce dernier contient de la réglisse, qu'il n'y a pas ici. C'est peut-être l'absence de cet ingrédient qui rend ce breuvage supportable. Mais je n'envisage pas d'en rapporter une bouteille : ce genre de boisson peut se savourer en vacances, mais n'a plus le moindre intérêt si on le ramène chez soi.

C'est pareil pour le rosé de Provence, ça peut passer s'il est bu glacé sur une terrasse avec le chant des cigales en fond sonore et 28 degrés à l'ombre, mais une fois à la maison c'est tout simplement dégueulasse, pardon pour ma franchise.

À noter qu'il y a eu une violente averse durant mon installation en terrasse, j'étais heureusement à l'abri de stores très efficaces.

J'ai pu également confirmer l'horaire d'arrivée de l'*Akritas*, cargo roulier qui convoie Bucéphale depuis Haïfa, il arrivera à 9 h demain à Lavrio. L'agent grec de Rosenfeld Shipping me l'a confirmé, je dois être pour midi sur place. Il s'appelle Efrosini Papaconstantinou (*Papaconstantinou, vous êtes grec ?*), je le retrouverai demain. J'informe mon chauffeur Kostas qu'il doit passer me prendre à mon hôtel à Plaka vers 10 h 30.

Demain, je reprendrai avec Bucéphale la route du retour de Jérusalem.

Envoyé de mon iPad

De : Étienne Henry <etienne.henry@mon.adresse.mail>
À : undisclosed recipients
Envoyé : le 28/08/2022 21 : 23
Objet : Le dix-neuvième jour, d'Athènes à Corfou

J'ai été réveillé ce matin par les cloches qui appellent à la première messe dominicale dès 7 h 30, voilà qui est plus chrétien que le muezzin qui s'y met trois heures plus tôt, comme je l'ai expérimenté depuis mon arrivée en Turquie puis en Terre sainte voici quasiment deux semaines. À la réflexion, j'y ai échappé durant mes deux nuits à bord de l'*Altay,* c'est une consolation.

Je me dis aussi que j'aurai, durant ces deux nuits, échappé au dilemme du capitaine Haddock dans *Coke en stock*, dormir avec la barbe au-dessus ou en dessous de la couverture. Ma barbe n'est pas assez longue pour ça, et l'*Altay* n'est pas le *Karaboudjan* ni le *SS Ramona.* En revanche, sûr que les djihadistes en congrès au *Holy Land Hotel* auraient eu ce dilemme !

Je prends à nouveau du yaourt grec avec du miel à mon petit déjeuner, c'est de circonstance.

Je dois me rendre ce matin au port de Lavrio, près du cap Sounion, à l'extrémité de l'Attique, pour récupérer Bucéphale qui sera convoyé par l'*Akritas.* Déjà presque une semaine que je l'ai confié à des gars de la marine, j'ai hâte de le retrouver pour de bon après l'avoir débarqué personnellement de l'*Altay* à Haïfa pour immédiatement le réexpédier ici, et de poursuivre ma route du retour de la Terre sainte par voie terrestre aujourd'hui. Bon, on verra qu'il y aura quand même un petit tronçon maritime.

Je rejoins Kostas qui est là comme convenu à 10 h 30 à mon hôtel à Plaka pour me conduire à Lavrio. Notre itinéraire *via* la place Syntagma, le long du Parlement, est coupé par la police. La raison en est la relève de la garde qui approche, chorégraphie pittoresque pour laquelle se massent des foules de touristes qui verront les Dupont et Dupond, déguisés en evzones, jupette blanche, gilet noir, chaussettes à clous et pompon, se relever mutuellement.

Le portrait officiel d'Othon Ier en roi de Grèce le représente dans un costume similaire tout aussi croquignolet. Malgré ses efforts vestimentaires, Othon a toujours été impopulaire chez ses nouveaux sujets grecs. Pas tellement parce qu'il était de tradition absolutiste, ses sujets avaient l'habitude de ne pas être consultés, mais aussi et surtout parce qu'il n'a pas souhaité embrasser la foi orthodoxe. Grave erreur que d'être resté catholique par ici, en voilà un qui n'a rien compris aux leçons de l'Histoire. Mais vous, vous la connaissez maintenant, la délicate histoire des relations entre orthodoxes et catholiques en Grèce !

Après la déviation pour cause de relève de la garde, c'est enfin l'autoroute, en direction de l'aéroport tout d'abord. Le code couleur est vert pour l'autoroute, une continuité balkanique qui se confirme. En Israël, je n'ai pas de certitude, mais je crois bien que c'était bleu comme chez nous.

Après l'aéroport, nous empruntons une quatre-voies, avec quelques carrefours et feux tricolores. Kostas me dit que les vignes le long de la route produisent un vin résiné, le *retsina,* de très bonne qualité. Voilà un breuvage que je ne connais pas encore, et me promets d'expérimenter avant de quitter ce pays.

Nous arrivons au port de Lavrio vers 11 h 30. Sur plusieurs hectares sont stockés des pales, mâts et moyeux d'éoliennes, qui seront installées sur les reliefs en vue de la production d'électricité renouvelable.

L'*Akritas* est à quai, ça se présente bien ! Je règle sa course à Kostas et le salue chaleureusement. Le port de Lavrio est d'une dimension très modeste, c'est presque une affaire familiale, rien à voir avec les kilomètres de quais de Mersin ou de Haïfa.

Je me rends dans les bureaux de Salamis, la compagnie de navigation partenaire de Rosenfeld Shipping, c'est tout bêtement un Algeco® posé sur le bas-côté. Ça vous donne une idée de l'ambiance familiale que je viens d'évoquer.

Efrosi Papaconstantinou arrive quelques instants après, il me demande mon passeport, puis me remet une liasse de documents avec lesquels je dois me présenter à l'entrée du port pour récupérer mon auto. Moi qui m'attendais à des tracasseries administratives et à devoir régler encore je ne sais quels frais, je suis agréablement surpris.

Au guichet du port, vers midi, on me dit qu'il faudra encore une heure ou deux pour que mon auto soit débarquée. Le navire a fait escale à Limassol, il est sous pavillon chypriote. Son nom d'*Akritas* fait référence à une organisation militante de Chypriotes grecs pour la réunification avec la Grèce dans les années 60.

Mon auto est entrée parmi les premières à Haïfa, elle sortira donc parmi les dernières à Lavrio. Les premiers seront les derniers, etc.

J'observe le ballet des tracteurs qui récupèrent les remorques chargées dans le navire, ainsi que des *stackers* qui manipulent les conteneurs. Un *stacker*, c'est le même principe qu'un chariot élévateur pour une palette, mais pour un conteneur de 40 pieds, environ 12 mètres, c'est aussi grand et puissant qu'un camion.

Je tue le temps en discutant en anglais avec un trentenaire qui attend lui aussi sa voiture. Il est israélien, il vient s'installer à Athènes. Né en Israël de parents nés en Israël, donc *sabra* depuis deux générations, et de grands-parents respectivement polonais et marocains, Yarev fait une *alya* à l'envers.

Il me dit qu'il est fatigué de la pression quotidienne qu'il y a dans son pays, où règne le chacun pour soi, où l'espace est compté, où la vie est excessivement chère et le stress permanent. Le coût du logement est prohibitif, la seule solution pour payer moins cher est d'accepter de s'installer dans les colonies de la zone C de Cisjordanie, avec l'inconvénient de l'éloignement et de l'insécurité, tout en devenant ainsi un colon à son corps défendant, pour des raisons économiques. Il est fatigué des tensions avec les Palestiniens et de l'état de siège récurrent qui en découle, il veut élever ses enfants dans un environnement plus apaisé. Il est producteur de musique, il pourra continuer à faire son métier à distance – le télétravail de la crise Covid lui a confirmé que c'était parfaitement réalisable.

Il s'installe en Grèce, il importe sa voiture ici, il pourra même durant six mois garder sa plaque israélienne. Il apprécie l'état d'esprit qui règne dans ce pays, sa douceur de vivre, ses prix inférieurs de 30 à 40 % à ceux d'Israël, et bien entendu sa famille et lui y seront en sécurité.

C'est un témoignage intéressant. On sait que selon les années, entre 4 000 et 8 000 Juifs de France font leur *alya*, leur montée en Israël, soit environ 1 % de la communauté. On dit moins qu'entre 2 000 et 4 000 autres font le voyage de retour, parce que la greffe n'a pas pris, économiquement, linguistiquement, culturellement, et que ces nouveaux citoyens israéliens ont le mal de leur pays natal qu'est la France. Yarev me le confirme bien volontiers, il comprend très bien le français et le parle un peu, grâce à sa maman marocaine.

À 13 h 45, on nous dit que nous pouvons aller récupérer nos autos à la rampe de l'*Akritas*. Une Lamborghini Huracan nous attend, Yarev me demande si c'est ma voiture, c'était une boutade bien sûr. Ce n'est pas non plus la sienne.

Je ne sais pas si j'aurais pu faire mon périple avec une voiture de sport comme ça – à mon avis c'était techniquement possible, mais pas réaliste. L'auto est noir mat, immatriculée à Chypre, avec le volant à droite, basse, compacte et agressive.

À 14 h, on m'amène mon auto et on me souhaite bonne route ! Je prends congé de Yarev, je vérifie rapidement que mes quelques affaires sont toujours là, c'est le cas. Et je peux me mettre en route pour un trajet d'environ 550 kilomètres, essentiellement de l'autoroute, puis une liaison en ferry jusqu'à Corfou.

Je redoutais des encombrements sur la rocade d'Athènes, c'est parfaitement fluide, peut-être parce que nous sommes dimanche. Je note que ladite rocade est indiquée en anglais *ring*, et ΠΕΡΙΦ en grec, soit périph !

L'autoroute de l'Attique se dirige ensuite vers le Péloponnèse. J'ai le golfe Saronique de la mer Égée sur ma gauche, la vue est magnifique. Je prends la direction de Corinthe, dont les habitants les Corinthiens, après les Philippiens, les Colossiens et les Galates, ont été destinataires de deux épîtres de Saint-Paul.

Avant le passage de l'isthme de Corinthe après 140 kilomètres parcourus, je quitte l'autoroute pour emprunter l'ancienne route, pour faire une pause au niveau du pont sur le canal de Corinthe. C'est un ouvrage achevé à la fin du XIXe siècle, six kilomètres de tranchée creusée dans la roche, trente mètres de profondeur, pour seulement huit mètres de large, on dirait qu'un trait de scie a été pratiqué dans l'isthme.

Dans l'Antiquité, on recourait ici au portage des navires sur un passage pavé pour passer d'un golfe à l'autre et éviter le long et périlleux tour du Péloponnèse. Le projet d'un canal existait déjà, mais on n'avait alors ni la technique ni les moyens d'un chantier aussi ambitieux.

Je reprends l'autoroute après ma pause, il y a un embranchement entre l'autoroute de Morée, qui poursuit vers le cœur du Péloponnèse, et l'autoroute de l'Olympe, c'est cette dernière que j'emprunte. J'ai maintenant le golfe de Corinthe de la mer Ionienne à ma droite, c'est tout aussi magnifique que le golfe Saronique de la mer Égée à ma gauche tout à l'heure.

Après une centaine de kilomètres, durant lesquels on annonce Némée et Stymphale, qui font référence à des travaux d'Hercule, respectivement le lion et les oiseaux du lac, c'est le pont de Rion-Antirion, du nom des villes qui sont à ses deux extrémités. Magnifique ouvrage haubané sur quatre piliers, dont le plus grand s'enfonce à plus de 60 mètres sous la surface, un poil moins long que le viaduc de Millau avec un total de 2,8 kilomètres, qui franchit le golfe de Corinthe et m'amène dans la péninsule égéenne. C'est maintenant l'autoroute ionienne.

L'autoroute est à péage en Grèce. Pour une raison que je ne m'explique pas, l'exploitant du réseau a choisi de disposer des péages tous les 50 kilomètres en moyenne, ce n'est pas un système avec un ticket comme en France ou en Italie. Et donc, il faut sortir quelques piécettes à intervalles réguliers, entre 1,50 et 4 euros. Seul le péage du pont de Rion-Antirion sort du lot, il est à 13,70 euros, tarif relativement élevé qui explique peut-être qu'il y a toujours une alternative pour traverser le détroit en ferry, il y en a pour trois kilomètres.

Colbert disait qu'on plume plus facilement l'oie si l'on s'y prend plume par plume, plutôt qu'en une seule fois. Peut-être a-t-on voulu s'inspirer de ce précepte dans ce pays où le consentement à l'impôt sous toutes ses formes est très médiocre et la confiance en les autorités publiques faible, les deux étant évidemment intimement corrélés.

Mon plein de l'Euphrate touche à sa fin, je dois me réapprovisionner en carburant. Ce sera le plein d'Épire, pas le meilleur, c'est à 2,06 euros du litre, le huitième après ceux du Luxembourg, de Bavière, de Voïvodine, de Thrace qui n'en a pas laissé, de Phrygie qui ne portait pas de bonnet, de Cilicie, et de l'Euphrate qui vous met un tigre dans le moteur.

Il fait toujours plus de trente degrés, mais il y a une légère brise qui rend la chaleur supportable.

L'autoroute ionienne en direction de Ioannina, le chef-lieu de l'Épire grecque, sinue dans des vallées assez étroites, avec force ouvrages d'art et tunnels. La Grèce a pu se doter de belles infrastructures, ces dernières années, pour désenclaver des territoires jusqu'alors laissés pour compte. Ils sont encore aujourd'hui assez faiblement peuplés, il est difficile de contrecarrer le mouvement de concentration vers la capitale et son agglomération, qui rassemble quatre millions d'habitants sur un total d'environ 11 millions.

En arrivant à Ioannina, j'ai droit à une violente averse orageuse, il faut réduire la vitesse, la visibilité baisse et les risques d'aquaplaning augmentent. C'est terminé au bout de 20 minutes. La vitesse réglementaire n'est pas uniforme, elle était de 130 sur l'autoroute de l'Attique, mais n'est plus que de 100 sur l'autoroute ionienne. Tout le monde roule à 130 et je fais pareil.

À Ioannina, c'est l'embranchement vers Igoumenitsa, l'autoroute s'appelle *Via Egnatia*, c'est le nom de la voie antique entre Rome et Constantinople, je vous ai indiqué que les armées des Français et des Normands de Sicile l'avaient empruntée durant la première croisade. Du moins ont-ils emprunté l'exact trajet antique depuis Bari, qui débute à Dyrrachium (Durrës) dans les Balkans, aujourd'hui en Albanie. La Grèce moderne a légèrement décalé vers le sud sa *Via Egnatia,* pour la faire démarrer de son principal port en mer Ionienne, Igoumenitsa.

C'est là que j'arrive à 19 h 30, il m'aura fallu cinq heures et demie pour 550 kilomètres, avec une pause au canal de Corinthe et le plein d'Épire qui n'était pas le meilleur (c'est bon, vous l'avez ?), une moyenne horaire de cent kilomètres que permet cet excellent réseau autoroutier. Il fallait compter le double de temps de trajet auparavant.

Je me rends directement au port, je m'acquitte du coût de la traversée vers Corfou, aucune réservation n'est nécessaire.

Ça coûte une cinquantaine d'euros, 40 pour la voiture et 10 par passager. J'embarque quelques instants après par la rampe avant du *Kerkyra* (Corfou, en grec), il faut ensuite faire demi-tour pour se garer dans le sens de la marche, sous les instructions de marins qui vous orientent pour vous garer le plus serré possible afin d'optimiser l'espace à bord.

Nous appareillons à 20 h précises pour deux heures de microcroisière face au soleil couchant. Il y a 40 kilomètres à parcourir, c'est plus long qu'un Calais-Douvres. Nous accostons à 22 h, il fait nuit noire.

Je reçois un SMS de Bouygues Telecom me souhaitant la bienvenue en Albanie, mais il y a une erreur de quelques kilomètres. Regardez sur une carte, au plus près l'Albanie n'est qu'à deux kilomètres de Corfou. Les relais de téléphone ignorent les frontières, c'est le plus puissant qui gagne.

Entrée parmi les premières, mon auto sortira à nouveau parmi les dernières, décidément.

Je me rends à mon hôtel qui est face à la mer au niveau du port, l'hôtel *Atlantis*. Aucun rapport avec l'océan éponyme, c'est une référence à l'Atlantide, continent disparu de la mythologie grecque.

Je pose mes affaires et m'empresse d'aller manger un morceau, les Pringles® ça va bien un moment, mais ça ne nourrit pas son homme, surtout après une journée sur la route.

L'endroit n'a plus de *gyros* au porc à cette heure tardive, tout fout le camp, alors ce sera un *burger* de bœuf juteux, avec des tranches de poitrine de porc croustillantes – j'aurai quand même droit à un peu de cochon, finalement ! Arrosé de Mythos, dont je vous ai déjà parlé.

Je vous disais avant-hier que les habitants de l'île de Chios sont les Chiotes. Eh bien ceux de Corfou sont les Corfiotes, dans les deux cas il est primordial de ne mettre qu'un seul T, pas de gaffe.

Ma journée de demain sera consacrée à la capitale éponyme de cette île ionienne, Corfou, qui présente une caractéristique exceptionnelle dans ce pays et dans les Balkans tout entiers : elle n'a jamais été conquise par les Ottomans.

Envoyé de mon iPad

De : Étienne Henry <etienne.henry@mon.adresse.mail>
À : undisclosed recipients
Envoyé : le 30/08/2022 09 : 15
Objet : Le vingtième jour, Corfou

J'ai une journée libre à Corfou aujourd'hui, ma nuit fut reposante. Petit bémol, mon hôtel sur le port est situé dans l'axe des pistes de l'aéroport de l'île, il y a de temps en temps un grand fracas dû au passage d'un avion. On ne peut pas tout avoir.

La première chose dont je dois me préoccuper après mon petit déjeuner où la poitrine de porc est de retour, c'est de récupérer mon billet pour le ferry qui me conduira demain soir à Bari. J'ai fait l'opération en ligne, il faut maintenant faire l'enregistrement et récupérer les billets à produire à l'embarquement. *Niakas Travel Agency* est juste à côté de mon hôtel, le temps de montrer mon passeport et on me donne mes deux billets, un pour moi et un pour Bucéphale, ainsi qu'un carton « Bari » à afficher sur ma planche de bord.

Je peux maintenant aller faire un tour à pied à Corfou, la ville. C'est comme à Luxembourg, qui désigne à la fois le pays et sa capitale, ici Corfou désigne à la fois l'île et son chef-lieu.

Je vous disais hier que Corfou n'a jamais été sous domination ottomane, ce qui est parfaitement exact. Croyez bien que les Ottomans ont plusieurs fois essayé de s'emparer de cette île qui est une sorte de verrou contrôlant l'accès à l'Adriatique, regardez sur une carte, à chaque fois sans succès.

Car à chaque fois les défenses de l'île ont vaillamment résisté et se sont renforcées siège après siège. La ville en a gardé l'empreinte, sous la forme de forts et forteresses qui existent toujours aujourd'hui. La forteresse initiale byzantine a été complétée par de nouveaux forts bâtis par les Vénitiens, qui ont résisté aux sièges ottomans de 1537 puis 1717.

En suivant la côte vers l'est, je quitte l'actuel port pour arriver au niveau du vieux port, qui est toujours en fonctionnement, tout se trouve dans un périmètre très réduit. Je passe devant le Fort Neuf, construit durant la deuxième moitié du XVIe siècle, après le siège de 1537. Le fronton du porche comporte un lion ailé, emblème de la république de Venise, maîtresse des lieux depuis 1387.

Avant cela, c'était l'Empire byzantin, mais à partir de 1081, les turbulents et ambitieux Normands de Sicile sont arrivés, je vous ai déjà parlé de Robert Guiscard, le papa de Bohémond de Tarente devenu prince d'Antioche.

L'île est passée de mains en mains au gré des offensives des Normands et des Byzantins, ces derniers restant néanmoins majoritairement aux manettes. Par la suite, les Vénitiens n'en ont gardé le contrôle qu'une dizaine d'années après l'avoir gagné après la quatrième croisade en 1204, les Byzantins sont rapidement revenus aux commandes.

En 1267, les Angevins de Naples et de Sicile sont revenus et ont pris la suite des Byzantins, il s'agit de successeurs des Normands de Sicile avant la scission de leur royaume entre Sicile et Italie méridionale. Leur royaume de Naples a continué à exister, celui de Sicile a disparu après les fameuses Vêpres siciliennes de 1282 qui furent la Saint-Barthélemy des Français en Sicile.

Les Angevins de Naples font des prélèvements sur l'économie de l'île, et comme nous sommes en Grèce, la population se soulève contre cette pression fiscale, et demande finalement la protection de la république de Venise en 1387, qui tiendra jusqu'à 1797 et sa chute sous les coups de l'armée d'Italie du général Bonaparte.

La présence française, avec néanmoins un intermède russe, a duré jusqu'à 1814 et la défaite de Bonaparte, devenu entre-temps Napoléon Ier, pour laisser la place à un protectorat britannique jusqu'à 1864, puis au retour à la mère patrie grecque qui continuait progressivement à agrandir son territoire.

Tout ça pour vous dire que les étroites rues du centre historique de Corfou évoquent plutôt l'Italie voisine que la Grèce et les Balkans. Nulle maison ottomane à colombage bien entendu, le tout est classé à l'UNESCO depuis 2007.

À côté du Fort Neuf, un monument de bronze a été érigé à la mémoire des 2 000 Juifs de Corfou déportés et assassinés à Auschwitz par les nazis en juin 1944, comme la quasi-totalité des Juifs de Grèce. Pas de séfarades par ici, qui s'étaient réfugiés dans l'Empire ottoman après leur expulsion d'Espagne en 1492, en particulier à Salonique, mais une communauté d'origine italienne et grecque.

Il reste une synagogue du XVIIIe siècle, l'écrivain suisse de langue française Albert Cohen est né dans le quartier en 1895, son papa était romaniote, de langue grecque, et sa maman de langue italienne.

Je me pose tranquillement pour déjeuner en terrasse dans la vieille ville, je commande pour commencer un verre de *retsina*. Je me suis promis d'y goûter lorsque Kostas m'a montré hier les vignes le long de la route vers Lavrio. C'est un vin blanc dans lequel on ajoute au cours de la fermentation de la résine de pin, la tradition dit que c'est pour perpétuer le goût du vin blanc conservé dans des amphores qu'on rendait étanches avec cette résine dans l'Antiquité.

Moi qui m'attendais à un nez de lessive Saint-Marc, eh bien pas du tout ! La résine ne m'a pas sauté au palais ni au nez, elle se traduit par un côté un peu plus âpre, que je ne saurais décrire plus précisément. Ça reste un vin blanc sec tout à fait honorable. Il semblerait aussi qu'il existe diverses variétés de *retsina*, certaines plus fréquentables que d'autre, je pense être tombé sur la bonne !

Le *retsina* accompagne très bien les beignets de calamar que j'ai commandés. Oui, je fais une pause avec le cochon, et je passe à des fruits de mer, qui sont accommodés ici exactement comme en Italie.

Je poursuis ma visite en quittant la vieille ville et ses rues étroites, me voilà sur le boulevard maritime, la côte en face est albanaise. J'entre dans la ville néoclassique, du XIXe siècle, et ses influences française et britannique. Il en est ainsi de l'ancienne préfecture et du palais Saint George, siège du gouverneur britannique. Ce palais donne sur l'esplanade, vaste étendue dégagée devant laquelle se trouve le fort historique de Corfou, lequel est séparé de l'île par un bras de mer creusé de main d'homme. Une place forte inexpugnable, de nombreux sièges l'ont démontré.

Un peu au sud de l'Esplanade se trouve le palais *Mon repos,* en français dans le texte, résidence secondaire de la famille royale grecque, c'est là qu'est né en 1921 Philippe de Grèce, le petit-fils du roi Georges Ier, qui a succédé en 1863 à notre ami Othon Ier.

Au contraire de ce dernier dans un cas similaire, Philippe de Grèce a abandonné l'orthodoxie pour embrasser la foi anglicane, et pris le nom de ses grands-parents maternels Battenberg, traduit en Mountbatten. Il nous a quittés récemment à un âge canonique, laissant Babette II éplorée, vous voyez de qui je veux parler ? Eh oui, le duc Philippe d'Édimbourg, Philip Mountbatten, était natif de Corfou.

Encore plus au sud, à Gastouri, à une dizaine de kilomètres s'élève l'Achilleon, modeste résidence secondaire de 128 pièces voulue par l'impératrice Élisabeth, dite Sissi, la douce de François-Joseph, qui voulait fuir la pression de la cour de Vienne et s'était prise d'une passion pour la Grèce antique. Elle a personnellement supervisé les travaux et la décoration de cet endroit à la gloire du héros grec Achille en 1890, où elle passa ensuite l'essentiel de son temps.

La bâtisse existe toujours, hôpital puis quartier général des forces de l'Axe durant la guerre, c'est devenu un casino aujourd'hui fermé. C'est là que James Bond et Kristatos se rendent pour en savoir plus sur Colombo dans *Rien que pour vos yeux*.

Rémy Julienne a mis à profit les routes escarpées de l'île pour la célèbre poursuite entre la 2CV de Mélina (Carole Bouquet) et les Peugeot 504 des méchants de Gonzalès, même si l'action est supposée se dérouler aux environs de Madrid.

Citroën en a tiré une série limitée de 2CV 007 à la carrosserie constellée d'impacts de balles peints en trompe-l'œil. J'imagine l'ouvrier de chez Citroën à qui on demande ce qu'il fait, et qui répond : « Moi ? Je peins des trous de balle. Un métier d'avenir ».

Attention, pas de Lotus Esprit sous-marine qui tienne ici à Corfou, ne confondez pas avec *L'Espion qui m'aimait* !

Je dois maintenant vous parler d'un phénomène que je n'ai pas encore observé jusqu'ici dans ce voyage : le tourisme de masse balnéaire. À Athènes, qui n'est pas au bord de la mer, il n'y avait pas cette composante balnéaire.

Certains touristes ont l'air de revenir de la plage, leur tenue est vraiment très légère et négligée. Ce matin, un couple a pris son petit déjeuner pieds nus à mon hôtel, trop dur de mettre des tongs ? Et que dire de ces dames, je ne vais pas jouer les pudibonds, vous me connaissez, mais le dépoitraillage est la norme, avec plus ou moins de bonheur. Pareil pour les jambons plus ou moins grassouillets et bronzés de ces dames, le bracelet de cheville est généralisé. Les messieurs ne sont pas en reste bien sûr.

Évidemment, les boutiques à touristes sont là pour satisfaire cette clientèle, entre verroterie *made in China* et maroquinerie bon marché qui sent la ménagerie pour cause de tannage bâclé.

Bon, il suffit comme toujours de prendre des rues adjacentes pour trouver des endroits plus calmes et tout aussi sympathiques.

Pour mon dîner, j'en resterai à la bière locale, Corfu, qui arrosera de la poitrine d'agneau grillée, voilà une spécialité qui n'a pas trop cours chez nous. C'est plutôt bon, mais je m'attendais à quelque chose de moins sec et de plus goûtu, dommage.

Évidemment, au moment de régler l'addition, on vous dit que l'appareil à carte bancaire est en panne et on vous montre le distributeur qui est juste là, à côté. L'atavisme grec en matière de consentement à l'impôt et en particulier la réticence au reversement d'une TVA à 24 % à l'État a encore de beaux jours devant lui.

Envoyé de mon iPad

De : Étienne Henry <etienne.henry@mon.adresse.mail>
À : undisclosed recipients
Envoyé : le 31/08/2022 19 : 34
Objet : Le vingt-et-unième jour, de Corfou vers Bari

J'ai encore une journée à passer à Corfou avant d'embarquer ce soir pour Bari. Il n'y avait plus de place pour ma voiture sur les ferries partant le 29 août à destination de la péninsule italienne selon mes recherches, j'ai dû décaler mon retour d'une journée, au 30 août.

Vous avez relevé que Corfou est globalement passée à côté des événements de la première croisade, si ce n'est les incursions de Robert Guiscard et des Normands de Sicile, ainsi que des conséquences de la quatrième croisade après 1204.

Je vais bientôt revenir en plein dans le sujet en arrivant à Bari demain matin, dans cette Italie méridionale unie à la Sicile dans un royaume fondé par les Normands de Sicile au XIe siècle, qui avaient chassé de l'île les Fatimides.

C'est le moment de vous parler d'un personnage hors du commun, Frédéric II de Hohenstaufen, dernier empereur de cette dynastie, jusqu'à l'interrègne de 1250, après lequel Rodolphe de Habsbourg a été élu en 1273.

Petit-fils de Frédéric Ier Barberousse, celui qui a fini dans un chaudron en Cilicie en 1191, Frédéric II est le fils de l'empereur Henri VI du Saint-Empire. Sa mère est une Normande de Sicile, Constance de Hauteville, la fille du roi de Sicile Roger II de Hauteville !

Une parente, plus d'un siècle plus tard, de notre ami Tancrède de Hauteville, qui est allé jusqu'à Jérusalem libérer le tombeau du Christ, régent d'Antioche pour le compte de son tonton Bohémond de Tarente prisonnier des Turcs à Sébaste. Le monde est petit !

Frédéric est né en 1194 en Italie méridionale et y a passé l'essentiel de sa vie, ce qui est inattendu pour un empereur du Saint-Empire romain germanique. Il y meurt en 1250.

Cultivé et polyglotte, favorisant les sciences et les arts, c'est un empereur atypique, ouvert sur l'Orient, parlant six langues, le latin et le grec parce que ce sont les langues véhiculaires de l'époque, mais aussi le normand (proche du français), le sicilien (proche de l'italien), l'allemand bien sûr (il faut être crédible comme empereur germanique) et… l'arabe, appris au contact des Fatimides musulmans soumis en Sicile.

En conflit permanent avec la papauté, il est excommunié à deux reprises. La deuxième fois, c'est parce qu'il a réussi à rouvrir la route de Jérusalem, alors que l'Église aurait dû lui en être reconnaissante. Mais que s'est-il passé ?

Parti pour la sixième croisade en 1228 alors qu'il est excommunié, avec seulement 3 000 hommes, il négocie après un simulacre de combat le traité de Jaffa avec le Sultan d'Egypte Malik Al Kamal, qui donne aux Francs les villes de Jérusalem, Bethléem et Nazareth, et les couloirs les menant à Saint-Jean d'Acre, en contrepartie de l'interdiction aux Francs de l'accès aux lieux saints musulmans, et ce pour la durée d'une trêve de dix ans.

La sixième croisade est ainsi la seule autre croisade après la première à avoir libéré Jérusalem, même si c'était sur tapis vert et sans effusion de sang.

Frédéric II a été couronné roi de Jérusalem dans la foulée, puis s'en est retourné en Italie, laissant les barons locaux en proie à leurs divisons. De sorte qu'après la trêve, les hostilités ont repris avec les musulmans jusqu'à la fin des haricots et l'évacuation de Saint-Jean d'Acre en 1291.

Le patriarche de Jérusalem a été outré de ce traité de Jaffa, lui qui s'attendait à une offensive militaire qui aurait écrasé les musulmans – avec 3 000 hommes, en voilà un qui n'a aucun sens des réalités. Il a résumé l'affaire au pape en disant que le Sultan de Sicile avait négocié avec son ami le Sultan d'Égypte… Lequel pape a donc réitéré l'excommunication de Frédéric II.

Voilà quelqu'un qui était trop en avance sur son temps, il s'est montré réaliste et sincère dans ses négociations avec le Sultan, lequel avait par ailleurs besoin de lui pour régler ses propres querelles internes. Frédéric II a obtenu l'essentiel sans verser de sang, l'accès aux lieux saints chrétiens de Jérusalem pour les pèlerins. Le tout en étant excommunié deux fois.

Il a eu une attitude intelligente, cet homme-là était un visionnaire. À noter qu'il s'est bien gardé de mettre les Byzantins autour de la table des négociations, qui auraient certainement fait capoter l'affaire.

Il me fait penser sur ces aspects à Anouar El Sadate, qui a eu le courage d'aller prendre la parole à la Knesset et de signer les accords de Camp David en 1979, ce qu'il paiera de sa vie lors de son assassinat en 1981 par les Frères musulmans.

Ces fortes considérations me viennent durant mon déjeuner que je prends à un horaire tardif, à la grecque, au centre historique de Corfou. Je déguste à nouveau des beignets de calamar arrosés de *retsina*, c'est tout aussi bon qu'hier.

Mes voisins de table s'installent puis repartent rapidement, ils sont irlandais et me disent qu'ils trouvent l'endroit sale et mal entretenu. Je leur dis que c'est partout comme ça en Grèce, dans ce genre d'endroit où un plat est entre 8 et 10 euros. Pour avoir quelque chose de mieux tenu, il faut doubler le prix, on ne peut pas tout avoir.

Je subis toujours, depuis ma terrasse, le spectacle des touristes en tenue balnéaire. Je suis effaré par le nombre de tatouages sur des peaux très bronzées, les couleurs passent et ça finit par faire un gros pâté. Tatouages et soleil ne font pas bon ménage, tous les connaisseurs vous le diront. Les ultraviolets dégradent les couleurs et provoquent le vieillissement de la peau, l'idéal pour que votre tatouage devienne un gros pâté verdâtre. L'écran total devrait être la règle, mais alors votre bronzage ne sera plus le même. Se faire tatouer ou bronzer, il faut choisir.

Après mon déjeuner, je passe aux toilettes, il faut traverser les cuisines du restaurant. Philippe Etchebest ferait une grosse colère en voyant ce que je vois, c'est sûr, mais je crains que ce ne soit la norme par ici. Heureusement que mes Irlandais de tout à l'heure n'y sont pas allés !

Je passe le reste de l'après-midi sur une terrasse au port, les paquebots de croisière vomissent des hordes de touristes qui s'en vont en rangs compacts visiter la vieille ville de Corfou.

J'ai pu caser une participation à une soutenance de mémoire en visioconférence, les techniques modernes permettent de faire abstraction de votre localisation géographique, c'est une des leçons de la crise sanitaire qui paraît maintenant derrière nous, du moins je l'espère.

Je savoure mes dernières heures sur le port de Corfou et un *gyros* au porc, joli zeugma, en assistant au coucher du soleil. À 21 h 15, je récupère ma voiture garée depuis avant-hier soir dans l'impasse à côté de mon hôtel, et me dirige vers le port.

Cette fois-ci il faut suivre le panneau des départs internationaux, il y a une mention *Italy*. Je me gare, m'assure que c'est bien le parking du départ *Ventouris* de ce soir pour Bari, c'est bien ça. Les véhicules sont dans leur grande majorité italiens, des familles qui rentrent au pays après les vacances.

À 22 h 15, nous nous mettons en mouvement, vérification des billets et du passeport lors du passage au portail, fouille rapide des bagages. On nous fait disposer en quatre files en direction d'un navire battant pavillon chypriote, le *Rigel VII*, qui est en train de manœuvrer pour se mettre la poupe au quai et abaisser la rampe d'accès. Nous embarquons à 23 h.

Bon, c'est un très gros navire, 160 mètres de long, rien à voir avec l'aimable ferry d'avant-hier qui fait la rotation entre Corfou et le continent. Il peut embarquer 450 véhicules sur deux ponts, et 1 500 passagers sur trois ponts.

J'abandonne Bucéphale dans la cale des véhicules, monte dans les étages et cherche où me poser. Je n'ai pas de cabine, c'était évidemment complet. Je suis supposé bénéficier d'un fauteuil, je me dis que ce sera comparable à une nuit dans un long courrier. Je trouve un espace façon salle de cinéma avec des sièges inclinables en cuir, et m'imagine que je peux m'y installer.

Vous vous doutez bien que je me fais vite contrôler et virer de cet endroit VIP, je bénéficie non d'un fauteuil inclinable en cuir, mais d'un bête fauteuil dans les salons. Les habitués ont déballé leurs futons et matelas pneumatiques, ont regroupé des fauteuils ou des banquettes pour s'en faire des lits.

N'ayant rien prévu de tout cela, je me dis que le plus simple sera de m'asseoir par terre, à un angle entre une banquette et une cloison, je pourrai m'y adosser puis m'étendre sans problème pour une nuit qui me rappellera des souvenirs d'il y a fort longtemps, sur un ferry vers la Tunisie avec ma douce.

Question confort, je préférais nettement le *Karaboudjan*, pardon, l'*Altay*, et son équipage géorgien ! Mais là je suis serein, heureux, détaché de cette contingence matérielle. Je rentre de Jérusalem. Peu importe de passer une nuit à même le sol dans une ambiance de marché napolitain, qui finira par se calmer.

L'important est que nous arrivions à bon port demain à l'heure, ce sera le cas j'en suis certain, car je suis sur une ligne régulière de ferry.

Nous appareillons à minuit. Je quitte le monde orthodoxe et oriental. Demain je serai de retour en terre latine.

Envoyé de mon iPad

De : Étienne Henry <etienne.henry@mon.adresse.mail>
À : undisclosed recipients
Envoyé : le 01/09/2022 08 : 46
Objet : Le vingt-deuxième jour, de Bari à Saint-Marin

Le *Rigel VII* est en approche du port de Bari, depuis que le soleil est levé nous longeons sur bâbord la côte des Pouilles sur l'Adriatique. La côte des Pouilles est desséchée, oups, c'est bien connu.

Nous accostons à 8 h 30, je descends aux ponts des véhicules à 8 h 45, j'arrive juste à temps pour sortir ma voiture, je bénéficie cette fois d'un *last in first out* en quelque sorte.

Je parcours les interminables quais jusqu'à la sortie de la zone portuaire et au filtre de police et de douane, ma vieille auto détonne et on me contrôle minutieusement. On me demande si je viens d'Albanie, manifestement ce pays gangrené par la mafia suscite la méfiance des douaniers. J'explique mon trajet en provenance de Jérusalem et non pas d'Albanie, ça ne leur fait ni chaud ni froid, la fouille ira jusqu'à la roue de secours. Rien à signaler.

Me voilà à Bari, la capitale des Pouilles. C'est de là que serait partie en 1228 la sixième croisade de Frédéric II dont j'ai parlé hier, mais j'ai vu une autre version indiquant plutôt Brindisi, dans les Pouilles également. On est sûr en revanche que c'est de Bari que l'armée des Français d'Hugues de Vermandois a embarqué pour traverser l'Adriatique en 1096.

Le centre historique de la ville est blotti autour de la basilique Saint-Nicolas, qui abrite les reliques du Saint originaire de

Lycie, sur la côte sud-ouest de l'Asie Mineure. L'évêque Nicolas de Myre a participé au premier concile de Nicée en 325, il y a pris la parole pour condamner l'hérésie arienne, je l'ai évoqué lorsque j'étais sur place voici déjà deux semaines.

Que font donc ces reliques d'un Saint d'Asie Mineure ici à Bari, en Italie ? Eh bien, un commando d'Apuliens, et non de Pouilleux, je vous vois venir, est allé les chercher en 1087 à Myre en Lycie, on craignait alors que les Turcs nouvellement arrivés ne les détruisent. Et maintenant, elles font la renommée de cette ville, et les Pouilles font les meilleurs curés, oups.

Bari a été longtemps byzantine durant le haut Moyen Âge, avant de passer aux Normands de Sicile en 1068, je vous ai parlé hier de Frédéric II et de sa maman Constance de Hauteville.

Saint-Nicolas est devenu le père Noël en Occident, le *Santa Claus* en anglais est assez transparent. Je me souviens que dans mes jeunes années en Lorraine dialectophone, il était spécifiquement honoré le 6 décembre, et distinct du père Noël. Il défilait dans les rues, distribuait des bonbons aux enfants, et un père Fouettard l'accompagnait pour fustiger ceux qui n'étaient pas sages.

Car Saint-Nicolas est aussi le saint patron de la Lorraine, le chevalier Aubert de Varangéville a apparemment réussi à obtenir au XIe siècle une phalange provenant des restes gardés ici, elle est conservée à la basilique de Saint-Nicolas-de-Port.

Avec un squelette complet, on peut faire pas mal de lieux de pèlerinages ! Il y en aurait aussi un bout à Fribourg en Suisse. Bon, on dit aussi que les restes enlevés en 1087 ne seraient pas ceux de Saint-Nicolas, mais d'un autre saint personnage… L'important c'est d'y croire et d'avoir de quoi faire venir le pèlerin, rien de nouveau par rapport à ce que vous ai dit en Terre sainte.

La ville médiévale de Bari est sur un très petit périmètre, près du port historique. Son extension hors les murs s'est faite au début du XIXe siècle sur un plan régulier, avec des rues qui se coupent à angle droit, sous l'autorité du roi de Naples, le maréchal d'Empire Joachim Murat, qui a donné son nom à ces nouveaux quartiers. Les extensions ultérieures ont été un peu plus anarchiques, à l'italienne, l'agglomération fait plus d'un million d'habitants.

Ma première visite du jour se trouve à une grosse cinquantaine de kilomètres de Bari, c'est le *Castel del Monte.* Je traverse des paysages d'oliveraies, de vignes, des murs de pierres sèches bordent les routes et limitent les propriétés.

Il y a régulièrement, au bord des parcelles, des huttes circulaires de pierres sèches avec un toit conique, comme les bories du Luberon. Ici elles s'appellent *trulli* et c'est exactement la même chose.

Un panneau figurant un brocard avertit de la présence de gibier, il est précisé en dessous *cinghiale*, soit sanglier en italien. Les Turcs avaient résolu le problème autrement, en mettant la silhouette d'un gros suidé sur leurs panneaux, c'est un pictogramme explicite. Car si vous ne connaissez pas le sens du mot *cinghiale*, vous êtes bien avancé.

Me voici à 10 h au parking du *Castel del Monte*, le célèbre monument s'aperçoit des kilomètres à l'avance, perché au sommet d'une colline. La traduction de *Castel del Monte* est assez transparente, peut-être même tautologique. Je ne connais pas d'équivalent français en Château du Mont, ou allemand en *Bergburg.*

Je fais l'impasse sur la navette et m'y rends à pied, il me faudra quand même 30 minutes pour arriver au sommet. J'ai la vue sur la mer qui est à plus de trente kilomètres, nous sommes à environ 500 mètres d'altitude.

Je m'acquitte du billet d'entrée et me retrouve confronté à une sorte de perfection géométrique octogonale sur deux niveaux : huit tours octogonales, aux huit angles d'un grand octogone, deux fois huit salles trapézoïdales, une cour intérieure octogonale.

Le tout plutôt bien conservé malgré des périodes de déshérence et le pillage de ses éléments décoratifs, il est classé à l'UNESCO depuis 1996 et figure sur la pièce de 1 centime d'euro italienne.

Je vous ai parlé du film *Le nom de la Rose* en passant à Melk en Autriche ; eh bien, l'abbaye dans laquelle se déroule ce *thriller* médiéval est clairement inspirée du *Castel del Monte*.

Cet endroit voulu par Frédéric II en 1240 reste mystérieux aujourd'hui. On ne sait pas trop quelle est sa finalité : certainement pas militaire, il n'y a ni fossés ni pont-levis. Les meurtrières ont des angles trop fermés pour servir à quelque chose, les escaliers en colimaçon tournent dans le mauvais sens, inverse des aiguilles d'une montre dans le sens de la montée, donc un défenseur qui descend doit tenir son arme de la main gauche. Ce n'est pas non plus un relais de chasse, les oliveraies des environs ne sont guère giboyeuses.

Peut-être un monument ésotérique, un observatoire astronomique, ou une sorte de hammam ? Frédéric II était qualifié à l'époque en latin de *Stupor Mundi*, d'aucuns ont même voulu y voir l'Antéchrist, avec ses excommunications, ses amitiés coupables avec les musulmans et son goût pour les sciences et l'expérimentation.

Personnellement, j'ai été frappé par le thème de l'octogone, qui est aussi celui du dôme du Rocher à Jérusalem, que Frédéric II est allé délivrer pacifiquement en 1229. Supprimez le dôme doré, et ajoutez les huit tours elles-mêmes octogonales, vous resterez dans les mêmes thèmes géométriques, c'est peut-être le début d'une explication.

Je note que Frédéric II et les Hohenstaufen sont qualifiés sur les panneaux explicatifs en italien de *Svevi* (Souabes aujourd'hui, Suèves dans l'Antiquité), et non de *Tedeschi* (Allemands). Le château de Hohenstaufen aujourd'hui ruiné se trouve dans le Jura souabe près de Göppingen. Si les Hauteville deviennent *Altavilla*, les Hohenstaufen restent inchangés en italien en revanche.

Il y a beaucoup de visiteurs allemands qui viennent admirer ce monument voulu par cet empereur atypique à plus de 1 500 kilomètres de l'Allemagne.

Je repars à 11 h 30 après avoir vérifié le niveau d'huile de ma monture, tout est parfait. Il faut dire que suite à la remarque que m'a faite mon hôtelier à Samarcande en 2019, je fais maintenant l'appoint avec une huile 100 % synthétique 5W40, apparemment ça change tout. Je n'en ai fait qu'un seul depuis le départ, à Philippopolis !

Je fais une pause à 12 h 30 pour acheter et boire un Red Bull®, je n'ai pas eu mon café du matin aujourd'hui et ma nuit médiocre et inconfortable se rappelle à moi, j'ai un coup de fatigue. Je ne recours à ce breuvage dopant que très exceptionnellement, en moyenne tous les deux ans, c'est vous dire !

L'autoroute suit approximativement la côte Adriatique sur les 550 kilomètres de mon parcours, nous passons des Pouilles au Molisé, puis aux Abruzzes, avec sa principale agglomération Pescara, puis aux Marches et leur chef-lieu Ancône, et enfin à l'Émilie-Romagne, où se trouve ma destination du jour.

L'autoroute n'a que deux voies sur l'essentiel du trajet, puis trois à partir d'Ancône. Elle est sinueuse, on roule plutôt vite, il y a du relief et des tunnels, on double à droite, il faut être concentré.

Je dois faire un nouveau plein de carburant avant Ancône, ce sera l'arrêt des Marches, le neuvième, après les pleins du Luxembourg, de Bavière, de Voïvodine, de Thrace qui n'en a pas laissé, de Phrygie qui n'avait pas de bonnet, de Cilicie, de l'Euphrate qui vous met un tigre dans le moteur, et de l'Épire qui n'était pas le meilleur. Normalement c'est l'avant-dernier. J'ai déjà 6 000 kilomètres au compteur depuis mon départ, donc sans les kilomètres en bateau.

Ma destination du jour est enclavée en Émilie-Romagne, pas très loin de Rimini, c'est une survivance, sinon une bizarrerie géopolitique : la république de Saint-Marin.

J'y arrive vers 17 h, soit cinq heures et trente minutes pour 550 kilomètres avec deux pauses, le réseau autoroutier italien est efficace même s'il est fatigant. Avec un seul arrêt péage à la sortie grâce à un système de ticket comme chez nous.

Il faut compter une trentaine de kilomètres depuis l'autoroute vers l'intérieur des terres, les quinze derniers en constante ascension. Cette république revendique une fondation chrétienne fuyant les persécutions en l'an 301, par un Saint-Marin plus ou moins légendaire, évidemment, qui a mené ses fidèles vers ces hauteurs ingrates où les païens de la plaine les ont laissés tranquilles depuis lors.

Saint-Marin se revendique comme la plus ancienne république au monde fonctionnant de manière continue depuis sa fondation. Sa constitution date de 1600, elle est toujours en vigueur aujourd'hui. Comme au Luxembourg, la capitale a le même nom que le pays, Saint-Marin.

Le territoire sans accès à la mer fait un total de 61 kilomètres carrés pour 30 000 habitants, vous parlez d'une superpuissance !

Pour une raison que j'ignore, l'Italie réunifiée depuis 1860, royaume puis république, a toujours respecté la souveraineté de Saint-Marin, et même sur un pied d'égalité, d'État à État !

Au contraire de Monaco, autre micropays sur un rocher, Saint-Marin ne s'est pas déshonorée par des compromissions avec les fascistes italiens et les nazis. Après-guerre, c'est gentiment devenu un paradis fiscal pour l'argent sale italien, avant que des scandales financiers suivis de réformes dans les années 2010, en particulier sur le secret bancaire, n'y mettent fin. Le choc a été rude, plus d'un quart du PIB a disparu.

Reste l'émission de timbres, les philatélistes adorent les acheter pour les mettre dans des albums, c'est tout bénéfice pour le pays qui en tirerait 10 % de son PIB !

Oui, c'est un pays ! Membre du Conseil de l'Europe comme le Liechtenstein, Andorre et Monaco. Membre de la zone euro comme Andorre et Monaco, sans être membre de l'Union européenne pour autant, mais frappant aussi ses pièces en euros. Oublions le Vatican et son statut particulier.

Vu d'ici, ça ressemble à une gentille sous-préfecture de province, où l'essence est 20 centimes moins chère qu'en Italie, rien de clinquant, bien au contraire. Je suis heureux d'avoir pu mettre à profit mon retour de Terre sainte pour faire étape dans cet endroit improbable.

Les plaques des voitures sont en RSM et non en SM, dommage, on aurait pu sourire.

Mon hôtel est au pied du mont Titano, classé à l'UNESCO depuis 2008, où se perchent, à 700 mètres d'altitude, les trois châteaux des origines, aujourd'hui reliés entre eux par des chemins de ronde. On y accède par un téléphérique qui démarre au niveau de mon hôtel. Il a plu, la brume empêche de voir le sommet.

Je n'aurai pas le temps d'y faire un tour demain, une longue journée de route m'attend pour la dernière étape de mon périple.

Je dînerai à mon hôtel, un établissement familial où les clients sont des habitués, gnocchi et tortellini avec de la crème et non plus de l'huile d'olive, nous ne sommes plus dans le sud de l'Italie, mais en Émilie-Romagne – pardon, en République de Saint-Marin.

Avec une soirée *calcio* très animée, à laquelle toute la salle participe, sauf moi qui n'y connais pas grand-chose et écris les présentes, on ne peut pas tout connaître sur tout.

Envoyé de mon iPad

De : Étienne Henry <etienne.henry@mon.adresse.mail>
À : undisclosed recipients
Envoyé : le 03/09/2022 19 : 49
Objet : Le vingt-troisième et dernier jour, de Saint-Marin à Strasbourg

C'est le dernier jour de ce périple vers Jérusalem en voiture et en solitaire. Ce sera également ma plus longue étape, d'environ 820 kilomètres, de la république de Saint-Marin jusqu'à Strasbourg.

Cette longue journée commence par un *doppio espresso lungo*, suivi d'un deuxième – pirouette qui m'évite de tenter le pluriel italien, que je ne maîtrise pas !

Le meilleur café du matin de tout mon périple, on va pas se mentir, c'est bien ce café italien à l'*Hostaria da Lino* à Saint-Marin.

Comme hier, le temps est couvert, le sommet du mont Titano est perdu dans la brume. Il ne fait qu'une vingtaine de degrés, ce qui me change des deux mois passés.

Je reprends la nationale SS72 à quatre voies qui redescend des pentes du mont Titano vers Rimini et l'autoroute A14 *Adriatica* que j'ai empruntée hier depuis Bari, qui débute à Tarente dans les Pouilles, la ville de notre ami Bohémond.

Cet axe A14 devient l'A1, *Autostrada del Sole,* à partir de Bologne. Sur la carte, il présente un azimut rigoureusement constant, avec les Apennins à gauche et la plaine du Pô à droite dans le sens où je l'emprunte, mais dans la pratique ça reste relativement sinueux considérant les agglomérations à contourner et les divers échangeurs, sans parler des cours d'eau à franchir. Les trois voies de circulation sont bien chargées, ça se double à droite et à gauche.

Cette autoroute reprend le tracé de la voie romaine dite *Via Aemilia*, de Rimini à Plaisance (*Ariminum* et *Placentia,* en latin), tirant son nom du consul romain qui l'a fait construire au IIe siècle avant notre ère.

C'est la région italienne de l'Émilie-Romagne qui, comme la Bourgogne-Franche-Comté chez nous, est constituée de deux régions distinctes, l'Emilie qui tire son nom de la voie romaine, et la Romagne, la région de Ravenne sur l'Adriatique.

Cette ville de Ravenne est devenue la capitale des royaumes d'Italie fondés par Odoacre puis les Ostrogoths qui ont causé la chute de l'Empire romain d'Occident en 476.

Elle est ensuite devenue dès 568 le siège de l'exarchat d'Italie, comprenant tous les territoires byzantins d'Italie et de Dalmatie que l'Empire romain d'Orient a repris aux Barbares. A ce titre, elle possède un patrimoine inestimable d'églises et de mausolées dotés de mosaïques byzantines du haut Moyen Âge.

Un panneau indique le *Rubicone*, petit fleuve côtier d'Émilie-Romagne de 35 kilomètres de long, frontière antique entre l'Italie péninsulaire romaine et la Gaule cisalpine, l'actuelle Italie du nord, peuplée de Celtes. Les légions en armes avaient interdiction de le franchir selon la loi du Sénat de Rome, afin de protéger la République de Rome des menaces militaires internes.

Jules César l'a franchi en janvier 49 avant notre ère avec ses légions en armes, et le sort en était jeté, *alea jacta est* : ayant bravé l'interdit, il ne pouvait plus faire marche arrière. L'expression existe toujours aujourd'hui.

Après Bologne, grande métropole italienne d'un million d'habitants, qui s'honore d'avoir fondé la première université d'Occident en 1088, l'autoroute A14 devient A1, je l'ai dit, son azimut est identique.

La ville suivante est Modène, dont le saint patron antique, si j'ose m'exprimer ainsi, était Neptune. Son trident est devenu l'emblème d'un constructeur automobile du cru. Modène est une capitale automobile : outre Maserati et son trident, Maranello et son cheval cabré sont proches, à une vingtaine de kilomètres, de même que Lamborghini, à Sant'Agata Bolognese, à 25 kilomètres, et aussi plus récemment Pagani, dans les faubourgs de Modène.

À hauteur de Reggio d'Emilie, on indique la direction de Canossa, ville d'une résidence secondaire papale où l'empereur du Saint-Empire romain germanique Henri IV est allé faire pénitence pieds nus dans la neige en janvier 1077 devant le pape Grégoire VII, pour y obtenir la levée de l'excommunication qu'il a récoltée durant la querelle des investitures. J'en ai parlé durant le prologue, Henri IV prétendait nommer lui-même les évêques, alors qu'il s'agissait d'une prérogative du pape.

Après *franchir le Rubicon*, voilà maintenant *aller à Canossa*, une autre expression qui a fait son chemin en français, popularisée par Bismarck en 1872, et dont le sens est toujours le même, celui de s'humilier devant son ennemi.

Après Parme et sa chartreuse, monastère de moines chartreux, et non pas liqueur du Massif de la Chartreuse, où il faut choisir entre la verte et la jaune, c'est maintenant Plaisance (*Piacenza*) qui est annoncée sur les panneaux de l'autoroute A1. C'est la ville du concile éponyme en mars 1095, j'en ai parlé durant le prologue, où Alexis Comnène a envoyé ses émissaires plaider sa cause pour reprendre les lieux saints aux infidèles, secourir les chrétiens d'Orient, chasser les Seldjoukides d'Anatolie et du Levant, et y restaurer son autorité.

Depuis le Grand Schisme de 1054, les Byzantins n'étaient plus en odeur de sainteté en Occident, et pourtant l'initiative de Plaisance fut à l'origine de la première croisade. C'est là que tout a commencé.

À ce sujet, quelle était l'origine de ce fameux Grand Schisme de 1054 ?

C'est particulièrement cruel de le noter, mais c'est encore une querelle théologique relative à la Trinité, à la nature de Jésus, à son rapport à Dieu le Père et au Saint-Esprit, le troisième tiers, chacun des trois tiers de trio fait un tout à lui tout seul. C'est un mystère, cherchez pas.

Je vous ai dit que c'était déjà le sujet du concile de Nicée en 325, qui vit condamnée l'hérésie arienne. C'était aussi celui du concile de Chalcédoine en 451, après lequel les Arméniens monophysites ont fait leur chemin tout seuls.

Entre les deux il y a eu le concile d'Éphèse en 431 qui a condamné l'hérésie nestorienne, le sujet est hélas inépuisable. Les nestoriens étaient pourtant diophysites, mais n'étaient pas d'accord sur l'articulation entre elles des deux natures de Jésus, séparées ou distinctes, vous voyez le niveau…

Revenons au Grand Schisme de 1054. La raison de tout cela ? La querelle du *filioque*, en français « et du fils ». Les églises d'Occident ont ajouté de leur propre chef au credo du concile de Nicée que le Saint-Esprit procédait aussi du Fils (*Qui ex Patre Filioque procedit*), alors que la version initiale de Nicée ne parlait que du Père (*Qui ex Patre procedit*).

Franchement, vous parlez d'un bouleversement théologique… Mais les querelles byzantines sont ce qu'elles sont, et voilà comment est né un des grands clivages de notre continent européen, toujours vivace aujourd'hui, je l'ai constaté.

Bon, sur le moment, en 1054, il est passé relativement inaperçu, c'est surtout le sac de Constantinople en 1204 par les Latins qui a consommé le divorce. Sur ce dernier point, je me répète, les Byzantins eux-mêmes se sont engagés imprudemment à rembourser aux croisés des fonds qu'ils n'avaient pas, et sont donc en grande partie responsables de leurs turpitudes (j'adore ce mot).

Je sais, ce n'est pas politiquement correct de le rappeler en ces temps de repentance, considérez que c'est juste le financier qui parle.

Après Plaisance, l'autoroute A1 franchit le Pô, nous voici en Lombardie, étymologiquement le pays de ceux qui ont une longue barbe, fondé par des Barbares originaires de Scandinavie, arrivés en Italie au VIe siècle.

C'est la rocade ouest de Milan, tout va bien je suis parfaitement dans l'horaire prévu, je fais ma première pause un peu avant 13 heures après 400 kilomètres parcourus, je suis parti à 9 h 15. L'occasion de souffler et de regagner un peu d'influx.

J'arrive à la frontière suisse vers 13 h 30, la température est maintenant de 27 degrés. Il y a un bouchon, j'y passe une demi-heure. Il me faut faire l'acquisition de la vignette suisse qui viendra compléter le trio sur mon pare-brise avec l'autrichienne et la turque. C'est 40 francs, je donne un billet de 50 euros, et on me rend une pièce de 5 francs !

Eh oui, depuis cet été 2022 et la reprise de l'inflation, l'euro a perdu du terrain contre le dollar US, et aussi contre le franc suisse. Lequel vaut plus que l'euro aujourd'hui, environ 0,96 franc suisse pour un euro, alors qu'il y a environ quinze ans on était à 1,60 franc suisse pour un euro. Et donc, considérant les frais inhérents à la conversion d'espèces, voici très concrètement une humiliation pour la monnaie européenne face à celle de ce petit pays qu'est la Suisse.

Une fois la frontière passée, me voici dans le canton du Tessin, j'ai encore plus de cent kilomètres à parcourir avant le tunnel du Saint-Gothard, le long de la rivière Tessin, affluent du Pô, qui a donné son nom au canton.

On peut se demander pourquoi le canton du Tessin est aujourd'hui suisse. Au contraire des autres cantons, il ne s'agissait pas d'une initiative d'émancipation des populations locales. C'est tout simplement le résultat de la conquête de ce territoire par le canton d'Uri au détriment de Côme et du duché de Milan au XVe siècle.

Eh oui, aujourd'hui parangon de neutralité, la Suisse s'est montrée impérialiste et expansionniste jadis, le canton d'Uri qui venait d'ouvrir la route du Saint-Gothard souhaitait sécuriser son accès depuis Milan. Les Suisses ont donc pris les armes pour s'approprier ce fond de vallée auquel les Milanais ne tenaient pas plus que ça, et voilà l'origine de la Suisse italienne aujourd'hui.

Me voilà au Gothard à 15 h, il y a trois kilomètres de queue que je parcours en une demi-heure, puis un quart d'heure pour les 17 kilomètres de tunnel à double sens de circulation. Lequel nous promet un deuxième tube en cours de construction sur la période 2021-2029, peut-être cela réduira-t-il les bouchons récurrents à cet endroit.

Il est 16 h 15, je dois faire un dixième et dernier plein, celui du canton d'Uri, sur le versant nord du Gothard. C'est aussi le plus cher, on est en Suisse, c'est 2,23 francs du litre pour le 95, soit dans les 2,30 euros, c'est le record de mon voyage. Tout cela trouve son origine dans l'évidente surévaluation du franc suisse contre euro, mais si les marchés le disent, il faut en tirer les conséquences.

Ce sera le dixième plein, le dernier, le plein d'Uri, bien blanc, après ceux du Luxembourg, de Bavière, de Voïvodine, de Thrace qui n'en a pas laissé, de Phrygie qui n'avait pas de bonnet, de Cilicie, de l'Euphrate qui vous met un tigre dans le moteur, d'Épire qui n'était pas le meilleur, et l'arrêt des Marches.

Je repars à 16 h 30, il me reste 140 kilomètres jusqu'à Bâle. Tout va bien, jusqu'à un énorme bouchon le long du lac de Lucerne, il y en a pour plus d'une heure et demie pour trois kilomètres. La circulation est totalement à l'arrêt, peut-être suite à un accident.

Un coup dur, mais je dois faire avec. Une fois le bouchon franchi, tout se passe bien, pas de difficulté pour traverser Bâle. Me voilà sur l'autoroute A35 en Alsace, il y a un panneau *Autoroute des cigognes*, trop mignon, et j'arrive à la maison à 20 h 45. Je suis en un seul morceau, et ma voiture aussi.

Un total de 11 h 30 de route dont deux heures et trente minutes de bouchon en Suisse au Gothard et à Lucerne, soit 9 heures de conduite pour 820 kilomètres avec les pauses, cela me paraît tout à fait honnête.

Me voilà de retour de ce voyage à Jérusalem dans les pas de Godefroy de Bouillon.

Ma voiture, alias Bucéphale, a parcouru 7 022 kilomètres au compteur, sans aucun pépin mécanique. À quoi il faut ajouter 500 kilomètres sur l'*Altay* entre Mersin et Haïfa, puis 1 200 kilomètres entre Haïfa et Lavrio sur l'*Akritas*, tandis que je faisais peu ou prou le même trajet sur un vol d'El Al, et enfin 300 kilomètres sur le *Rigel VII* entre Corfou et Bari, sans oublier les 40 kilomètres de ferry entre Igoumenitsa et Corfou, un total de 2 040 kilomètres. Je dois ajouter personnellement environ 250 kilomètres de taxi en Israël et en Grèce, et vous aurez une idée du kilométrage total de ce périple autour de la Méditerranée orientale. J'arrondis à 9 300 kilomètres, parcourus en un total de 23 jours.

J'ai accompli mon pèlerinage à Jérusalem, je suis maintenant un *Hadji* dans ma religion. Je ne crois pas en Dieu mais le christianisme fait partie de ma culture, de mes racines, de mon identité. C'est une intense satisfaction pour moi que d'avoir vu dans la même journée les lieux saints des trois religions du Livre.

Je n'ai pas vu la lumière, j'ai surtout vu les marchands du temple à Jérusalem.

J'ai aussi pu constater qu'il n'y aura jamais de paix équitable entre les nouveaux arrivants juifs et les Arabes en Israël, parce que dans chaque camp, des éléments ne veulent pas d'un processus de paix, qu'il s'agisse de la droite dure israélienne ou des Palestiniens radicalisés du Djihad islamique sinon du Hamas. Le Fatah n'est plus audible aujourd'hui, hélas.

Ce voyage s'est efforcé de suivre le parcours de la première croisade, du moins pour l'aller, le seul parcours véritablement documenté qui nous soit parvenu. On sait que globalement ceux qui ont pris la route du retour l'ont fait à bord de navires vénitiens, pisans ou génois, depuis Jaffa ou Saint-Jean d'Acre.

Je ne peux que tirer mon chapeau à des chevaliers et pèlerins qui, voici plus de neuf-cents ans, ont traversé la quasi-totalité du monde connu à pied pour aller délivrer le tombeau du Christ des griffes de l'infidèle, en l'occurrence des Turcs qui n'autorisaient plus un accès à Jérusalem que les Arabes ont toujours consenti.

Le succès de cette première croisade et de ses trois ans d'efforts et de souffrances est encore considéré comme un exploit de nos jours. Même aujourd'hui, parcourir un minimum de 4 000 kilomètres à pied vers le Proche-Orient représente un défi. Et on a vu qu'en voiture, ça reste impossible considérant la situation géopolitique.

Outre le courage et la détermination, il a fallu une bonne dose de réussite aux croisés pour y arriver. En d'autres termes, ils ont eu de la chance.

De la chance à Nicée, où Kilij Arslan était parti guerroyer au loin sans les prendre au sérieux, de la chance à Dorylée d'avoir pu se regrouper à temps pour écraser les Turcs, de la chance à Antioche dans la chronologie du siège et de l'arrivée des armées de secours, sans oublier un miracle et une Sainte Lance arrivés à point nommé. Et enfin la chance d'arriver devant une Jérusalem faiblement défendue par les Fatimides qui attendaient une armée de secours finalement arrivée trop tard.

Je disais dans le prologue qu'en moins de cinquante ans, les tribus seldjoukides ont fondé un immense empire qui par ses conquêtes et ses victoires a motivé la croisade, tandis que son affaiblissement et ses querelles intestines ont permis à ladite croisade de réussir. Je crois que c'est un bon résumé.

Je disais aussi que si les Byzantins et les Latins s'étaient unis, peut-être que les choses auraient été différentes sur la durée.

On peut dire la même chose des différents clans turcs, sinon arabes.

On dit toujours que la chance passe rarement deux fois de suite. Eh bien ce que l'Histoire a appelé les croisades de secours en 1100-1101 l'illustre parfaitement. Attention à la terminologie, les historiens considèrent ces expéditions comme directement liées à la première croisade, ce qui fait qu'elles ne constituent pas une croisade à part entière. La deuxième croisade débute en 1146 en réaction à la chute d'Édesse et ses dizaines de milliers de morts et d'esclaves arméniens.

Les croisades de secours, puisque c'est comme ça qu'on les appelle, comptaient trois expéditions distinctes pour un nombre de combattants et de pèlerins équivalent à la première croisade, soit peut-être 100 000 personnes au total.

La première est commandée par Raymond de Saint-Gilles, qui ne réussit pas à convaincre la troupe de faire le détour par la côte, et préfère se diriger au cœur de l'Anatolie pour tenter de délivrer Bohémond de Tarente prisonnier de l'émir de Sébaste. Ils se font ratatiner à Merzifon fin juillet 1101, Raymond et quelques autres arrivent à s'échapper. Ils sont rejoints par la deuxième croisade de secours, partie de Constantinople, elle se fait massacrer début août 1101 dans les Portes de Cilicie. Enfin, la troisième, où se trouvaient Hugues de Vermandois, de retour après avoir fait le porteur de courrier pour le basileus, et Étienne de Blois, qui tentait de racheter sa désertion à Antioche, se fait dynamiter en octobre 1101 par les troupes de Kilij Arslan et Danichmend réunies aux environs d'Héraclée en direction de la Cilicie.

Ce qui montre que la première croisade a bien bénéficié d'un effet de surprise sinon de sidération, les Turcs ont été déstabilisés par ces combattants venus du bout du monde, leurs charges de cavalerie lourde, et leur motivation sans faille.

Mais une fois connu le mode d'emploi, et dans un affrontement à la régulière, l'avantage est revenu aux Turcs qui avaient la maîtrise du terrain, l'échec lamentable des croisades de secours le montre.

Alors les croisades, guerre sainte contre les infidèles pour délivrer le tombeau du Christ ? Ou expédition coloniale avant l'heure ?

Je ne dirai pas « un peu des deux » je ne suis pas normand, ni de Sicile ni de Normandie.

C'était tout simplement une expédition militaire, ce que nous appellerions, aujourd'hui, une offensive dans le cadre d'une guerre menée par un corps expéditionnaire.

Une guerre démarre par un *casus belli*, un acte qui est de nature à déclencher une guerre. Dans notre cas, c'était l'impossibilité d'accéder à Jérusalem, et la remise en cause du Pacte d'Omar qui fonctionnait depuis près de quatre siècles.

Les croisades sont une série d'expéditions militaires comme l'Histoire en a tant connu, sur une durée totale de moins de deux siècles. Pourtant, nous avons une tendance exacerbée à la repentance, pour demander pardon aux nations que nous aurions agressées à l'époque. Nations qui n'existent plus aujourd'hui, elles se sont perpétuées sous d'autres formes. De même que l'Occident de l'époque s'est perpétué sous d'autres formes. Quel sens donner à cette repentance qui est à la mode ?

Les conquêtes macédoniennes au IVe siècle avant notre ère ? Il s'agissait dans son sens premier d'une conquête militaire, gagnée grâce à un avantage tactique inédit, la phalange macédonienne. Pour une expansion de la culture grecque autour de la Méditerranée orientale. La conquête romaine qui a suivi, elle aussi violente et impérialiste, ne l'a d'ailleurs pas remise en cause.

Que dire de la conquête arabo-musulmane au VIIe siècle, qui pour le coup était une vraie guerre sainte assumée et qui l'est toujours ? Les Arabes ont-ils à aucun moment exprimé des regrets pour la violence et la brutalité de leur conquête et des conversions plus ou moins forcées qui en ont découlé ? Certainement pas, puisque c'était pour la propagation de l'Islam.

La conquête de Gengis Khan au XIIIe siècle ? Celle de Tamerlan 150 ans plus tard ? Voici des épisodes motivés par une pure volonté expansionniste, où la conquête a été violente et sanglante, a porté sur des territoires immenses, a été plus ou moins durable. Pour autant, ceux qui l'ont menée ont-ils fait acte de repentance ? Aujourd'hui, au mausolée de Tamerlan à Samarcande, on présente encore des cartes de son empire à son extension maximale, je les ai vues en 2019.

En termes purement arithmétiques, l'ampleur militaire et dans la durée des neuf expéditions que les historiens s'accordent à qualifier de croisades n'a pas grand-chose à voir avec les conquêtes citées dans les paragraphes précédents.

C'est exactement la même chose pour les 10 000 morts sur lesquels on s'accorde lors de la prise de Jérusalem : lorsqu'on ne fait pas de quartier, c'est hélas un bilan courant, qui concerne toute âme qui vive dans la ville prise qui a refusé de se rendre. La propagande musulmane a exploité ces actes abominables pour lancer sa propre croisade pour la reprise d'une ville décrétée pour l'occasion troisième ville de l'Islam.

Tout ce qu'on peut dire avec certitude des croisades est qu'elles ont existé.

Vouloir, hier ou aujourd'hui, leur donner un sens qu'elles n'avaient pas à l'origine, comme convertir les Juifs ou les musulmans, conquérir durablement et coloniser des territoires, n'est pas sincère par rapport à la réalité historique que je vous ai décrite.

Du côté arabe, y voir une agression occidentale en terre d'Islam, et y trouver la justification d'un nationalisme laïc, notion hélas périmée aujourd'hui et remplacée par le soutien à l'islam radical, est tout aussi malhonnête.

Donc, ne cédons pas à la repentance, pas plus que les Macédoniens, les Arabes, les Mongols et les Timourides n'ont cédé à la repentance. Ni les Américains en Irak, plus récemment, d'ailleurs.

J'en reste là sur ma conclusion sur les croisades, je vous rappelle que je ne suis ni historien ni *a fortiori* médiéviste.

Au contraire de beaucoup d'entre eux, je peux maintenant affirmer sereinement avoir vécu dans ma chair les milliers de kilomètres qu'il y a à parcourir d'Occident vers la Terre sainte, mesurant ainsi l'exploit que cela représentait voici neuf-cents ans.

De mon côté, je retourne maintenant à mes activités professionnelles en cette rentrée 2022.

Je garderai un excellent souvenir de cette formidable aventure d'août 2022 *Sur la route de Jérusalem, dans les pas de Godefroy de Bouillon*.

Je remercie ma douce et mes enfants, et tous ceux qui me sont chers, d'avoir compris l'importance que revêtaient pour moi l'organisation et la conduite de cette expédition en solitaire, et de m'avoir laissé la liberté de vivre mon rêve.

Car les rêves sont faits pour être réalisés.

Ce sera le mot de la fin, la conclusion de ce récit.

Envoyé de mon iPad

Sommaire

Vous avez aimé ce livre ?
Flashez ce code, donnez votre avis et
Partager sur https://www.babelio.com/

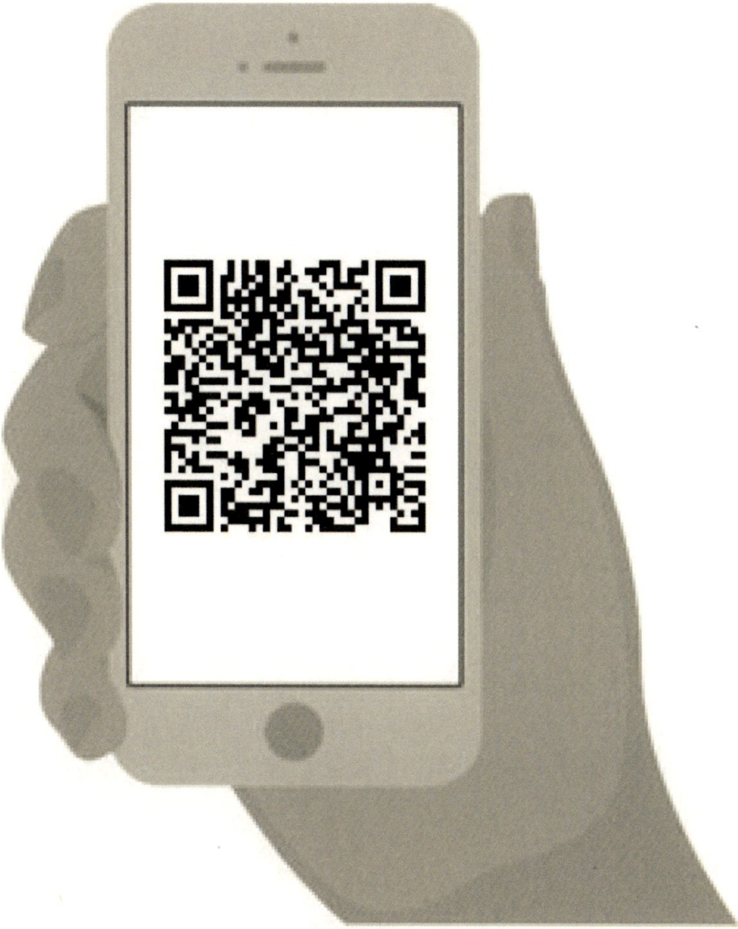

Achevé d'imprimer chez SoBook le 02-03-2023

Linselles - France

N° impression : 827 953